翻譯梁實秋

許祖華

著

緒論　他從歷史中走來

　　彷彿已經十分遙遠了⋯⋯

　　20世紀20年代，正值神州大地政局動盪、苦難蔓延的時期，1926年的初夏，梁實秋從大洋彼岸的美國回到了闊別三年的故土。他身沐西方文明的光澤，青春煥發，躊躇滿志，一踏上故土就舉起「人性」的聖火，希圖借西方文明的焰頭，在一個「良心枯萎」的社會點燃文藝的明燈，照亮人生的前程，驅散社會如霧似霾的混沌，建造燦爛輝煌的「人性」景觀。但是，他失敗了。「左翼」文藝界對他的人性論的主張展開了尖銳的批判，中國新文學的主將魯迅，更是以如椽巨筆，接連發表了〈盧梭和胃口〉、〈文學與出汗〉、〈『硬譯』與『文學的階級性』〉等文，從事實與邏輯上駁斥了他有關人性是普遍的和永久不變的觀點，批判了他提出的永久不變的人性是文學真正基礎的論說，他所舉起的「普遍的」、「不變的」人性論的理論「火把」，也被現實中白熱化的階級對抗的狂風暴雨無情地澆滅了。梁實秋這個名字雖然引起了人們的注意，但卻披著「喪家的」「資本家的乏走狗」[1]的灰頹外衣，成為了「左翼」文藝界否定和批判的對象。

　　20世紀30年代末，梁實秋又一次成為了人們注目的焦點。當時，中國人民抗擊日本侵略者的洪流使一切不願做亡國奴的炎黃子孫都義無反顧地投入民族解放的陣線，與妄圖滅我中華的野蠻、兇殘的倭寇──日本帝國主義，展開殊死的鬥爭，文藝界的同仁也不

---

[1] 魯迅《『喪家的』『資本家的乏走狗』》，《魯迅全集》第四卷，人民文學出版社2005年版，第251頁。

例外，即使曾在文藝問題上有過不同見解甚至芥蒂的文藝工作者，也都在民族解放的旗幟下團結起來，積極地投入到全民抗戰的洪流之中，積極宣導用自己的筆為抗戰吶喊，為爭取全民抗戰的勝利服務。可是，似乎只有梁實秋是個例外，他不僅沒有放下自己人性論的文藝觀，反而卻在他主編的重慶《中央日報》副刊《平明》上刊登了一則徵稿性質的〈編者的話〉，徵求「與抗戰無關」的作品，儘管他的原意是：「於抗戰有關的材料，我們最為歡迎，但是與抗戰無關的材料，只要真實流暢，也是好的，不必勉強把抗戰截搭上去。」[2]基本的意思並不在提倡寫「與抗戰無關」的材料，也無意否定「於抗戰有關的材料」，但是，在那樣一個民族生死存亡的特殊的歷史時刻，身處全民抗戰的背景之下，文藝界同仁正全心全意地醞釀文藝為抗戰服務的大計的時候，一切「與抗戰無關」的言論與主張，不僅顯得特別不合潮流，而且有「反動」的嫌疑，梁實秋的「編者的話」也不例外。所以，當他的「編者的話」發表之後，鑲嵌在那段「話語」中的「與抗戰無關」的主張，立即受到了眾多文藝工作者的側目，他自然也成了眾矢之的，遭到了進步文藝界鋪天蓋地的一致討伐，被迫辭去了《平明》主編的職務，隱居到重慶郊外的一個地方，躲進他自命的「雅舍」之中，全身心地經營自己的「雅舍小品」去了。

　　很快，歷史的浪潮就將他淹沒了，特別是1949年後，當一道「淺淺的海峽」將大陸與臺灣隔成了兩個政治空間，兩岸的各種交流都被人為地切斷後，梁實秋在大陸似乎已經被人們完全遺忘了。

　　大陸學者編撰的各種《中國現代文學史》，從王瑤先生獨立撰著的個性鮮明的《中國新文學史稿》，到唐弢先生集中當時大陸中國現代文學研究界的精英編撰的資料最為周全，收羅作家最為豐富

2　梁實秋〈編者的話〉，《文學運動史料選》第四冊，上海教育出版社1979年版，第243頁。

的煌煌三卷本的《中國現代文學》，還有形形色色的個人、集體編撰的其他類型的專題史，如《中國現代小說史》、《中國現代散文史》等中，都沒有他的地位；大陸出版的各種《中國現代文學作品選》，即使是《散文選》中，也難見他的作品，大陸中國現代文學研究者撰寫的各類中國現代作家傳記中，也難覓他的姓名。有時，他雖也偶或出現在「文學史」及一些相關的現代文學研究的著作、論文中，但也僅僅被當作批判的對象，僅僅被當作某種「逆流」的代表或者是進步文學的反面陪襯受到簡單而武斷的否定。如，王瑤先生在《中國新文學史稿》中寫道：「正當創造社圍攻魯迅的一九二八年，以梁實秋、徐志摩、胡適等為主的《新月》月刊出版了。……梁實秋寫了〈文學與革命〉……對創造社和魯迅都取了敵對的態度。而且那『人性』的立論也是典型的資產階級的論調。」[3]唐弢先生在其主編的《中國現代文學史》中也這樣說：「他（梁實秋）的態度比發刊詞（即〈新月的態度〉）要露骨得多，而且忙著祭起人性論的法寶，以反對階級論，反對無產階級革命文學。他們已經顧不得一方面規定文學表現共同的人性，另一方面又將大多數人排斥於文學之外的矛盾和由此露出來的資產階級的馬腳了。」[4]

　　幾十年過去了，20世紀80年代，中國大陸的國門又一次向世界洞開，海峽兩岸也在這歷史的偉大時期，衝開了30多年的隔絕藩籬，開始了文化交流，似乎被歷史淹沒的梁實秋又一次出現了。他的作品不僅被陸陸續續地選入了大陸出版的各種《中國現代文學作品選》中，而且，他最有影響的散文作品，也開始被大陸多家出版社以「散文選集」、「散文集」等形式陸續出版，披露他的生活和閱歷的文章也不斷地在大陸的各類報紙、雜誌上登載，各種關

---

[3]　王瑤：《中國新文學史稿》（上）上海文藝出版社1982年版，第184—185頁。
[4]　唐弢主編：《中國現代文學史》（二）人民文學出版社1979年版，第23頁。

於他的傳記、研究的著作也陸續開始在大陸面世。曾經滄海的老者似乎從記憶裡找到了他曾經的各類往事，浪漫純情的少年，在現實的閱讀中也似乎發現了他特有的才氣。無論悠悠的歷史曾怎麼對待過他，也不管芸芸眾生曾怎麼評價過他，無論大陸的文學史家曾在特定的歷史背景下怎樣有意或無意地在中國現代文學史的撰寫中排斥過他，也不管大陸的中國現代文學的研究者們怎樣武斷地否定過他，他就這樣在人們的又一次注視下，在中國社會的又一次轉折時期，從歷史中走來了，從中國的寶島臺灣文壇走向了中國大陸的文壇和文學界，而且，他是那麼自信、坦然、真誠地走來了，並帶著那麼豐富的文化成果和文學成果，從歷史的誤會和怠慢中走來了，從曾經讓我們陌生的臺灣文壇向正在與社會經濟的改革開放一樣紅紅火火的大陸文壇走來了。

是應當接受這位人物的時候了，是應該向人們，尤其是中國大陸的人們介紹這位人物了，是應該對這個曾經在中國現代文壇出現，而後又被人為地遮蔽的人物進行相應的研究了。

但應該怎麼接受這個人物呢？又該如何向人們介紹他的過去、現在呢？特別是，從什麼角度，運用怎樣的方式和方法，基於怎樣的價值立場和價值標準來研究這個在大陸曾被激烈地批判和有意怠慢了幾十年的人物呢？

當這些問題擺在我的面前時，一種歷史的滄桑感立刻在現實的陽光下化成了五彩繽紛的思緒，各種感覺層面的東西很快在意識中整合成多樣繁複的認識，但又很快被波浪一樣的情感和各類不同的價值評價的眾聲喧嘩淹沒得混沌一片。

我聽到歷史回音壁上梁實秋留下的與「左翼」文藝運動不和諧的音符，我也看到，在幾十年的奮鬥中他筆耕不輟所留下的累累碩果。從20世紀20年代末他躊躇滿志登上文壇，到20世紀80年代末他依依不捨地離開人世，漫漫六十年中，他有過眾多成功的喜悅和

自豪，也有過無數的失意、苦惱和沮喪。他曾涉足過文壇，參加過「新月社」，也曾被拉進某個政府機構，當過「國民參政會的參政員」；他與「左翼」作家針鋒相對地打過筆戰，尤其與魯迅先生進行過激烈的論爭，特別是關於「翻譯」、文學的階級性與文學的人性問題，其激烈程度之大，持續時間之久以及涉及的問題之重要，已成為了中國現代文壇留存下來的一樁「公案」，但，他也與許多進步作家，如聞一多、老舍、冰心等交往甚密，並終其一生，都對他們保持應有的念想。

他似乎很複雜，複雜得讓今天的人無法一下理解，特別是他始終不肯放棄他自由知識份子的立場，投入時代的主潮，始終不願更正他青年時代提出的、有著明顯邏輯漏洞的「人性」理論，更讓人百思難解；但是，他又似乎很單純，因為，他始終保有一個文化人的努力與勤奮，始終沒有放下他手中的筆，始終沒有離開他鍾愛的文化教育事業，幾十年如一日，腳踏實地筆耕、翻譯，勤勤懇懇地教書育人，無論是身處順境還是身陷泥潭，無論是在大陸還是在臺灣，無論是青春煥發時期還是晚境垂暮之年，他都孜孜不倦地進行著文化傳播和文化創造的工作，真可謂是「鞠躬盡瘁，死而後已」。

他富有才氣，無論是筆耕在創造園地，尤其是散文創作的園地，還是涉足於翻譯領域，尤其是對莎士比亞作品的翻譯，其氣場，都讓人欽之、佩之，其氣度，都使人羨之、慕之，甚至感之、贊之；但他又似乎很世故，無論是為人，還是處事，不管是對歷史事件，還是對現實問題，他都顯得圓潤模棱，既不簡單的肯定，也不直接的否定，如，到臺灣後對魯迅的評價，就是如此；無論是對曾經的同學、朋友，還是對有恩於自己的長輩、上司，他總能以禮相待，但很難深交，更難以做到肝膽相照；他傲氣十足，無論是青年時期對待文藝學的問題，還是步入黃昏後對待編寫英漢字典或

翻譯外國文學，他都不大看得起別人曾經的工作，如，在翻譯外國文學的問題上，他曾在其他人都放棄了翻譯莎士比亞全集事務之後獨自承擔起了翻譯莎士比亞全集的任務，他之所以「鐵肩擔道義」，固然是出於對莎士比亞的熱愛，但更為實際的是，他根本看不起之前和當時文學界和翻譯界對外國文學翻譯的所作所為。早在1927年，還是翩翩少年的他就曾如此傲慢地說：中國的翻譯界「對於所翻譯的外國作品，並不取理性的研究態度，其選擇亦不是有紀律的，有目的的；而是任性縱情。凡投其所好者則儘量翻譯，結果是往往把外國第三流、四流的作品運到中國，視為至寶，爭相模擬。」[5]這無異於是一棍子，將中國翻譯界，特別是五四新文學運動後的中國文學界和翻譯界曾經做過的工作，都打到、都抹殺了，較為典型地反映了梁實秋十足的「傲氣」。當然，他固然傲氣十足，卻也彬彬有禮，無論是對家人還是對外人，也不管是對老人還是對少年，更不管是對普通的男人還是對女人。

步入中年和老年後的他，在對人處事上固然實實在在地做到了：忠厚傳家，宅心待人，中正求實，對人，對人生總保持著一種充滿智慧而又善意的微笑，並且，一直笑到事業和人生的高點，笑到生命的終點，達到了做人的極高境界；但，青年時代的他，卻曾經在〈盧梭論女子教育〉一文中發出過如此偏執的言論：

> 我覺得「人」字根本的該從字典裡永遠地登出，或由政府下令永禁行使。因為「人」字的意義太糊塗了。聰明絕頂的人，我們叫他做人，蠢笨如牛的人，也一樣的叫做人，弱不禁風的女子，叫做人，粗橫強大的男人，也叫做人，人；裡面的三流九等，無一非人。近代的德謨克拉西的思

5　梁實秋：〈現代中國文學之浪漫的趨勢〉，《浪漫的與古典的》新月書店1927年版，第56頁。

想，平等的觀念，其起源即由於不承認男女的差別。人格
是一個抽象名詞，是一個人的身心各方面的特點的總和。
人的身心各個＝方面的特點既有差別，實即人格上亦有差
別。所謂侮辱人格的，即是不承認一個人特有的人格，盧
梭承認女子有女子的人格，所以盧梭正是尊重女子的人
格。抹殺女子所特有之特性者，才是侮辱女子人格……正
當的女子教育應該是使女子成為完全的女子。[6]

　　正是這種對人，尤其是對女子和下層「蠢笨如牛」的人的偏
頗言論，引來了魯迅先生的激烈批判，魯迅在〈盧梭和胃口〉一
文中說，梁實秋「所謂正當的教育者，也應該是使『弱不禁風』
者，成為完全的『弱不禁風』，『蠢笨如牛』者，成為完全的『蠢
笨如牛』，這才免於侮辱各人——此字在未經從字典裡永遠登出，
政府下令永禁行使之前，暫且使用——的人格了。」[7]還有許多許
多……

　　總之，當我面對這個從歷史深處走來的梁實秋，當我面對文壇
的恩恩怨怨攪得他撲朔迷離的歷史，當我面對被社會的是是非非，
弄得他毀譽皆俱的過去，我的心中不禁冒出一個疑問：數風流人
物，梁實秋他到底算老幾？

　　紛至遝來的感受與思緒，使我不能不一次又一次地沉入歷史，
回到現實，不能不一遍又一遍地梳理面對這個人物的種種肯定、否
定，甚至否定之否定的價值判斷，在眾多渾沌的感覺中澄清描述他
的起點與研究他的角度，在能夠搜羅到的各種資料和自己的認識中
尋找能讓自己的研究順利展開的「綱」。當感性的認識逐漸沉澱為

---

[6] 梁實秋：〈盧梭論女子教育〉，《晨報副刊》1926年12月15日。
[7] 魯迅：〈盧梭和胃口〉，《魯迅全集》第三卷，人民文學出版社2005年
　　版，第577頁。

理性的思考，當歷史的回溯最終落實在現實的境地，我的思緒和研究的視野終於集中於梁實秋從歷史深處走來而又引人注目的主觀與客觀原因。

他吸引人們，難道僅僅是因為歷史造成的隔膜與現實提供的背景？

他吸引人們，難道僅僅是他辛勤筆耕一生，奉獻給文壇的幾百篇散文，近十種論著，還有那卷帙浩繁的莎士比亞全集的譯著？

都是，又不全是。歷史的隔膜作為心靈交流的天然屏障，是引發人們注目梁實秋的客觀原因，梁實秋創造的文學業績作為最顯而易見的事實又在主觀上強化了人們要突破「隔膜」的情緒，當這種情緒在現實提供的條件下得到順暢流淌時，梁實秋引起人們的注目也就是理所當然的了。然而，如果僅僅只從這種隔膜與成就之間疊築起的差異來說明這位幾乎被歷史淹沒了的人物再次被人注目的原因，那我們是太怠慢這一顆頑強的靈魂了，太小看這個才氣橫溢的作家、翻譯家、教授了。現實的考察告訴我們，這位從歷史深處走來的人物，他的文化與文學影響已牢固地形成，未來的中國文學史已不可能再繞過這位集作家、翻譯家、教授於一身的人物，也不可能無視他對人類文化作出的巨大貢獻。

由此可見，除了上面的原因，似乎還有一個幽靈左右著人們、吸引著人們，使人們不能不被他吸引，不能不對他特別的垂青，這就是他的人品與作品中滲透出來的獨特的「魅力」。這「魅力」既深深地刻著歷史滄桑的年輪，又融匯了他的個性、才情，還有那顆並非偉大但卻真誠、豐富的心靈，滿蓄著澆不息的熱情，道不盡的憧憬，寫不完的詩意，從歷史的深處，飄向現實的園地，將真、善、美的光輝灑向四面八方，把片片心香帶給海峽兩岸的炎黃子孫，帶給世界各地的中華兒女。不管你肯定他也好，否定他也罷，這抵不住的魅力都力透時間與空間，使你不能不對他特別注目。

　　於是，本文的宗旨也就在這種思考中形成：客觀地描述梁實秋人格、風度、氣質以及他的文學活動所產生的魅力。

　　但是，梁實秋這些主體因素和客觀的文學成就的魅力又是怎樣產生的呢？當我沉靜下來，進一步向自己提出這樣的問題之後，我以自己已有的研究經驗為基礎進行思考，最後發現，不管是什麼人，包括梁實秋在內，他的魅力都不可能來自我們所生活的自然世界與社會的天然賦予，更不可能來自某種權力或某個家族的恩賜，即使這種權力大到可以「傾天」，即使這個家族富到可以「敵國」，也絕不可能扶起一個「阿斗」，更不可能在文學和文化的領域讓一個精神的「阿斗」魅力四射，個人的魅力，只能靠個人的修養煉成，個人的成就，尤其是文學和文化這種精神勞動的成就，更需要靠個人的修養來催生。這種個人的修養不是別的，就是個人的學識，及在學識基礎上形成的個人的智慧，這才是一個人魅力的源泉，也是形成一個人魅力的內在根據。梁實秋魅力的內在根據也應該是他的智慧。

　　那麼，梁實秋的智慧是一種什麼形態的智慧呢？這種形態的智慧又包含了什麼內容呢？進一步的考察後我發現，梁實秋的智慧是一種「雙重智慧」，這種智慧中所包含的是梁實秋豐富的中西文化的知識素養。那麼，什麼是「雙重智慧」呢？智慧又何以還是「二元」的呢？智慧不僅可以是二元的，而且從本質上講，它還不是一般人所能獲得的才能，而是天才的專利。叔本華在〈文學的藝術〉中曾經指出：「天才與正常的人之間的關係，或許可以最好用如下的方式來說明：天才具有雙重智力」[8]。一向崇尚天才的梁實秋，自己就擁有天才的這份「專利」。這份專利，是他從歷史深處到達現實彼岸的橋樑，是他不斷地創造，不斷地筆耕，不斷地自我塑造

---

[8]　《文學理論學習參考資料》（上）春風文藝出版社1982年版，第292—293頁。

的條件和內在動力。這種「內在動力」也就邏輯地構成了本書論述
展開的起點,而梁實秋在這種內在動力作用下取得的藝術成就以及
他人品與作品的魅力,則自然地成為了本書描述的對象和相應的
框架。

目　次

翻譯梁實秋

第一章　橫跨於東方與西方之間
──人物剪影

　　當我們循著梁實秋從歷史深處走來的路線，探尋他的人生閱歷時，我們發現，他是幸運的。20世紀初，當他來到世上時，歷史就為他提供了一個不可重複也無法複製的新舊交替、傳統與現代並存的時代環境，而這個環境又恰恰是十分有利於人汲取多種知識，進行多元價值追求的環境，從絕對的意義上說，這是中國歷史上一個千載難逢的環境。

　　這環境的一端是，長期閉鎖的中國的國門已被西方勢力強行衝開，延續了幾千年的皇權政體已土崩瓦解，嶄新的世界向中華學子敞開了大門，接受西方式的教育，出國留學等等，已不是天方夜譚似的神話，而是完全可以實現的理想。這個環境的另一端是，隨著封建統治的威風掃地，中華大地軍閥混戰，「狐狸方去穴，桃偶盡登場」[1]的混亂政局，在給中華大地播下深重災難，給最廣大的勞動民眾帶來民不聊生境況的同時，卻在思想文化領域留下了相對自由的一片空間，混戰的各派系的軍閥們，更重視對經濟、軍事勢力的建構和對統治地盤的爭奪，幾乎無暇顧及思想文化的問題，如此的結果是使儒家思想文化對中國幾千年的精神統治，在無形中被政治的混亂打破了，儒家思想文化的權威性，也被軍閥們點燃的戰火轟毀了。與此同時，以西方文化為主體的新的政治文化、經濟文

---

[1]　魯迅：〈哀范君三章〉，《魯迅全集》第七卷，人民文學出版社2005年版，第449頁。

化、精神文化不斷湧入古老中華的各個領域，帶來了中華文化的大動盪、大變革，也帶來了傳播文化的教育機構的大改組、大轉變，新的教育學校逐步替代了傳統教育的「學堂」，新的教育格局也逐步在中國各地形成，北京大學、清華學校等的出現，不僅使中國有了新的教育學校，而且使中國學校的教學內容、學習的價值追求以及評價人才的標準也發生了根本性的轉變。儘管像「清華學校」的出現，「帶著深刻的國恥的意味」[2]，但在客觀上卻為中國的教育輸送了一個新的模式，即「學校」教育的模式。

如果說，在中國「學堂」教育體制下，學生學習的主要課程是《四書五經》一類的人文社會科學的話，那麼，在學校教育體制下，學生所學習的課程則除了人文社會科學的內容外，更增加了數學、化學、物理學、生物學、機械工程等自然科學的內容；如果說，中國學生進「學堂」學習的主要目的是「學而優則仕」，是為了今後做官的話，那麼，中國學生進入「學校」學習的目的則如蔡元培先生所說的，不應為了做官，而應為了「學問」；如果說，在中國「學堂」的教育體制下，評價人才的主要標準是對《四書五經》掌握的熟練程度以及能否以此為基礎寫漂亮的文章，尤其是「八股文」的話，那麼，在學校教育體制下衡量人才的標準則是廣泛的「學問」，既包括社會科學的學問，也包括自然科學的學問，還包括對外國語的學問。

不過，在梁實秋來到這個世界上的時候，中國的教育體制雖然發生了很明顯而巨大的變化，但是，舊的文化傳統及舊的教育格局仍沒有被完全拋棄，讀古書，誦習傳統文化，仍是少年的啟蒙之課，學堂教育體制即使在得風氣之先的中國各大城市，如北京、上海、漢口等也仍然存在，尤其對少年兒童來說，進入「學堂」

---

[2] 梁實秋：〈清華八年〉，《梁實秋散文》第一集，中國廣播電視出版社1989年版，第204頁。

讀書，仍是他們的一般選擇，也是中國家長的一般選擇，對於新式
的學校，當時中國的一般人，還存有根深蒂固的偏見。魯迅先生在
《朝花夕拾》的〈瑣記〉中曾記敘了這樣的事情，「那時為全城
所笑罵的是一個開得不久的學校，叫作中西學堂，漢文之外，又
教些洋文和算學。然而已經成為眾矢之的了；熟讀聖賢書的秀才
們，還集了『四書』的句子，做一篇八股來嘲誚它，這名文便傳遍
了全城，人人當作有趣的話柄。」[3]所以，在一般中國成年人的眼
中，進新式的學校是走「歧路」，而進傳統的「學堂」則是走「正
道」，儘管這一時期，盛行了上千年的「科舉」考試已經被終止，
一般人「跳龍門」的最現實的途徑已被堵死，但在無法很快被清除
的傳統文化和傳統教育觀念的作用下，中國人在自己童年和少年時
代接受的教育，仍是傳統的「學堂」教育。

　　梁實秋就在這樣一個特殊的新舊雜存，傳統與現代共生的社會
環境中開始了他的人生歷程，一方面承受了中國傳統文化的雨露，
另一方面則沐浴了西方文化的甘霖，親歷了兩種文化帶給他的
恩惠。

　　在中國傳統文化的環境中，梁實秋度過了純潔、美妙的童年
和少年時代，接受了來自「學堂」和「家庭」的中國古代文化的薰
陶。從先生教讀古文，到父親輔導詩畫，從搖頭背誦詩經、詞章，
到專心練習寫字、畫畫，中國文人諳熟的琴棋書畫，他無不接觸，
士大夫階層必備的文史知識，他該學盡學，傳統文化的氤氳香火，
將他那善良的人性和純潔的童心，薰陶得通明透亮。

　　在西方文化的環境中他共度過了十一年的學習時光。十四歲
即考入預備留美的清華學校，接受西方式教育[4]，八年學成後，又

---

[3]　魯迅：〈瑣記〉《朝花夕拾》，《魯迅全集》第二卷，人民文學出版社
　　2005年版，第303頁。
[4]　梁實秋：〈清華八年〉，《梁實秋散文》第一集，中國廣播電視出版社

於1923年漂洋過海到了美國，較全面地領略了西方文化的風采。從輝煌的宗教文化，到燦爛的建築文化，從別具風格的語言藝術，到各領風騷的民俗習慣，美國人幾個世紀創造的物質文明，他感同身受，西方人千百年積累的精神財富，他備受浸染，自由女神的聖光，「獨立宣言」的神韻，哈佛大學的氣派，哥倫比亞大學的風範，新人文主義的思想……四方的藍光，凝聚成他精神的航標，八面的來風，鼓蕩起他青春的風帆，西方文化的航船，載著他從中國傳統文化的汪洋大海駛向現代文明的彼岸。背後，是舊時代沉落的月光，前面，是新世紀噴薄而出的太陽。對過去他是中國傳統文化塑造出來的「秀才」，向未來，他又是西方文化培養起來的知識份子。

梁實秋就以這樣的雙重身份，登上歷史的舞臺，借著中西文化的兩束光芒蜿蜒曲折地奔向自己的目標，一邊塑造自己，一邊將人格、風度、氣質的魅力以及自己創作的文學作品的魅力，力透時空地反射出來。

第一節　學識：融通中西的知識結構

當我們回溯梁實秋人生起點時，我們不能不羨慕他的機遇，也不能不感歎他豐厚的中西文化的知識，但是，當我們欣賞他的魅力時，我們又不能不欽佩他的主觀努力和堅強毅力。機遇對於人的成功來說是不可缺少的條件，而機遇只對懂得它的人才有價值。同樣，知識對於塑造自我來說是形成魅力的基礎，而知識的獲得卻要靠堅韌的毅力。

1989年版，第204頁。

　　還在少年時代，梁實秋就表現出了求知的強烈欲望和堅韌的
毅力。在學堂，他跟先生讀古詩，「一首詩朗誦幾十遍……迄今有
些詩我能記得清清楚楚」，一個字寫過幾十遍，「從此學得初步
的草書寫法，其中一部分終身未曾忘」[5]；在家裡，聽父親講「小
學」，解「金石」之迷，臨摹「芥子園畫譜」，孜孜不倦，求知若
渴。清華八年，他如魚得水，暢遊於中西文化知識的海洋。他在
〈清華八年〉一文中曾經很清楚地寫道：「清華是預備留美的學
校，所以課程的安排與眾不同，上午的課如英文、作文、公民（美
國的公民）、數學、地理、歷史（西洋史）、生物物理、化學、政
治學、社會學、心理學……都一律用英語教授，一律用美國出版的
教科書；下午的課如國文、歷史、地理、修身、哲學史、倫理學、
修辭、中國文學史……都一律用國語，用中國的教科書。」[6]以後
的歲月，他一直沿著中西文化的軌跡，像饑餓的人撲在麵包上一樣
吸取中西文化的營養。為了獲取唐詩的神韻，他「曾窮三年之力搜
購杜詩六十餘種版本」[7]，勤奮鉤沉。20世紀60年代，以近古稀之
年的他，還又一次通讀了《資治通鑒》。為了翻譯莎士比亞全集，
他涉獵從古希臘到20世紀西方的哲學、文學、歷史掌故等汗牛充棟
的書本與知識。

　　總之，他勤奮地讀書，古今中外無所不涉，經、史、詩、話應
有盡有，不管是硬語盤空的佛經、道法，還是優美的抒情的書信、
散文，不管是浩如煙海的中文、英文辭書，還是妙語閃爍的東方、
西方的諺語、格言，從飲食知識到服裝知識，從哲學到心理學，從

---

[5]　梁實秋：〈我在小學〉，《梁實秋散文》第二集，中國廣播電視出版社
　　1989年版，第6-7頁。

[6]　梁實秋：〈清華八年〉，《梁實秋散文》第一集，中國廣播電視出版社
　　1989年版，第212頁。

[7]　梁實秋：〈曬書記〉，《梁實秋散文》第一集，中國廣播電視出版社1989
　　年版，第250頁。

民俗知識到宗教知識，從繪畫藝術到文學藝術，從音樂知識到建築知識……中西文化的多種領域，他都投注過睿智的目光，古今派別的各種學說，他都留下過精粹的判語，他用生命之棉飽吸知識之泉，他乘勤奮之舟探尋文化之秘，淵源流長，終生不輟。天下沒有他不讀的書，只有他求索不可得之書，人間沒有他不需要的知識，只有他力所不逮的領域。他曾在〈談學者〉一文中說過，作為一個學者，「以文字訓練來說，現代文古文外國文都極重要，缺一不可」[8]。他就是這樣一位每項都學，「不缺一項」的文人、學者。據我的不完全統計，僅就他的散文、札記中涉及的中外書籍就不下千種，他正是在勤奮的讀書中積累了豐厚的古今中外的各種知識，為塑造自我打下了堅實的基礎。

但是，如果僅僅只勤於讀書，那麼梁實秋就不會是今天的梁實秋，光有豐厚的知識，梁實秋也不一定能取得今日的成就，因為肯讀書並不等於會讀書，有知識則不一定有智慧，只有會讀書並善於將知識轉化為智慧，才能進行創作活動，才能獲得新的成就。梁實秋在〈作文的三個階段〉一文中曾說：「『讀萬卷書，行萬里路』固然可以充實學問增長見聞，主要的還是有賴於思想的啟發，否則縱然腹笥便便，搜章摘句，也不過是餖飣之學，不見得就能夠做到『文如春華，思若湧泉』的地步」[9]。他正是依憑自己「思想的啟發」，將死知識變成活智慧，將積累變成新財富的。他不僅勤於讀書而且善於欣賞玩味，也勤於分析考辨，往往於平常處見真知，在舊說中發新義，真正將書讀活了。《孽海花》是近代中國文學的一顆瑰寶，眾多的評說從不同的方面剖析出了這部傑作的故事淵

---

[8]　梁實秋：〈談學者〉，《梁實秋散文》第一集，中國廣播電視出版社1989年版，第272頁。

[9]　梁實秋：〈作文的三個階段〉，《梁實秋散文》第三集，中國廣播電視出版社1989年版，第275頁。

源、人物情趣、藝術韻味，梁實秋不僅細緻地梳理了關於本書的種種陳說，而且在前人研究的基礎上作出了新的解說，他寫的〈曾孟樸的文學旅程〉一文，是其中的代表。在這篇文章中，他從對《孽海花》的具體分析入手，又輔之以西方「歷史小說」的事實，總結出「歷史小說」的一般特點。「所謂歷史小說，大概要包括下述的幾個條件——第一，作者須對所描寫的過去一段歷史有深入而廣闊的瞭解……第二，虛構的人物與真實的人物一同在歷史的環境中出現……第三，所描寫的歷史與寫作的時代有相當的距離……第四，也可以有例外，純以人物描寫為主……」[10]。在此基礎上又進一步分析說：「孽海花似乎是具備了歷史小說的主要條件，只是故事發生的期間距離他寫作的時候稍近一些，以至帶有相當濃厚的寫實的色彩，而又成為社會抗爭的小說了。不管它是歸於哪一類型，這部小說是一部成功的作品，至於其中是否含有傾向於革命的色彩，那倒無關緊要。」[11]此說既較為有效地利用西方小說的觀念為《孽海花》這部小說的類型進行了「正名」，又對之進行了較為客觀的評說，成一家之言。

　　正因為梁實秋不僅勤於讀書而且善於讀書，所以，中西文化知識在他的身上就不是以一種固定、死板的形式存在著的，而是以一種「融通」的方式結合在一起的，當他以這種「融通」的方式操作他豐厚的知識積累進行精神創造活動時，他「學識」的魅力也就在這個過程中自然而然地迸射出來。

　　首先映現出他「融通中西」的學識光輝的精神財富，是他的文學創作。

---

[10]　梁實秋：〈曾孟樸的文學旅程〉，《梁實秋讀書札記》中國廣播電視出版社1990年版，第116—117頁。

[11]　梁實秋：〈曾孟樸的文學旅程〉，《梁實秋讀書札記》中國廣播電視出版社1990年版，第117頁。

在文學創作園地，梁實秋奉獻了幾百篇風格獨到，雋永清醇的散文作品。這些作品最直觀地顯示了他「融通中西」的雙重智慧。他善於把握中國文化的意境，又善於領悟西方文化的神采，在兩者的交叉點上建構自己的「雅舍」世界。在這個世界裡，他有時歡詠和尋覓恬適，表明一種儒雅曠達的情致；有時描摹和鞭撻世態百相，表現出對傳統民族文化精神的呼喚；有時品嚐和玩味美食，寄寓中西文化的風情與意蘊；有時緬懷故友，抒發眷念故土的情緒；有時談東說西，剔析國民的劣根性；有時咀嚼人生，從平凡的生活中發現美的境地；有時回首往事，勾勒自我成長的歷程；有時目光和藹，向生活撒下一片綠意；有時諷刺幽默，將人生捅幾個窟窿，放出幾縷新鮮空氣；有時沉鬱典雅，抒發心中的苦悶；有時情切意淒，纏綿地掏出心中的意緒……他心中存天地，筆下走龍蛇，侃侃而談。這裡充滿了真，積澱了善包蘊著美，這裡有中國傳統文學的詩情、詩境、詩意，這裡有西方文化的理趣、理義、理性。他談「棋」、談「畫」、談「宗教」，中國傳統文化的幾大門類，他沒有不寫入的；他談人情，描人性，說古今，西方世界的方方面面，莫不盡納筆端。他信手拈來中外文例、事例，就可將一個乏味的題目，點染得妙趣橫生，即使是生活的瑣事，他也在中西文化的天平上將它們攪勻得有色有味，濃淡相宜。如「洗澡」、「散步」、「理髮」、「下棋」、「握手」等，這些都是生活中平凡又平凡的事情，即使有故事，這故事也沒有什麼詩情畫意，可是經過梁實秋雙重智慧的調理，卻彷彿憑空開出一林的玫瑰，裝扮出滿園的生機。

「握手」，不過是現代人見面時使用的一種再平常不過的交際方式，可是梁實秋的〈握手〉卻從這種生活小事中剔析出人性的內容，描摹出種種社會相，表達人生的各種感覺，還引經據典對「握手」來了一通議論。他劈頭即引中國之典：「握手之事，古已

有之，後漢書『馬援與公孫述少同里閭相善，以為既至常握手，如平生歡』」[12]。由此即將現代人見面握手的習慣推到了古代，也增加了「握手」這種習慣的歷史感，同時也似乎告訴人們，現代中國人見面握手的習慣雖然是在西方人的影響下形成的，但這種見面的儀式，在中國也是「古已有之」的，可見，人類在發展的過程中，很多儀式都是想通的，這也許就是「人性」相同所導致的一種現象吧。隨後，他又寫道：「西裝革履我們都可以忍受，簡便易行而且惠而不費的握手我們當然無需反對。不過有幾種人，若和他握手，會感覺痛苦。」一邊生動地描摹與「幾種人」握手的「痛苦」的心理與生理的感覺和極端「無趣」的情景，一邊搬出狄更斯小說中所寫的那種怪異的像握的是「五條鱔魚」的握手的感覺，進一步顯示不是出於本心握手的「痛苦」，同時也懸起西方人性論的明鏡、燭照「普遍握手」對人性的「摧殘」：「朋友相見，握手言歡，本是很自然的事，有甚於握手者，亦未曾不可，只要雙方同意，與人無涉。唯獨大庭廣眾之下，賓客環坐，握手勢必普遍舉行，面目可憎者，語言無味者，想飽以老拳尚不足以洩忿者，都要一一親炙，皮肉相接，在這種情形之下握手，我覺得是一種刑罰。」[13]一件平平常常的小事，就這樣被他借中西文化的知識，調理得有理而有趣，寫出了「握手」的酸甜苦辣。

當然，梁實秋也懂得，雙重智慧和豐富的學識對他構造自己的散文世界具有明顯的優勢和便利，但是如果處理不好，優勢也會變成劣勢，知識也會變成累贅。「掉書袋」的教訓，「歐化」的弊病，都使他在雙重智慧下構造自己散文世界時，顯得十分謹慎，時

---

[12] 梁實秋〈握手〉，《梁實秋散文》第一集，中國廣播電視出版社1989年版，第84頁。
[13] 梁實秋〈握手〉，《梁實秋散文》第一集，中國廣播電視出版社1989年版，第86頁。

時注意不使「優勢」成為一種顯露才學的方法和途徑，而是將才和識處理得疏密相間，有張有弛，使豐厚的中西文化知識宛如汩汩的清泉，流向哪裡都能孕育出一片綠洲，創造出一派新的景象。特別在《雅舍談吃》集中，梁實秋對於自己知識的施放，不僅文理清楚，而且頗為機智。例如〈喝茶〉，這是現代中國文學史上許多著名散文家都寫過的題目，周作人就是這方面的專家和老手，他品出了茶的千般滋味，也寫出了茶的苦澀、深奧的意趣。而梁實秋既深得其中三味，又自成一格，獨闢蹊徑，他一面大加考究「茶」字的淵源以及「品種繁多，各有擅長」的特點，一面又從尋味品茗之趣中走出來，以自己切身的體悟下一個判語：「清茶最為風雅」，待情和景，意和象相得益彰之際，才水到渠成援引古人對聯「穿牖而來，夏日清風各日日；捲簾相見，前山明月後山山」，烘托自己所認為的飲茶之最佳境界：「有荒野的氣息撲鼻」，在一種「致虛極，守靜篤」的精神體驗中，散發出濃郁的超然物外的情趣。按理說，作為「一代散文宗師」，他良好的中國傳統的文化素養，是可以為他提供成筐成簍的詩詞、章句作底蘊的，他豐富的西方文化知識，是可以為他提供大量的材料，將文章裝飾得富麗堂皇的，但是，他謝絕了。他沒有用西方文化知識做彩衣顯示大師風範，也沒有將傳統「書袋」作徽章表明自己的博學，而是發於當發之時，引於當引之處，在最緊要處機智地以最少的引典，塗抹出最佳的情趣，又以這種最佳的情趣收束全文，構造出瀟灑清峻的藝術意境。姑且不談這篇散文的美意和價值，僅僅這種機智的手法，在顯示了梁實秋學識的精進和智慧的個性之外，其本身就可以當作欣賞、品味的對象。

　　有時，梁實秋也濃墨重彩，旁徵博引，讓中國文化的龍的氣息與西方文化的人的靈性頻頻交媾，孕育出色彩斑斕，雍容華貴的佳構。如〈職業〉一文，在談「教書」這一職業時，除了直敘自己

從教的經歷、感受外，還引用了許多古例古訓，其中有沈括的《夢溪筆談》、東方朔的言論、杜工部的詩、《禮記》中的故事、馬融的觀點以及諺語、俗話等。但是，他引用這些古例並非為了顯示自己的「博學」，也更不是為了「掉書袋」，而是，或為證明自己的職業「教書」的酸甜苦辣，如，引用東方朔的言論和杜工部的詩就是如此；或作為辨析這樣的觀點作論據，即每個人的職業雖有「精粗美惡」的不同，但只要是存在的，都是合理的，並由此引出一些傳統的觀念進行批判和否定。如，引用宋代沈括《夢溪筆談》中的一段話就是如此。宋代沈括在《夢溪筆談》中記載了這樣一件事：「林君復多所樂，惟不能著棋，嘗言：吾於世間事，惟不能擔糞著棋耳！」對此，梁實秋發議論說：「著棋與擔糞並舉，蓋極形容二者皆為鄙事，表示不屑之意。在如今看來，擔糞是農家子不可免的勞動，陣陣的木犀香固然有得消受，但是比起某一些蠅營狗苟的宦場中人之蛇行匐伏，看上司的嘴臉，其齷齪難當之狀為何如？至於弈棋，雖曰小道，亦有可觀，比飽食終日言不及義要好一些」[14]。由此很有力地說明瞭職業雖有分工，但卻沒有什麼職業是能夠或缺的，沒有大糞的臭，當然也就沒有五穀的香，農家擔糞的職業雖然沒有文人、雅士職業的「高貴」，但沒有農家「低賤」的職業，讀書人高貴的職業也就被抽空了基礎。更何況，農家擔糞的職業雖不高貴，但比那些「蠅營狗苟的宦場中人」的職業要乾淨，其實際的價值也比他們要重要。

　　〈中年〉則更為富贍，短短一千多字的散文，既引用了文學上的例子——聊齋志異的〈畫皮〉，又引用了西方的傳說笑話；既引用了《水滸‧序》的人生格言，又引用了西洋諺語。他不僅引用了這些典籍、故事、傳說、諺語，而且還極善於以理趣、情愫來啟動

---

[14] 梁實秋：〈職業〉，《梁實秋散文》第三集，中國廣播電視出版社1989年版，第165頁。

這些「死」知識。引用〈畫皮〉和西方「傳說笑話」，意在調侃女人到中年時所採用的「減肥」、「擦粉」力圖「餓」回「青春」、再造「青春」舉動的不合理性；引用《水滸‧序》與西洋諺語，不僅對比了中西兩種文化中的人生觀，特別是關於「中年」的人生觀，而且憑藉這種相互的對比，生發出自己的結論：中年自有中年的優勢和妙處，正如演戲，「中年的演員才能擔起大齣的軸子戲，因為他在中年才能真懂得戲的內容」[15]。（本書最後一節將詳析）

梁實秋就是這樣來構造自己的散文世界的。這種構造的特點既是他的個性，又是他的魅力之所在。

在文學理論園地，我們也同樣可以品嚐到他的學知的這種魅力。

梁實秋一生寫過許多個性獨到的文學理論與批評的文章和著作，如《浪漫的和古典的》、《文學的紀律》、《文藝之批評論》、《梁實秋論文學》等。這些文章和著作，都是他豐厚的學識與雙重智慧的結晶。儘管它們還存在一些值得商榷的地方，也有一些顯然的邏輯漏洞，在歷史和現實的陽光下它們也時常顯出一些捉襟見肘的窘態，但是單從「魅力」的角度來看，它們的內容仍是十分豐富的。

梁實秋文藝主張的核心概念是「人性」。什麼是人性呢？梁實秋在〈我是怎麼開始寫文學批評的〉一文中曾給予了最通俗的解說：「人性並不神秘，圓顱方趾皆謂之人，人人皆有人性」[16]。但人性也不是氾濫存在的人的一切本性，在梁實秋看來，人只有「在超越自然境界的時候，運用理智與毅力控制他的本能與情感，這才顯露人性的光輝」，這種「人性的光輝」才是「永久的、普遍的、

---

[15] 梁實秋：〈中年〉，《梁實秋散文》第一集，中國廣播電視出版社1989年版，第103頁。

[16] 梁實秋：〈我是怎麼開始寫文學批評〉，轉引自周小琴《新人文主義的語境轉換——一種溝通中西的文化選擇》，《語文學刊》2007年第9期。

固定的，沒有時間的限制與區別」[17]的。而文學正是籠罩在這種人性的光輝中，並被這種人性的光輝所決定的，「普遍的人性是一切偉大的作品之基礎」[18]。因此，文學的根本任務當然就在於「表現人性」。從理論邏輯來看，梁實秋以人性為中源的文學主張是自成系統的，這個系統的一端，直接通向西方哲學與文論，另一端則勾連著中國傳統哲學與美學。這樣一個關係寬廣而又複雜的系統，我們無論從那種角度或層次來審視，都可以發現它的優越與神采，同時，也可感受到由這種優越與神采透射出來的西方文化的韻味與東方文化的情趣，以及它們帶給梁實秋文學主張的弊病。

　　梁實秋在〈『藝術就是選擇』說〉中曾經指出，沒有一個偉大的批評家無哲學的根據的。這話在一定程度上也道出了梁實秋自己文學理論與批評的特徵。作為一個還不能稱為「偉大」的文藝思想家、批評家，梁實秋文藝理論也有自己的哲學基礎和理論根據，這就是以他的美國老師白璧德為代表的新人文主義。這種新人文主義，是現代西方影響極大的哲學理論，它是從反對西方科學主義和縱情主義的哲學理論中反彈出來的新型哲學意識，它的價值取向在於用一種新的人文主義精神來拯救西方由科學至上、人慾橫流所帶來的人性災難，因為它與傳統的「人道主義」不同，故稱為「新人文主義」。梁實秋以這種「新型」哲學作為自己文學主張的基礎，不是沒有原因的，這個原因既來自社會、時代的機遇（因為梁實秋是白璧德的入室弟子），更主要的來自他「雙重智慧」的制約。梁實秋之所以在紛紜喧囂的眾多哲學思潮中選中新人文主義，或者說被它吸引，是因為他在新人文主義的思想體系中，發現了與自己的

---

[17]　梁實秋：〈書評兩種〉，〈文學的紀律〉論文集，人民文學出版社1988年版，第194頁。
[18]　梁實秋：《文學批評辨》，《浪漫的與古典的》人民文學出版社1988年版，第103頁。

東方智慧，特別是儒家中庸、調和、克己復禮的道德準則與人生智慧一致的內容，這就是「理性」。新人文主義認為，要拯救現代社會的墮落，就必須復活一種傳統的人文主義的精神，用一種「自我」來控制另一種「自我」，也就是用理性來控制情慾，並有效地引導情慾合理、適度地宣洩。這一點恰恰與中國傳統的倫理哲學所強調的「以天理制人欲」的意識不謀而合，所以，梁實秋虔誠地將西方新人文主義移植過來，作為自己文學理論的基礎。如此一來，就使他的文學理論主張，在東西文化的結合點上獲得了富實、複雜的內容，形成了眼花繚亂的神采和難以避免的弊端。

神采是明顯的。在運用西方新人文主義思想和中國傳統的倫理哲學審視文學時，梁實秋不僅順利地把握了文學的終極本源——人，而且有效地協調了文學情與理的關係，並在這種協調的基礎上水到渠成勾畫出文學的審美境界。他認為：「實在講，理性與情感不是對峙的名詞……健康是由於各個成分之合理的發展，不使任何成分呈畸形的現象」[19]。正因為情與理是一體的，那麼文學所追求的最佳境界，當然就是這種情理構成的審美境界，其風格形態就是「純正、和諧、適當」。這種嚴謹順暢的邏輯，流利自然的推理，融中西思想於一體的結論，我們無論是從本體論的角度來觀察，還是從社會學的角度來透視，都可以很容易的發現，梁實秋的文學理論是自成體系，而且具有現代神采的。「自成體系」是勿須贅言的，因為他的理論既有明確的邏輯起點——人，又有與之相應的理論形態；既扣住了文學的意識本質——文學是人學，又把握了文學的藝術本質——審美性。這種「自我體系」本身就構成了一種美，一種和諧的美。「現代神采」表現為，梁實秋固然秉承了傳統文化的血脈：重理、重情，但也突破了傳統文化的樊籬：文以載道，而

---

[19] 梁實秋〈文學的紀律〉，《梁實秋文集》第一卷，鷺江出版社2002年版，第122頁。

將文學的本體置放於人的基點上，使自己的文論及主張借助於人的光輝與傳統文論分道揚鑣，而與西方現代文論融匯，大踏步地走向現代，透射出鮮明的現代神采。

但是，梁實秋文學理論的弊端也是明顯的，這主要表現在他的文學理論建立的基點：人性論。他認為人性不僅包括感情與理性二元，而且感情也分為善與惡二元。他提出應以理性來制約情感，顯然是要制約人性中「惡」的情感，但是，這種「惡」的情感是什麼呢？從他的「人性是普遍」的理論出發，他又找不到相應的標準來界定出這種「惡」情感的具體限度及具體內容，這就無疑給文學懸定了一個抓不著的幽靈，使他所強調的要「用理性駕馭情感」的理論失去了方向，無法有效地進行社會實踐。再加上他所認可的人性不僅是普遍的而且「根本就沒有多大的差別」，而文學要描寫這種「沒有多大差別」的人性，文學的「獨抒靈性」，文學的個性化也就失去了依託。這些都顯然地表明瞭他文學理論的弊端。但是，這種自相矛盾的窘態，雖然極大的銷蝕了他理論的分量，卻在另一個層面上透射出了他的魅力（這一點我將在下一節論述）。

當我們將目光從文學理論領域轉向翻譯領域，梁實秋的神采又力透紙背地顯示出來了。在這一領域，他充分地發揮了雙重智慧的優勢，不僅突現了創作領域的神采，而且一切窘困都被豐富的知識浪潮所蕩平，惟有順風輕舟，滿帆向前，滿船歡歌，蕩漾在燦爛的藝術之海，灑下一片金輝。

梁實秋翻譯過眾多的外國文學作品，其中影響最大、貢獻最卓越的是他獨自一人翻譯的莎士比亞全集。這一翻譯工作是從1930年開始的，當時，任職於翻譯委員會的胡適，擬定了一個五年譯書規劃，遍邀各方名士翻譯西方哲學、文學名著，莎士比亞全集亦被列入，並擬定由聞一多、徐志摩、梁實秋、葉公超、陳西瀅五人共同擔任翻譯。不料聞、徐、葉、陳四人始終沒有動手，後來，徐志

摩因飛機失事而無緣此項工作，聞一多埋首古籍研究放棄了這項工作，陳西瀅遊學歐洲大陸遠離了這項工作，葉公超則翩翩步入官場不屑於這項工作，最後，這一工作就全部落在梁實秋一人的身上。他開始了漫長的耕耘。抗戰開始前，他譯完了四部悲劇，四部喜劇，抗戰中又譯完了一部歷史劇，以後的歲月，他兀兀不休，以每年約一部半的速度向前推進。到1967年，他譯完了莎士比亞的三十七種劇本，又用了一年的時間譯完了莎士比亞的三部詩集。至此，英文版的《莎士比亞全集》四十冊，終於全部由梁實秋一人獨自譯成了中文。為了慶祝中國文化史上這一壯舉，1967年8月6日，臺灣「中國文藝協會」、「中國青年寫作協會」、「臺灣省婦女寫作協會」、「中國語文學會」在臺北舉行了隆重的慶祝會，到會者約三百人。從此，梁實秋的名字與莎士比亞的作品一起，載入了世界文化的史冊。

這是何等巨大的榮耀！這榮耀凝聚著他三十多年的心血、汗水和智慧，滿蓄著他對翻譯外國文學的忠誠和理想，傾注了他對莎士比亞的熱情和敬仰。

莎士比亞是西方文化的驕傲，他的宏富的戲劇，深邃優美的詩篇，宛如浩瀚的大海寬廣無比，又像天上的太陽金碧輝煌，他的作品的萬千氣象，代表著西方文學燦爛的景觀。他太偉大了，偉大得讓人須仰視才能得見其神采；他太淵博了，淵博得只要掏出一瓣心香，即可使滿園溢彩流光。面對這樣一位偉傑，要接近他並將他的全部作品從一種文字譯成另一種文字，其困難是可想而知的，其艱辛是不言而喻的，作為譯者，不說要有與莎士比亞一樣宏富的知識，至少也要有相當的雙重素養：既能準確、精當地瞭解原文，又能將原文的內容、神采譯成另一種文字。可是梁實秋不僅接近了莎士比亞，而且獨自一人將他全部作品譯成了中文。索諸世界文苑，有幾人可與媲美？縱觀古往今來，敢於與世界偉人莎士比亞全面對

話的豪傑又在哪裡？梁實秋在這一方面的成就的確是卓絕的。這一卓絕的成果就像太陽一樣，不需任何輔助之光，自身就足以顯示出梁實秋融匯中西文化於一體的學識、才情和文學造詣。魯迅先生曾經說過，在某種意義上翻譯比創作還要難，因為創作可以有無數條道路供選擇，此路不通還可以走彼路，而翻譯卻只有一條路：跟著原文走，遇到阻礙只能進攻，無法繞道而行，不僅文字等無法繞過去，原文所牽涉的背景、知識等也同樣無法繞過去，如果僅僅能懂原文的文字，卻不懂原文的各種背景，不瞭解原文所涉及的各種知識，即使勉強翻譯也會不得要領，甚至會完全誤讀。梁實秋在〈讀與譯『世說新語』〉一文中對翻譯的種種艱辛及所涉及的問題也曾經給予過中肯的敘述：

> 翻譯固不需要創作那樣的靈感，但也不是振筆疾書計日功課那樣的機械。翻譯之書，有古有今，有難有易，遇到文字比較艱深的書，不要說翻譯，看懂了就很費事。譯者不但要看懂文字，還要了然於其所牽涉到的背景，這就是小型的考證工作，常是超出了文學的範圍，進入了歷史、哲學等的領域。[20]

翻譯之所以「難」，這是因為，要翻譯的作品往往是用某種特定的民族文字創作的，在這些特定文字構成的五彩繽紛的世界裡，不僅包含著一定時代政治、經濟、軍事、文化、風俗、道德、宗教等方面的內容，也不僅僅包含著特定作家自己的精神、信仰、學識、風格，而且包含著一定民族、一定文化特有的趣味、意象、傾向，同時還有特點的歷史背景和相應的空間存在的依據，要將這

---

[20] 梁實秋：〈讀與譯『世說新語』〉，《梁實秋讀書札記》中國廣播電視出版社1990年版，第226頁。

種具有獨特內涵的文學作品譯成另一種文字形式的作品，譯者除了
要熟練掌握這種文字外，還得有洞悉這種文字所包含的種種複雜內
容的能力，還需要具備非文學的，諸如歷史、哲學，甚至風俗、宗
教、政治等方面的知識。與此同時，由於譯作是給能懂這種不同於
原作文字的讀者欣賞的，因此，譯者又必須熟練地掌握接受對象的
心理傾向、民族習慣、審美趣味以及文字本身的特點，具備相應的
文字能力及心理、風俗、美學方面的知識。當梁實秋憑藉「雙重智
慧」遨遊於莎士比亞的藝術世界，並將莎士比亞的作品由西方移往
東方的時候，他的神采和魅力也就自然而然地顯示出來了。這主要
表現在兩個方面：一個是對原作的把握，一個是對原作的翻譯。

　　從對原作的把握來看，梁實秋對莎士比亞原作的時代背景，情
節內容，事件源頭，文字風格的熟悉程度是令人吃驚的。他憑藉豐
富的西方文化的知識和嫻熟的英語，不僅吃透了莎士比亞作品中的
紛繁的宗教內容，歷史掌故，人物事件，而且，以學者的慧心更正
了莎士比亞戲劇中的一些錯舛。這些錯舛涉及的內容本身也是豐富
多樣的，既有重要的歷史人物，也有複雜的歷史條件，既有粗線條
的戲劇情節，也有細小的戲劇道具。僅從梁實秋在〈莎士比亞與時
代錯誤〉一文中更正的莎士比亞的失誤即可見出他對西方文化與莎
士比亞戲劇的熟悉程度。「《亨利八世》劇中諾佛克公爵對白金安
公爵說：『法國破壞盟約，扣留英商貨物。』按扣留貨物一事發生
在一五二二年三月，而根據歷史白金安公爵已於前一年五月十七日
斬首」。「《考利歐雷諾斯》劇中拉舍斯讚美瑪律舍斯之勇敢善戰
曰：『凱圖理想中的軍人』。按凱圖生的那一年，考利歐雷諾斯已
死去了二百五十五年之久。拉舍斯是考利歐雷諾斯同時的人，如何
能在他的口中說出凱圖？」「《波里克利斯》劇中提到『手槍』。
按手槍始於義大利，約在十九世紀中葉。波里克利斯是紀元前五世
紀希臘政治家，在這樣古的時代怎能說到手槍？」「《泰特斯‧安

莊尼克斯》劇中薩特奈諾斯與塔摩拉結婚前發誓說：『牧師與聖水就在近邊……』。按牧師與聖水為天主教堂舉行婚禮時所必需，而此劇背景是在羅馬時代，與天主教堂風馬牛不相及。」[21]還有……。對舉世景仰的大文豪莎士比亞的錯舛尚能洞若觀火，那麼對其作品的其他內容的把握就可想而知了。

從翻譯的實際效果來看，他得心應手的操作也同樣是令人欽佩的。他憑藉良好的東方文化素養，舉重若輕地將西方文學的泰斗的作品搬到了東方，並用東方優美的藝術手段，傳達出莎士比亞作品的真情善意和美感。梁實秋曾經深有體會地說過：「優美的原文即是最難翻譯的所在」[22]，這種「難」，主要難在要找出與「優美的原文」同樣優美的翻譯文詞，準確地傳達原文優美的風格，構造同樣優美而又能被讀者領悟的理趣、意境。梁實秋融通中西的知識結構及雙重智慧，在這「最難翻譯的所在」又一次顯示了自己的神采和魅力。他不僅準確地把握了英文版的莎士比亞作品的內容、風格特徵，而且以優美適當的漢語詞彙和完整流暢的語法結構，傳達出原文的詩情、哲理、文意、美趣。請看他翻譯的莎士比亞《雅典的泰門》中主人公泰門關於「金子」的一段臺詞：

> 這是什麼？金子！黃澄澄的，亮晶晶的，寶貴的金子！
> ……這麼多的這種東西將要把黑變成白，醜變成美，非變
> 成是，卑賤變成高貴，老變成少，怯懦變成勇敢。……這
> 東西會把你們的祭司和僕人從你們身邊拉走，把健壯大漢
> 頭下的枕頭突然抽去；這黃色的奴才可以使人在宗教上圍

21　梁實秋：〈莎士比亞與時代錯誤〉，《梁實秋讀書札記》中國廣播電視出版社1990年版，第15—17頁。
22　梁實秋：〈讀與譯『世說新語』〉，《梁實秋讀書札記》中國廣播電視出版社1990版，第227頁。

結或分離;使該受詛咒的得福;讓渾身長滿白皮癩的受人
喜愛;使盜賊成為顯要,給他們官銜,受人的跪拜和頌
揚,和元老們同席並坐;就是這個東西使得憔悴的寡婦能
夠再嫁;她,住花柳病院的和生大麻瘋的人看了都要噁
心,但是這東西能把她薰香成為四月那樣的鮮豔……[23]

譯筆之流暢,有如清泉出山蚰;意境之深邃,真如在千年黑暗
中發現了金子的真光;用詞之豐富,有如「大珠小珠落玉盤」,聲
色俱全。他深厚的中國文學的功底,就這樣使他得心應手地將莎士
比亞優美的作品由英文譯成中文,為中文讀者又創造了一個偉大的
審美對象,也通過這優美的譯文將他自己的神采和魅力傳達給了讀
者。尹石先生曾贈給梁實秋一首詩,其中寫道:「莎士抵但丁,譯
筆一雙炷」[24],正恰到好處地勾畫了他在翻譯領域的卓越貢獻與鮮
明個性。

梁實秋是一位精神財富的創造者,同時也是一位培養精神與
物質財富創造者的「人類靈魂的工程師」。他1926年從美國留學回
來就拿起了教鞭,到1966年才退出講臺,前後四十年,他曾執教於
南京、北京、青島、廣州、臺灣等地的著名學府,是知名的學者教
授。在這一領域,他的雙重智慧和豐厚的中西文化知識,更有了用
武之地,其魅力也更有特色。

中國現代的著名文人大都與教鞭打過交道,我們隨便就可以舉
出一串名字,如魯迅、周作人、郁達夫、胡適、徐志摩、冰心、林
語堂、劉半農、錢玄同、聞一多、朱自清、葉聖陶、俞平伯、劉大

---

[23] 轉引自梁實秋《錢神論》,《梁實秋讀書札記》中國廣播電視出版社1990
版,第183頁。
[24] 梁實秋:〈北碚舊遊〉,《梁實秋散文》第二集,中國廣播電視出版社
1989年版,第352頁。

白、許地山、沈從文等等。梁實秋也在其列。這些文人教師，不僅才華橫溢，知識豐富，而且教學方法也千姿百態。既有超凡脫俗，飄逸不群，滿身透著「神仙風味」的名士教法，如聞一多、徐志摩的教法；也有治學審慎，循章據典，無處不見「夫子之氣」的乾嘉學風與牛津學風的教法，如劉大白、錢玄同；既有思想體系博大精深，縱橫捭闔，透射著偉岸氣質與風采的「思想大師」的教法，如魯迅的教法，也有和藹慈祥，循循善誘，通體溫和親切的「長者」的教法，如周作人，葉聖陶的教法。

與其他拿過教鞭的名家的教學風格相比，梁秋實的教法則是牛津風與長者氣的結合。他沒有魯迅那樣深刻、偉岸的氣質，也沒有聞一多、徐志摩那樣超凡脫俗，他「擇天下精英而教之」，一方面傳授知識，一方面循循善誘啟發學生的智慧，讓學生從他豐富的學識中領悟學習的方法。因此，梁實秋也就成了很受學生歡迎的教授。梁實秋的兒子梁文祺先生曾在一篇回憶文章中這樣描述梁實秋在大學上課的情景及講課的效果，「教書十年，口操英語，卻總是長袍馬褂，千層底布鞋，迭襠褲子，還要綁上腿帶子。很土。初次上課，時髦的男女學生往往匿笑，父親也不在乎。好在外觀上的不調和，並不妨礙授課。在北京師大，有一次講Burns的一首詩，情思悱惻，一女生淚下如雨，講到慘怛處，這女學生索性伏案大哭起來。我問父親：『你是否覺得很抱歉？』父親說：『不。Burns才應該覺得抱歉。』」[25]

梁實秋曾說：「按教書而能成匠，亦非易事。必須對其所學瞭若指掌，然後才能運用匠心教人以規矩，否則直是戾家，焉能問世？」[26]在教書育人的過程中，他不僅做到了對自己所傳授的知識

---

[25] 轉引自宋益喬《梁實秋傳》百花文藝出版社2005年版，第233頁。
[26] 梁實秋：〈職業〉，《梁實秋散文》第三集，中國廣播電視出版社1989年版，第167頁。

「瞭若指掌」，而且，還很注意教學的方法，這一特點在他的一些講稿和講演稿中可以窺其一斑。

〈散文的朗誦〉是他的講演稿。在這篇講演稿中，他從中西文字的特點入手，列舉中西各種散文文體的特徵，從教學的角度闡述了散文朗誦的必要性和意義。「事實上我們的散文一直是被朗誦著的。記得小時侯，老師教我們讀，《古文觀止》，選中一篇古文之後並不立刻開講，而是先行朗誦一遍。我的中學老師當中有兩位特別長於此道，一位是徐鏡澄先生，一位是陳敬候先生，前者江北人，後者天津人，前者朗誦咬牙切齒，聲震屋瓦，後者朗誦輕描淡寫，如行雲流水。但是兩位都能朗誦出文章的韻味。我們細心聆聽，在理解文章內容之前，已經相當體會到文章的美妙。」[27]梁實秋通過生動的事例和自己的切身體會，活脫脫地勾畫出了散文「朗誦」教學的好處——在理解文章內容之前，已經相當體會到文章的美妙。朗誦對學生來說是從感性體悟到理性把握散文內容、藝術特點的一種行之有效的方法，而對老師來說則是「傳道、授業、解或」的一種最便捷的途徑，最直觀的技巧。通過老師的朗誦或者學生的朗誦，在「朗誦出文章的韻味」的同時，也就可以潛移默化的將文章的美——這種看不見卻可以體會的東西，以「完型」的方式直接傳達給學生，或直接讓學生在朗誦的過程中親身感覺到，這樣一來，既保持了文章的整體美感，又避免了老師過多生硬的理性解剖，所以，朗誦具有很強的「方法」意義。同時，朗誦不僅是「教」與「學」的一個重要方法，也是衡量一篇散文美學價值的最直觀的尺度，「精緻的散文永遠是讀起來鏗鏘有致」的，由此，梁實秋又從文學欣賞的角度教給學生一種文學批評的方法。

在講授具體的作家作品時，他不僅注意傳授知識，而且善於

---

[27] 梁實秋::〈散文的朗誦〉，《梁實秋散文》第四集，中國廣播電視出版社1989年版，第235頁。

引導學生從正反兩個方面去觀察、研究對象。〈莎士比亞與時代錯誤〉是他的講稿之一,其中主要是講莎士比亞作品中的一些失誤。梁實秋選擇這樣一個獨特的角度講解莎士比亞,既有「傳道、授業、解惑」之效,也有啟發學生從正反兩個方面評價人物、作品之功。這正是梁實秋教書育人的獨特之處。

　　梁實秋是這樣教導學生的,他自己也是以正反兩面的方法去看待人生、看待中西文化的。梁實秋之所以熱衷於這種方法,從一定意義上說正是他素質的反映。雨果在論天才時曾經說過:「天才都具有雙重的返光」,這種雙重的返光,就是他們「從正反兩面去觀察一切事物的那種至高無上的才能」[28]。具有雙重智慧的梁秋實,在運用這種正反兩面法看待各類人生現象時,他的「雙重的返光」,使他能得心應手地從中外文化寶庫中信手引來形形色色的範例進行相互比照,將抽象的人生具體化,又從這種具體的人生現象中燭照中西兩大文化系統的優劣及不同特點。

　　「謙讓」是一種社會禮儀,又是東方人推崇的美德和人生規範。這種美德和規範指的是在利益、榮譽等面前人的一種「高姿態」,一種謙虛地對人、對事的態度,在特點的場合,它就如一種表示禮貌的儀式。對於這種人生規範,梁實秋基於中西方文化的不同特點,從中西歷史和現實的種種「謙讓」現象入手,進行了正反兩面的觀察和比照。正面觀察的視角和立點是西方文化,反面觀察的視角和立點是中國文化。他認為,「謙讓做為一種儀式,並不是壞事」,但是,這種僅僅只是「儀式」的東西卻在中西兩大文化系統中,經過長期的鑄造,形成了兩種完全不同的人生情態。中國古稱禮儀之邦,甚至在春秋戰國時,統治階級就已經陸續建立了一整套有利於自己統治的禮制。《周禮》、《禮記》可說是古代禮制之

---

[28]　《文學理論學習參考資料》(上)春風文藝出版社1981年版,第288頁。

集大成者。古代之所謂禮，主要是社會生活中的規則和儀式。在周代，禮制已十分複雜，沒有各種專職人員的操作，簡直就不能執行和管理，所謂禮經三百，威儀三千，即使是從小受過訓練的人，有時也難以嫻熟掌握。禮之繁瑣，即此可見，流傳之難可想而知。隨著時代的更迭，本來就注重形式的禮更加徒具形式，變得越來越虛假。然而，上流社會卻一直捨不得丟開這些禮儀的軀殼，捨不得讓「禮」回歸它應有的作用，反而在長期的封建統治的過程中，讓這種虛情假意的「禮」的觀念成了中華民族的「集體無意識」。所以，梁實秋懷疑地稱中國人的「謙讓」「彷彿」是一種美德，他隨手舉出中國歷史上一個謙讓的範例——孔融讓梨，就將這種「懷疑」的判斷，變成了生動尖銳的「否定」判斷，活脫脫地將中國人崇高的「謙讓」的弊害揭示出來了。孔融讓梨，從形式上看是讓人感動的，因為當時孔融只有四五歲，小小孩童能有這種「謙讓」精神實在可愛。但是，細細想來又總有點心酸，一個四五歲的小孩卻擺出一副三四十歲人的世故面孔，把一隻他讒涎不已的大梨推開去，取一隻乾癟的小梨，嘴裡還說：「我還小，我吃小的好了，」這與孩子天性中的誠實、天真相差太遠了，完全是對人性的一種扭曲。更為可恨的是，中國人卻將這一扭曲人性的故事寫成書，作為教育後人的範例，這種文化的弊端也就可見一斑了。

與中國相反，西方在長期的歷史發展中，「謙讓」這種本來只具有「儀式」性質的人生現象，去逐漸從形式的存在，轉化為意識的存在，從「虛」的社會內容，轉變為實的人格內容。「謙讓」已失去了手段的意味，而蛻變成了一種實在的自我評價。一般情況下，西方人對責任感、榮譽感的追求比較直率，頗有點當仁不讓的味道，在現實生活中倘若他們「謙讓」，一般不是「虛」讓，大多是「真」心覺得自己不配或沒有能力或不想幹。即使作為一種「儀式」非得「謙讓」一下不可，也頗為「有趣」（不似中國的孔融讓

梨使人心酸），既有實際意義又不違拗人性。梁實秋在〈謙讓〉一文中也隨手舉了一個例子，「天主教選任主教時所舉行的儀式就滿有趣。就職的主教照例地當眾謙遜三回，口說：『nolo episcopari』意即『我不要當主教』，然後照例地敦促三回終於勉為其難了。我覺得這樣的儀式比宣誓就職之後再打通電聲明固辭不獲要好得多。謙讓的儀式行久了以後，也許對於人心有潛移默化之功，使人在爭權奪利奮不顧身之際，不知不覺也舉行起謙讓的儀式」[29]。正是從這個意義上，梁實秋認為：「謙讓作為一種儀式，並不是壞事」。可見，西方人的「謙讓」具有實際意義，對於人性的健康發展具有物質與精神的雙重功用，儘管這種「實際意義」和「雙重功用」帶著梁實秋的主觀意向，但它們畢竟在一定程度上體現了西方人的「謙讓」的趣味和基本面貌，反映了西方文化的良知。

當梁實秋對人生問題的審視，從具體現象（如謙讓）出發，落腳於中西兩大文化系統之後，他的審視實際已進入了一個更高層次，這就是對中西兩種文化的地位、意義的直接比照、審視。在這一層次，中西文化不僅是他審視的歷史與邏輯的基點，也是他審視的直接對象。他或者以西方文化為基點審視中國文化，或者以中國文化為基點觀照西方文化，但不管他的視線從哪一面展開，也不管他的思維沿著哪一方運行，他的雙重智慧都為他構造了一個優越的視角：在中國文化的背景下審視西方文化，則將西方文化的意義拉近，直接借鑒西方文化的光輝燭照中國傳統文化的不足，以人之長補己之短；在西方文化的背景下審視中國文化，則將中國文化的意義推遠，推向世界，廓大中國文化的意義，也突現中國文化的獨特的韻味。正是在這種「拉近」與「推遠」的過程中，梁實秋既發現了西方文化對中國文化的作用和意義，也發現了中國文化在世界文

---

[29] 梁實秋：〈謙讓〉，《梁實秋散文》第一集，中國廣播電視出版社1989年，第56頁。

化格局中的特點:「中國文化是一個龐大的整和體制,有韌性,有吸引能力」[30]。這一特點也就決定了中國文化在世界文化中的地位和作用。這個「地位」就是,中國文化作為一個獨立的文化系統,它具有西方文化不可替代的作用。這個「作用」則使它可以在一定程度上補西方文化之不足。梁實秋認為,西方文化崇尚物質,崇尚個性的結果,一方面固然創造了輝煌的物質與精神財富,另一方面也帶來了人欲橫流的病態,要補救這種「病態」,西方文化自身是無能為力的,而只能借中國的倫理文化之「石」,來攻西方文化之「玉」。他在〈謙讓〉一文中寫道:「我每次從公共汽車售票處殺進殺出,心裡就想先王以禮治天下,實在有理」[31],這正形象地表明瞭他欲以中國文化之「禮」補西方文化之弊的心理。正因為梁實秋借雙重智慧的優勢,發現了中國文化在世界文化中的這種地位和作用,所以,他的一生都宣導發揚民族傳統文化。這種「發揚」不僅有利於民族文化自身,而且有利於補西方文化之不足。

但是,中國文化雖然「是一個龐大的整合體制」,有自身的特點和作用,但它要與世界文化對話僅憑自身的資本和條件是不夠的,它必須接受其他文化的良知,一方面充實自己走向現代化,另一方面補救自身的弊端找到與世界文化對話的契合點。這個契合點就是人性。梁實秋認為,中國文化與西方文化相比,最大的弊端就是缺乏人的意識,無論是儒家的倫理文化,還是道家的浪漫情思,都是從一個絕對存在的「道」出發的,眾多的思想典籍包括成就輝煌的文學,都不注意人本身。為了補救這種弊端,所以,梁實

---

[30] 梁實秋:〈書評(七則)〉,《梁實秋讀書札記》中國廣播電視出版社1990版版,第252頁。
[31] 梁實秋:〈謙讓〉,《梁實秋散文》第一集,中國廣播電視出版社1989年,第56頁。

秋一生都張揚人性論，他認為「欲就中國文學之弊，最好採用西洋的健全的理論，而其最健全的中心思想，可以『人本主義』名詞來包括」[32]。他雖然是「就中國文學之弊」的角度張揚其人性論大旗的，但其思想卻是指向整個中國文化的。他在為中國文化找到補救弊端的良方以後，他就為中國文化與世界文化，特別與西方文化的對話，找到了一個永恆的題目，儘管這個題目還存在很多沒有解決的問題，但，找到題目正是解決問題的開端。

正是在對中西文化的比照、審視中，梁實秋憑藉雙重智慧的優勢，有效地把握了中西文化各自的特點及相互關係，並為中西文化的互補、對話找到了他所認可的最佳的方案，與此同時，也構成了他那中西互漸，兩間徘徊的獨特心態。

第二節　心態：剪不斷的眷戀與抵不住的誘惑

被中西兩種文化塑造出來的梁實秋是幸運的，也是苦惱的。他豐富的知識和雙重的智慧在給他帶來優越的視野和創造的良好機會的同時，也給他出了許多難題，使他像一個擁有大量黃金和大量古玩的收藏家，既為這一切所戀念、沉醉、驕傲、自豪，又不知如何處理這些財富才是最好的結果。

燦爛的西方文化，有如一道符咒，為梁實秋打開了通向未來的大門，將理想、快樂、靈氣賜予他，使他的靈魂充滿了陽光。在西方文化的園地，他領悟了人性的偉大與神聖，看到了構成大千世界的物質文明與精神文明的輝煌景象，特別是那宏富、新奇的文學之宮與浪漫、美妙的藝術殿堂。正是在西方文化的指引下，他找到了

---

[32] 梁實秋：〈現代文學論〉，《梁實秋文集》第一集，鷺江出版社2002年版，底399頁。

自己的人生價值與奮鬥目標。他太愛西方文化了，對於西方文化，他嚮往了一生，也追求了一生。

同時，他又是那麼眷念中國文化。中國文化開啟了他童稚的慧心，用語言的魔方變幻出千姿百態的形象，教給他立身之本，處世之法，為人之道。在中國文化的園地，他接受了儒家入世、修身的倫理規範，吸收了道家浪漫、逍遙的出世哲學，也飽嚐了先秦諸子的精妙之味，唐宋詩文的飛揚神采，以及像大海一樣浩瀚，如日月一樣璀璨的戲曲、小說、琴棋書畫的醇香，至於中國的飲食文化，從海鮮到家常菜，從烈酒到清茶，讓他回味無窮；故鄉北京的建築文化，從巍峨的故宮，到塵土飛飛的街道，讓他流連忘返；故鄉的風俗文化，更是讓他時時刻刻魂牽夢繞。所以，無論走到哪裡，無論身在何方，「洋裝雖然穿在身」，他的心「仍是中國心」。

正因為梁實秋深得兩種文化的恩惠，並深深地陷入其中，所以，當時代的槓桿將他推入人生的軌道，讓他選擇自己的思想歸宿與藝術道路的時候，他就不可避免地陷入苦惱和矛盾之中。在理智上，他大踏步地走向西方，宣傳西方文化，並以西方的人本主義哲學、美學、文藝理論為指標，解說現實與歷史的課題，領會人生與心靈的真諦，剖析文學與藝術的法則，用西方文化的良知，尖銳的批判中國文化的弊端。但在感情上他又深戀著自己民族的傳統文化，如數家珍地讚揚「禮」的偉大，「孝」的崇高，「儉」、「勤」的美德，「修身」的重要，從風華正茂之時起就一直恪守這些規範，終身不渝，並用這些倫理原則，批評西方物質文明與精神文明的病態，希圖以此來醫治社會發展的疾患。至於古詩的雄渾絢麗，國畫的美妙絕倫，散文的多姿多彩，小說的汪洋恣肆，更是化作了他的血肉，融進了他辛勤耕耘的文學天地，也成了他比照外國文學，批評西方浪漫主義藝術最明快的武器。

　　有時，他熱情地認同西方文化，有時又惋惜地搖搖頭；有時，他激動地肯定東方文化，有時又沮喪地歎幾口氣。他既剪不斷對中國文化的眷念，又實在抵不住對西方文化的嚮往。這樣一種矛盾的心態，就使他在大踏步走向現代世界的時候，常常不免回到傳統的文化中，在觀察人生現象，解說理論問題，創造文學藝術時，始終是「兩腳踏中西文化，一身處新舊之間」[33]，不由自主地陷入「自相矛盾」之中。這些矛盾在各個方面表現出來，並在理想與現實，倫理與政治，文學主張與創作等方面構成了不同的特點和相應的魅力。

　　崇尚紳士道德理想和抽象的人性論，是梁實秋最穩固的心態。就紳士道德理想來看，青年時代的梁實秋就是英國紳士風度的崇拜者。他特別推崇維多利亞時代作家牛曼的一段關於紳士風度的闡述，這段文字將一位紳士的品格歸結為公允、寬厚、謙虛、理智、容忍等等，幾乎十全十美。這些品格正是梁實秋以後處世為人的一個準繩，也是他心嚮往之，以畢生的實踐去接近的一個目標。但是，深受儒家文化影響的梁實秋，又絕不可能高蹈著紳士之步，行走於維艱的中國大地，置身於各種政治鬥爭的風浪之外，「治國平天下」的儒家理想，又時時將他紳士的步履和理想拉回到現實的土壤，並不管他是否願意，將他推入階級對抗的旋渦，讓他作出自己的選擇。梁實秋儘管小心翼翼、多方權衡，但最終還是選擇了三民主義，追隨國民黨政權反對共產主義。如此一來，「公允的」紳士道德理想終於塗上了傾向鮮明的政治色彩，儒家入世的原則，終於攪亂了西方紳士道德的超然、平和的企圖，兩種文化的碰撞，也被具體化為道德理想與政治傾向的矛盾，隨著政治形勢的變化，這種矛盾和衝突，又逐漸地由思想意識的層次，內化為一種心態或情

---

[33]　〈編後記〉，《梁實秋讀書札記》中國廣播電視出版社1990版版，第253頁。

緒，並通過種種管道滲透出來。〈平山堂記〉作為梁實秋散文小品中極少反映國民黨潰敗時的社會混亂的一篇，就具有「風度」地表現了這種由道德理想與政治傾向的矛盾所形成的心態與情緒。

這篇散文記敘了他隨國民黨政權撤離大陸之前的一段生活。作為三民主義的追隨者，他當然希望高舉這面旗幟的政黨能給民族帶來興盛，能給民眾帶來福祉，但現實的景況告訴他，三民主義的旗幟在一班貪腐成風的掌權者手中，不過像一幅招魂的白幡，既沒有給民族帶來興盛，也沒有給民眾帶來福音，更沒有給他自己帶來實惠，相反，還使他不能不跟隨這面旗幟如喪家之犬般地「避亂南征」。於是，善良的理想和這種理想未能如願之間的對比，就使他自然而然地產生了追隨這個政黨的一種淒涼的心情。但是，崇尚紳士理想的梁實秋，又不願像他曾經的同窗好友聞一多那樣「拍案而起」或背叛自己的理想，只好以似乎超然的態度來疏瀹心靈的不暢，於失意中尋找自我的安慰，在苦痛中發現少許的樂趣。雖然在「潰敗」之中，作為名教授的他在廣州的中山大學，仍分得「二房一廳」，儘管這「所謂二房一廳者，乃屋一間，以半截薄板隔成三塊，外面一塊名曰廳，裡面那兩塊名曰房」，但是，「於浮海十有六日之後，得此大為滿意，因房屋甚為穩定，全不似海上顛簸，突兀廣廈，寒士歡顏」[34]，用紳士的「大度」輕輕地將辛酸與失意化在強作的「歡顏」之中。這種「歡顏」恰倒好處地顯示了梁實秋矛盾的心態：一方面感到信仰的「無可奈何花落去」，一方面又頑強地保守著自己理想的一角。

崇尚抽象的人性論是梁實秋又一穩固的心態，這一心態毫無疑問是西方文化鑄成的，而這種人性論在梁實秋的主張中是抽象得不能再抽象的了。他所講的「人性」，主要是「生老病死的無常」、

---

[34] 梁實秋：〈平山堂記〉，《梁實秋散文》第一集，中國廣播電視出版社1989年版，第239頁。

「愛的要求」、「憐憫與恐怖的情緒」、「倫常現象」、「企求身心的愉快」等等。並且認為，這一些人性內容是普遍的、永恆的、超越時間和空間的，不管你的財產如何、地位如何，也不管你身在何處，長在何方，文化背景怎樣，人性都像靈魂一樣附在你的身上。他曾在〈文學是有階級性的嗎？〉一文中對此作了描述：「一個資本家和一個勞動者，他們的不同的地方是有的，遺傳不同，教育不同，經濟的環境不同，因之生活狀態也不同，但是他們還有同的地方。他們的人性並沒有兩樣，他們都感到生老病死的無常，他們都有愛的要求，他們都有憐憫與恐怖的情緒，他們都有倫常的觀念，他們都企求身心的愉快。」[35]但是，在傳統文化的影響下，梁實秋這種從西方文化寶庫中借鑒來的人性論，又被導入了一種非普遍的境地，形成了自相矛盾。這種自相矛盾主要表現在，一方面他認為資本家與勞動者的「人性並沒有兩樣」，一方面他受傳統「上智下愚」思想的影響，又認為「一切的文明都是極少數天才的創造。科學，藝術，文學，宗教，哲學，文字，以及政治思想，社會制度，都是少數的聰明才智過人的人所產生出來的。」[36]並由此而斷定：「無論是文學或是革命，其中心均是個人主義的，崇拜英雄的，是尊重天才的，與所謂『大多數』不發生若何聯繫」[37]。既然如此，那麼，就人性來說，天才們的「愛的要求」、「憐憫與恐怖的情緒」等，當然就有別於大多數人，可見人性又並不是「普遍」，因此，梁實秋在形式上承認人性的普遍性的同時，又用「上智下愚」的「天才論」從內容方面否定了人性的普遍性。魯迅先生

---

[35] 梁實秋：〈文學是有階級性的嗎？〉，《文學運動史料選》第三冊，上海教育出版社1979年版，第49頁。

[36] 梁實秋：〈文學與革命〉，《文學運動史料選》第三冊，上海教育出版社1979年版，第10頁。

[37] 梁實秋：〈文學與革命〉，《文學運動史料選》第三冊，上海教育出版社1979年版，第16頁。

正是抓住了梁實秋人性論的這種矛盾，在〈「硬譯」與「文學的階級性」〉一文中尖銳地指出：「自然，『喜怒哀樂，人之情也』，然而窮人決無開交易所折本的懊惱，煤油大王那會知道北京撿煤渣老婆子身受的酸辛，饑區的災民，大約總不去種蘭花，像闊人的老太爺一樣，賈府的焦大，也不愛林妹妹的。」[38]魯迅先生對梁實秋人性論的批判，因為借助了階級論的明快武器，所以解剖起來得心應手，又因為有著強烈的歷史意識，將人性不僅放在共時狀態中考察上層人與下層人的人性不同，而且放在歷時的狀態中考察即使同一階級的人在不同歷史時期的人性也是不同的，如今天北京「撿煤渣的老婆子」，與過去「賈府的焦大」的人性內容就不一樣，所以，魯迅的批駁、論證經受得起推敲。

那麼，是什麼原因使梁實秋的「人性論」形成這樣一種矛盾的呢？不承認「階級論」固然是梁實秋人性論自我矛盾的直接理論原因，另外，作為深沉的心理原因，則是他對傳統中國文化的眷念。

沒有疑問，在理智上，梁實秋接受了西方人性論的「普遍」觀點，但在感情上，他又不能不傾向儒家「上智下愚」的思想，並由此接受了西方的「天才論」。當他受到傳統文化的牽引，沿著「普遍」性的軌道展開思想的觸角宣傳人性論時，這種觸角就不可避免地要折回到傳統的「上智下愚」的窠臼，因為，只有在這一窠臼中，他的「人性論」才是有意義的，他的心理才是平衡的。特別是當他把人類的文明都歸功於「天才」後，他就更無法使人性再「普遍化」，如此一來，人性論的矛盾就不可避免了。這種矛盾，毫無疑問，在很大程度上削弱了他理論的力量，但是，事物的辯證法又恰恰告訴我們，壞的東西也有好的一面，這種矛盾對梁實秋人性論的本體來說固然是災難，可對他的心態來說又是補償，他既宣傳了

---

[38] 魯迅：〈「硬譯」與「文學的階級性」〉，《魯迅全集》（4）人民文學出版社1981年版，第204頁。

人性論，又恪守了儒家「上智下愚」的傳統觀念，從而也為他理直氣壯地宣傳「天才論」打開了通道。他一生對魯迅批判他的「人性論」雖耿耿於懷，但卻從來不公開起來報復或翻案，除了別的原因之外，這一種「心安理得」，大概也不能不說是一個內在的原因。

　　然而，當他理直氣壯地宣傳「天才論」的時候，他對中西文化的雙重眷念，並沒有使他很好地彌補他人性論的矛盾，反而使這種矛盾由理論的層次，進入了歷史的層次，構成了他的「歷史觀」與「價值觀」的矛盾。

　　梁實秋的歷史觀是直接在西方文化的影響下形成的，其中歐洲現代著名的歷史學家湯恩比的思想，又是他歷史觀直接的理論來源。湯恩比的思想主要含納在其巨著《歷史研究》中，在這部書中，湯恩比提出了這樣一種觀點：歷史發展的面貌（如興或衰）由領導人的品質決定。梁實秋直接將這一思想灌入自己對歷史的看法中，發表了這樣的看法：「國家興亡與文化盛衰，其中道理如有軌跡可尋，大概不外是天災人禍。所謂人禍，實際上是少數的領導人物所造成的。領導人物如果是明智的、強毅的、仁慈的，如果環境許可時機成熟，他便可以作出一番輝煌事業，一人有慶，兆民賴之。如果他是思想偏頗而又殘暴自私的人物，他就會因利乘變以圖一逞，結果是廬舍為墟，生民塗炭」[39]。這種觀點，從理論內容和邏輯來看，既與湯恩比的思想一脈相承，又與梁實秋一生都崇尚的「天才論」血肉相聯。如果說湯恩比的思想啟發了梁實秋，使他將歷史的發展歸於少數領導人，那麼，他的「天才論」則為這種歷史觀提供了邏輯起點，使他順暢地建構起了個人與歷史發展面貌的直線關係。他既然認為「一切的文明都是少數人的創造」，那麼，左

---

[39] 梁實秋：〈書評（七則）〉，《梁實秋讀書札記》中國廣播電視出版社1990年版，第251頁。

右文明形態（或興或衰）價值的，當然也是「少數的天才」，「大多數的人民是『日出而作日入而息』的那一類型，他們對於文化的支持是不可否認的，可是他們不能和那『創造的少數』相提並論，他們是沈默的，被驅使的，無論是守成還是破壞都是被動的」[40]。這種「天才史觀」，從馬克思主義的歷史唯物主義觀點來看，無疑是唯心主義的，因為他沒有找到推動歷史發展的根本槓桿（生產力與生產關係的矛盾）和支點（人民大眾），所以，他無法正確地勾畫人類歷史發展的本來面貌，甚至也無法解說中國人民抗日戰爭勝利的原因，以及他所追隨的國民黨政權為什麼在擁有全套美式裝備的軍隊的支持下，卻無法擊敗由小米加步槍支援的共產黨，而只能以失敗告終，在短短的幾年就被迫從大陸撤退到了臺灣，未來幾十年的「反攻大陸」也只能空喊一氣，而從來沒有任何的實際舉動和收效。

但是，正如純粹的「赤金」不存在一樣，純粹的唯心主義也是不存在的。列寧曾經天才地指出過，聰明的唯心主義比愚蠢的唯物主義更接近聰明的唯物主義。梁實秋建立在「天才論」基礎上的歷史觀，從總體來看是唯心主義的，但是，它的具體內容又有許多是唯物主義的。這一點，當我們不是從本體論上著眼，而是轉換一個角度從價值的角度來看，就可發現。所謂價值，是指客體滿足主體的一種屬性，價值論則是關於這種屬性的理論。梁實秋強調了天才在歷史發展中的作用，但是這種作用是有條件的，這些條件包括兩個方面，一個是客觀條件，即「環境許可時機成熟」，第二個是領導人物自身的條件，即或明智，或殘暴自私。在梁實秋看來，只有當這些條件滿足後，領導人物才能給國家帶來「興亡」，給文化造成「盛衰」。對客觀環境的強調，我們無論從哪方面看，都屬於

---

[40] 梁實秋：〈書評（七則）〉，《梁實秋讀書札記》中國廣播電視出版社1990年版，第252頁。

唯物主義的範疇，而對領導者的品質與歷史發展關係的闡述則較為複雜。從邏輯基點看，梁實秋對領導者的品質與歷史發展的論述，是建立在他人性「善惡」二元論基點上的，他認為「善」者推動歷史進步（興、盛），「惡」者導致歷史倒退（亡、衰），這一結論是缺乏辯證法的，正如黑格爾曾經深刻地指出過的一樣，推動歷史進步的，有時往往是「惡」不是「善」，惡，是歷史發展的槓桿。恩格斯則進一步地對黑格爾的思想進行了歷史唯物主義的闡釋，指出，自從人類分成階級以來，恰恰不是人們的善良願望推動了歷史的前進，而是人們的權利欲、貪欲等成為了推動歷史前進的槓桿。就這一點看，梁實秋的觀點，帶著很明顯的唯心主義傾向。但是，如果仔細分析梁實秋的方法，我們又不能不說其中包含了唯物主義成分，這主要表現在他對具體問題進行了具體分析，對具體條件產生相應的結果的關係進行了具體分析，對天才在歷史中的價值進行了具體界定。如果聯繫他對「大多數人民」在歷史發展中的作用和價值的論述來分析，也許看得更清楚。他固然強調了少數人對歷史發展的主導價值，但他也並未全盤否定大多數人的作用，他認為「他們對於文化的支持是不可否認的」[41]，這就說明，在價值觀中，他並沒有徹底地「唯心化」，只是因為他在主導方向上找錯了對象，而窒息了他在價值觀上的一些唯物主義火花，使這些唯物主義火花既沒有產生什麼影響，也無助於改變他歷史觀的唯心主義的基本性質。

當然，對梁實秋的歷史觀作全面的描述，並不是本書的任務，再說他的歷史觀的陰陽交錯，良莠混雜，其影響和理論價值也不是太大，更何況，作為一個文人，他也似乎沒有對自己的歷史觀進行過有意識的建構，更沒有形成一個較為系統的成果。這一問題之所

---

[41]　梁實秋：〈文學是有階級性的嗎？〉，《文學運動史料選》第三冊，上海教育出版社1979年版，第49頁。

以引起我的興趣，主要有兩方面的原因，第一，由此可以透視梁實秋的人性論與天才論的意義，還有一點就是通過梁實秋的歷史觀與價值觀的矛盾，可以透視他與中國傳統文化的關係，以及由此構成的心態。

我們知道，中國傳統文化的體系，從其特點來看，主要是價值化的體系和倫理化的體系。中國的智者們，彷彿天生就是道德君子，他們論說任何對象，不管是人還是物，都無意於探討其本體內容，回答其是或不是什麼，而是著力描繪其作用和價值。如關於「道」，道究竟是什麼？有什麼本體規律或規範，中國的智者們從來就沒說清楚過，也似乎是不屑於解說，但是，對道的價值和作用，其解說不僅汗牛充棟，且流暢生動：「夫道者覆天載地，廓四方柝八極，高不可際，深不可測，包裹天地」，它無處不在，也無所不能，它是一切事物生存和發展的源泉，它也是一切事理立論的基本依據，它十分重要，但就是抓不著，說不清。同時，中國的智者不僅熱衷於解說對象的價值，構造價值論的體系，而且，還熱衷於「直觀類推」，將對人和物的解說一起納入倫理範疇，賦予其「價值論」極明顯的「實踐理性」色彩。深受中國傳統文化影響的梁實秋，似乎也未能「脫俗」，他在解說少數領導人與歷史的價值關係時，其思維也是順著倫理化的軌道運行的，他所說的領導人的「仁慈」、「強毅」、「殘暴自私」大都屬於倫理範疇，而正是這些倫理範疇的品質，決定他們對歷史的不同價值，其直線關係為：仁慈者，使國家興，文化盛；殘暴自私者，使國家亡，文化衰。撇開這些判斷的科學與不科學，單從梁實秋與中國傳統文化的聯繫看，我們可以發現，正是這種從倫理的角度進行的判斷，使他的歷史觀在與價值觀相矛盾的同時，又在一定程度上避免了愚蠢的唯心化，從而也使他的歷史觀與他的人性論、天才論在理論和邏輯上統一起來，構成了一個雖充滿矛盾，又能自如運轉的系統。這不能不

說是他的「剪不斷的眷戀」的積極的報償，儘管這種積極性非常有限，但畢竟有勝於無。

當我們的眼光從梁實秋的歷史觀轉向他的文學觀與文學創作時，這種「雙重眷戀」所帶來矛盾就更突出了，其意味也顯得更深了，隨便就可舉出一串。

一方面，他認為「普遍的人性是一切偉大作品之基礎」（梁實秋〈文學批評辯〉），而人性又是「沒有時間的限制和空間的區別」（梁實秋〈書評（七則）〉）的，那麼順理成章的是，文學也應是並無新舊可分，亦無中外之異了。可是，另一方面，他又認為文學雖無「新舊之分」，卻有「中外可辨」，用一個矛盾判斷，自我否定了建立在超空間的人性基礎上的文學的超空間性。造成梁實秋在這一問題上矛盾的原因，既有方法論的原因，也有認識方面的原因。從方法論方面看，梁實秋談文學的永久性、無區別性是從一個絕對肯定判斷出發的：人性是永久的，無區別的，那麼文學也當如此。而我們知道，任何絕對的肯定與否定，都無法涵蓋全部相對存在的事實與現象，一旦懸定一個絕對前提並展開推理，必然會被一些或個別相反的實例所阻攔而無法自圓其說，梁實秋關於文學的永久性、無區別性的推理也不會例外。從認識方面看，梁實秋作為一個融通中西的文人學者，他對中西文學的瞭解可謂是全面的。正因為他熟識中西文學的事實，他當然就不能不發現這兩種文學在風格、內容、形式、意象等方面的差異。比如杜甫的詩與莎士比亞的詩（這兩大泰斗的詩，梁實秋是特別熟悉又特別喜愛的），固然都寫了人性，但是人性的內容卻是很不相同的。在西方文化環境中形成的莎士比亞的人性具有西方文化的色彩和海洋般的「紫光」；而在中國傳統文化中產生的杜甫的人性，則更多中國文化的色彩和龍的氣息。如此鮮明的人性差異，如此對比強烈的不同文化特色，對於像梁實秋這樣知識淵博的學者，他不可能睜著眼睛說瞎話；更

何況,作為一個紳士,一個以傳統人格為人格的文人,他也不能不正視中西文學本身的差異。所以,儘管從他自己的文學理論系統出發,他不願意承認基於超時間、超空間人性之上的文學會有區別,但文學的事實和他自己的中外文學的知識,又逼使他不能不作出「二難選擇」。他的不幸在這裡,矛盾在這裡,他的榮幸也恰恰在這裡。他雖然使自己的理論出現了自相矛盾,但到底維護了自己學識的真實性。他當然是痛苦的,但痛苦是必然的,也是值得的。

這種「二難選擇」的矛盾和痛苦,在他論作品的格調與作者的人品時,也同樣存在。他認為,作品的格調與作者的人品是一致的,至少是有密切關係的。他在〈四君子〉一文中談中國畫時曾說過一段文詞雅潔,風神飄逸的話:

> 我年事漸長,慢慢懂了一點道理,四君子並非是浪搏虛名,確是各有它的特色。梅,剪雪裁冰,一身傲骨;蘭,空谷幽香,孤芳自賞;竹,篩風弄月,瀟灑一生;菊,凌霜自得,不趨炎熱。合而觀之,有一共同點,都是清華其外,澹泊其中,不作媚事之態。畫,不是純技術的表現,畫的裡面有韻味,畫的背後有個人。畫家的胸襟風度不可避免的會流露在畫面之上。我常以為,唯有君子才能畫四君子,才能恰如其分表達出四君子的風骨。藝術,永遠是人性的表現。唯有品格高超的人才能畫出趣味高超的畫。」[42]

十分明顯,梁實秋是完全認可文學藝術的「韻味」與作者的「胸襟風度」及人品是密切一致的,即「畫的背後有個人」,可

---

[42] 梁實秋:〈四君子〉,《梁實秋讀書札記》中國廣播電視出版社1990年版,第152頁。

是，在他評說英國詩人拜倫及其作品的時候，卻又對自己所認可的作品與人品的一致的理論，提出了反證。他在〈拜倫〉一文中說，拜倫有「許多的醜聞」，「他和無數的情人繾綣，包括他自己的異母所生的妹妹在內」。從這裡看，拜倫的人品既不合道德，也談不上高尚。然而，梁實秋仍然對拜倫給予了很高的評價，因為，他認為「文人名士，主要的是靠他的作品的質地。拜倫的詩好像是為他自己的盛名所掩」，不是被他的「醜聞」所掩。這無疑又否定了梁實秋自己所認可的「唯有品格高超的人才能畫出趣味高超的畫」的觀點，將人品與作品的關係「二元」分離了。造成這種矛盾的原因，仍是他的「雙重眷戀」與雙重智慧。從傳統的中國文論出發，在中國藝術的園地漫步時，他的思維似乎是順著人品與作品的既定軌道運行的。高格的人品產生高格的作品，這是中國傳統文論最基本的評論模式之一，袁枚在《隨園詩話》中就曾指出：「人必先有芬芳悱惻之懷，而後又沉鬱頓挫之作」[43]；劉熙載在《藝概》中也說，詩品出於人品。深受傳統文化之恩的梁實秋，天性裡就印上了傳統文論的這種模式，加之面對傳統的中國藝術，又身臨其境，所以，無論是潛意識，還是顯意識，都自然被中國傳統的批評思想和模式所左右，批評也就順暢地沿著這種思想和模式向前流動，得出並行不悖的判斷。這容易為人理解和接受。

　　不過，人是複雜的，文學藝術也是千姿百態的，特別是當審視的對象變了，環境氛圍也不一樣時，人的心態也會發生變化。當梁實秋漫步西方園地時，特定的對象和特定的藝術氛圍又使他的心態自然地傾向西方文學的批評標準與原則，儘管這些標準與原則，在許多方面與中國傳統的批評標準是一致的，不過，特定的對象使他只能選擇那些能讓他順利解說對象特點的理論，身處這種境地，

---

[43]　袁枚：《隨園詩話》（上），人民文學出版社1960年版，第498頁。

他當然不會再按中國傳統文論的批評模式，在拜倫的人品與作品之間架構相應的「關係橋樑」，而只能選擇注重本體論的西方文論，將人品與作品的關係分開，而著力於作品本體價值的分析，只有這樣，才能有效、客觀地解說拜倫作品的歷史與美學價值，而不至於難以自圓其說。他的確是如此做了，也順利地達到了自己的目的。但是，從他對拜倫的整個評論來看，為了達到這一目的，他是何等地煞費苦心，又是何等的小心，謹慎。他既不願意否認拜倫作品的價值，又不願回避拜倫的放蕩的、不合道德的生活事實，於是，只好吞吞吐吐，閃爍其詞，一會兒用「據說」來陳述「似乎」有，一會兒又引用別人為拜倫辯護的文章，增加這種懷疑，或者乾脆含糊其辭，實在無法回避了，就乾脆舉起他的「人性論」做擋箭牌，向人昭示這樣一種觀點：「拜倫的事無需多加渲染，甚至基於隱惡揚善之旨對於人的陰私更不要無故揭發」[44]。他的確是煞費苦心。從這種「苦心」中，我們可以看到，雙重智慧對梁實秋擺脫困境確有幫助，但又常常使他多麼難堪。

矛盾還沒有結束，不管梁實秋是否意識到他理論的漏洞，當我們從中西文化的角度，以他的「人性」為中源觀察他關於文學問題的理論時，就會發現他的矛盾就像水中按葫蘆，此起彼伏。最明顯的又一例子是，他一向反對以功利的眼光看待文學，反對文學的功利性。他在〈造謠學校〉一文中曾說：「戲劇不是勸善懲惡的工具，戲劇是藝術。」[45]並以此為準則，批判了「經國之大業，不朽之盛世」的陳腐的文學觀，否定了文學代聖賢立言的功能。毫無疑問，這是梁實秋從西方文論中得到啟示，並在新的時代環境中對

---

[44] 梁實秋：〈拜倫〉，《梁實秋讀書札記》中國廣播電視出版社1990年版，第25頁。
[45] 梁實秋：《造謠學校》，《梁實秋讀書札記》中國廣播電視出版社1990年版，第54頁。

傳統文學觀念的一大革新。但是，當他懸定了一個永恆的太陽——
人性後，他又不能不回過頭來將文學的鏡子對準他的人性，以反射
出「太陽」的光芒。他一面說：「戲劇不是勸善懲惡的工具，戲劇
是藝術」，一面又接著說，戲劇應當「以世故人情為其素材，固不
能不含有道德的意義」。於是我們看到他剛剛從「反功利」的大門
跨入藝術的殿堂，隨後就從藝術的殿堂的後門投入了「道德」的
懷抱；剛剛掙脫了「經國之大業，不朽之盛世」的傳統文學的鎖
鏈，在藝術的輝煌中伸開了解放的手腳，很快，又在「人性」的
陽光下迷失了方向，跌跌撞撞地落入了「成人倫，敦教化」的傳
統文藝觀的窠臼，使文學變成了抽象人性的附庸。他不斷地解放文
藝，在西方文學觀的指引下，追求藝術女神的「純潔的表現」，
又在追求的過程中，不斷挑剔這位聖潔女神的種種毛病、種種不
作為，非要給她按人性的標準戴上道德的帽子才罷手：「純文學
不大可能成為長篇巨製，因為文學描寫人性，勢必牽涉到實際人
生，也無法不關涉到道德價值的判斷，所以文學作品很難作到十
分純的地步。」[46]他也不斷追求永恆的人性，希圖文學能憑藉人
性的永恆，脫離紛紛擾擾的塵世，達到別有洞天，出神入化的仙
境，但人生的磁場又籠罩著他的身心，使他不由自主地關注社
會，關注人生，關注並非抽象，也似乎並非永恆的具體而實在的
人性。

　　這種欲脫難脫，欲罷不能的心態，不僅使他的理論自身常常
一面肯定又一面否定，也使他的主張與創作常常失衡，難以統一。
有時，表面上看，他的創作是順應著「普遍的固定的」人性論的主
張展開藝術的觸角的，而仔細分析，就立即可以發現這種冠冕堂皇
的藝術下面的「馬腳」。例如他的小品文〈男人〉、〈女人〉，題

---

[46] 梁實秋：〈純文學〉，《梁實秋讀書札記》中國廣播電視出版社1990年
　　版，第8頁。

目似乎就在暗示，他要寫的是抽象的對象，因為，大自然雖然創造了千千萬萬個性迥異的萬物之靈——人，但歸結起來無非是男人與女人兩大類。文章展開，從表面上看，梁實秋的確在實踐自己抽象人性的主張，他抹去了男人與女人的具體形態和各自的個性差異，只從一般的類存在物方面來剖析他們的「人性」，批判他們的「人性」缺陷。關於「女人」，梁實秋寫了她們六大人性缺陷，這就是「喜歡說謊」、「善變」、「善哭」、「多舌」、「膽小」、「小聰明」。關於「男人」，梁實秋揭示了他們五大人性毛病，這就是「髒」、「懶」、「饞」、「自私」、「多嘴」。而且，文章絕對沒有涉及任何具體的、有血、有肉的「個人」，完全是在抽象的「類人」身上展開描述，進行人性解剖的。但是，當我們越過梁實秋歸結的男人、女人的「類特徵」，將目光落在支撐這些「類特徵」的事例上，梁實秋抽象的人性，立即就露出了並不抽象的屬性與內容。梁實秋雖自認為他寫的是「抽象」的人性，但他舉的人性的例子卻並不抽象，這些例子涉及的人，也不是抽象的男人、女人，而是中產階級以上的女人和男人。這些女人能較隨便地到商店購物，不時也能坐著汽車，上上戲院，而且有時間、有金錢改換頭髮的式樣，這一切都活脫脫顯示出她們的地位和屬性。至於男人，則多是薪水階層，有各種諸如酒會、夜會、書會之類的社交場所。所以，仔細地解剖我們就可以發現，梁實秋所寫的男人、女人，實際並不是抽象的「類存在物」，他揭示的所謂人性的缺陷，也並不是一般的人的人性的缺陷，而且有明顯歸宿的人的人性缺陷。他雖然立意要寫抽象的人性，但一進入人生，他又不由自主地將抽象的人性具體化；他雖然希圖自己的作品不涉及具體的、活生生的人，但「形之不存，理將無托」的規律，又使他的筆不由自主地只能寫具體的人，以及他們的具體歸宿。這實在是無可奈何又十分遺憾的事。

　　梁實秋自身的矛盾還有一些，諸如情與理、天才與勤奮、知與行等等，限於篇幅就不一一展開了。

　　總體來看，梁實秋在雙重智慧下所形成的矛盾，主要就是抽象的人性論與具體的人生實踐，具體的創作實踐和理論內容的矛盾。這些根源於雙重智慧的矛盾，在給他蒙上一層灰暗色彩的同時，卻也在很大程度上顯示了他豐富的學識、複雜的內心世界以及深刻思想的獨有魅力。存在主義哲學的鼻祖，丹麥哲學家克爾愷郭耳曾經指出：「不自相矛盾的思想家就好比一個沒有感情的戀人：一個毫無價值的平庸者」，因為，從絕對的意義上講，「自相矛盾是思想家激情的源泉」[47]。在品質上，梁實秋正是對自己的事業抱有巨大熱情的較為不錯的「思想家」，不過，他不是由自相矛盾才產生的熱情，而是抱著巨大的熱情，在追求中西方文化的融合，在構造自己的思想與藝術世界的過程中產生的「自相矛盾」。因此對他來說，這種「自相矛盾」不僅僅是一種「熱情」的凝聚，而且是一種深刻思想的反映。這種深刻性表現在，他順應中西文化交流的趨勢，並以文化人的熱情和智者的執著，把握了中西文化交流、融合的契機：人性。我們知道，人的發現及個性解放，正是西方文化走向現代的歷史與邏輯的起點，而人性壓抑與個性的消泯，又恰恰是中國幾千年封建文化的根本弊端。深受中國傳統文化的影響，又直接經歷過西方文化陶冶的梁實秋，正是清醒地認識到了中西文化的這種根本差異，所以，當他在新時代的背景下開始自己的思想追求和文學創作的時候，不僅高張人性的旗幟，而且將其作為新時代的理想，在人性的光芒下，一方面引進西方文化之泉灌溉中國封閉的文化園地，一方面發現傳統文化的良知，燭照西方文化的不完善處。這正是他思想的深刻之所在。克爾愷郭耳正是看到了「自相矛

---

[47]　《西方思想寶庫》吉林人民出版社1988年版，第427頁。

盾」後面所蘊含的複雜、深刻的思想，所以，他以智者的慧心告誡人們：「不應該輕視自相矛盾的東西。」我們對梁實秋的「自相矛盾」，也應作如是觀。

不過，自相矛盾對梁實秋來說固然反映了他思想的深刻之處，但是十分可惜，他的這種「自相矛盾」卻沒有產生太重要的積極成果，就像一棵只開花不結果的綠樹。他雖然找到了中西文化對話的契機——人性，卻沒有找到使這種人性「有機融合」的思想武器，這就是階級論與辯證法。同時，加之自由主義知識份子思想和紳士道德的作祟，他始終不願投入時代的洪流，總是徘徊在社會前進的邊緣，從而使他的「天才」發現，終究只是一個發現，而沒有相應的方法和場所付諸實踐，他的思想、言行也只能在矛盾中徘徊，無法走出自我設置的怪圈，去開闢一片嶄新的思想沃土。後來，他雖然在散文的世界裡融化和超脫了自己，並取得了傑出的成就，但他那得體的紳士服上，卻始終保留了一大片思想的污跡。

難道梁實秋就沒有試圖解決自己的「自相矛盾」？有的。作為一個著名的文化人和知識淵博的學者，為了走出雙重智慧帶來的矛盾，他曾找到過一個解決的辦法：調和。即將東西文化在人性論的基礎上合而為一。他認為：「東方的倫理哲學思想以及西方的歷史悠久的人本主義都是匡濟（西方文明）的妙方」[48]。又說：「人本主義者，一方面注重現實的生活，不涉玄渺神奇的境界，一方面又注重人性的修養，推崇理性與『倫理的想像』，反對過度的自然主義。中國的儒家思想極接近西洋的人本主義，孔子的哲學與亞里斯多德的倫理學頗多暗合之處，我們現在若採取人本主義的文學觀，既可補中國晚近文學之弊，且不悖於數千年來儒家傳統思想的背

---

[48] 梁實秋：〈書評（七則）〉《梁實秋讀書札記》中國廣播電視出版社1990年版，第246頁。

景」[49]。這種「調和」的願望是善良的，但方法卻是幼稚的，既忽視了中西文化的融合需要歷史條件，也忽視了新舊文化的交融並不是簡單地相加。因此，他雖然在人性的旗幟下，運用豐富的中西文化知識，盡最大可能地尋找調和矛盾的途徑，但終其一生也沒有找到，他始終是「兩腳踏中西文化，一身處新舊之間」，總是徘徊在「剪不斷的眷戀與抵不住的誘惑」之間。

　　但是，十分有意味的是，當一道海峽將神州隔成兩個政治空間後，梁實秋的心態也時時發生偏移，「誘惑」常被淡化，「眷戀」常被強化，此時的他，不再矛盾，不再「深刻」，也不再調和，血濃於水，眷戀故鄉的情緒，將他紳士的理想和風采洗得乾乾淨淨，這時，他完全是一個俗人，所謂學者的豐贍，思想家的睿敏，都讓位於市民的實在和老者的蒼涼，一根看不見的彩線牽著他回到遙遠的過去，漫遊於故土的山山水水，「北平的街道」，「北平的零食」，北平的風情，還有那埋在北平的他的「祖宗墳墓」，一起化作了夢的追憶。西方的情懷被淡化，故國的鄉情被強化，「鄉愁」，這曾使無數遊子飽受磨折的情愫，梁實秋保留了整整38年。正當他即將夢圓，重返故里、重溫舊夢，回北京探親的時候，卻不幸於1987年11月3日溘然長逝，身葬臺灣而墓碑朝向故鄉。兩岸同胞均為之扼腕，人們感到遺憾。因為，人們固然可以從其著作中窺見他的學識、思想，卻永遠無法一睹他的風度了。那麼，就讓我來描摹一番梁實秋的風度。

---

[49]　梁實秋：〈現代文學論〉，《梁實秋文集》第一卷，鷺江出版社2002年版，第398頁。

第三節　風度：東方人格與西方靈氣的結合

有學者曾用文字給梁實秋「畫」過一幅畫：

> 他生有一片寬寬的前額。不算厚的鏡片後面是一雙沉穩而
> 又有點柔和的眼睛。他年輕的時候長得有點清瘦，一張白
> 淨的臉上流露出幾分南方人的氣質。黎明即起是他自小養
> 成的習慣，每日清晨拄著手杖漫步在海濱蜿蜒的小路或人
> 跡尚稀的城市街巷，是他中年以後的雅號。他愛好飲酒，
> 但並不貪杯，一切都顯得有規有矩，節制得體。他精於美
> 饌，長於烹飪，中年以前頗喜友朋酬酢，宴食徵逐，漸入
> 晚境便轉向寂然雅居、清靜安閒。抽煙也是他的一大嗜
> 好，手持煙斗悠然瀟灑地仰坐在藤椅上或神情凝注地倚窗
> 佇立，是他晚年的典型形象。他起居有常，衣著整潔。年
> 輕時他常穿的是縫工精細的長袍馬褂，從美國歸來後便常
> 識一身剪裁得體的深色西裝。他喜歡繫領帶，即使是光穿
> 襯衣或換穿夾克衫的時候。他嗓音爽朗而又帶一點渾厚，
> 講一口相當漂亮的北京話。他有點懼怕官場的紛擾，願意
> 陶醉於案頭的寧靜。他的一生始終脫不了中國舊式的書生
> 氣，但在根本上他是一個十分世故的人。有時甚至有點圓
> 滑。他生性開朗，愛講點笑話，這種性格有人稱之為富有
> 幽默感他愛下圍棋，偶爾也打打牌，更喜歡園藝花草，是
> 一個很懂得生活情趣的人。[50]

---

[50] 徐靜波：《梁實秋——傳統的復歸》復旦大學出版社1992年版，第3—4頁。

　　這幅「畫」畫得較為全面，有流動感，也不乏立體感，但所畫出的主要是其外在形象和基本性格、習慣，尚未集中於梁實秋的「風度」，特別是他的思想、氣質和「雙重智慧」對其風度的至關重要的作用。

　　所謂風度，不過是人的思想、性格、氣質、修養的外在體現。梁實秋的風度，直接源於他豐富的學識，獨特的心態，鮮明的個性，帶著他雙重的智慧的特色。

　　梁實秋的風度是流動的，也是穩固的。青年時代的梁實秋熱情浪漫，服飾舉止風神瀟灑。一副圓形黑框眼鏡，架在略顯瘦削的臉上，畫出一張書生相。一頭硬朗的髮絲，蓋著一個圓頭，襯出幾分文人氣。留學美國前，一身長袍，乾乾淨淨，扣子扣得密密麻麻，留學美國後，西裝革履筆挺筆挺，褲縫熨得嚴嚴整整，真可謂是少年得志，風度翩翩。但浪漫不久，這「風神」卻隨著思想境地的遷徙而轉移。1924年，在美國哈佛大學攻讀碩士學位的梁實秋，接觸了他的老師白璧德的新人文主義。這種以傳統、保守的文化價值觀反省資本主義文明在高速發展中暴露出來的種種弊端的思想，深深地折服了他，猶如一股旋風，將他從熱情浪漫的青春之境，捲進了古典保守的成年之地。他雖然只有二十剛出頭的年齡，衣著、舉止仍是那麼整齊、灑脫、但心境卻大不一樣，風度、神采也不再那麼翩翩輕靈，黑色鏡框後面的眸子裡閃射的不再是浪漫輕盈的光芒，而是被西方靈氣喚起的傳統保守的智慧火花。步入中年，逐入老境後，隨著職業的變化，知名度的拓展，梁實秋的風度也隨之變化和拓展。作為著名的散文家，他樸實、大度，言談風趣、含蓄，給人親切之感，有「大家風度」；作為知名教授，他嚴謹博學，融通古今，又有「學者風度」；作為名人，他來往於文人、顯要、才子名流之間，為人處事誠摯、坦蕩，又有「儒者風度」。

　　但是，不管他的人生際遇怎樣不同，身份如何多樣，風度類型怎樣豐富，作為他風度支柱的精神內容卻是恆定和穩固的，如果用他談人性的話語來說，就是「固定的、永久的」。他一生都保有東方人格的規範，時時都沐浴著西方靈氣的恩澤，正是這東方人格與西方靈氣的交融、互補，相生相剋，鑄就了他風度的個性特色，並自然地體現了一定歷史、文化、社會集團的時代精神和統一意志。

　　梁實秋的東方人格，以「修身」為基礎，以「忠、孝、節、義」為基本內容，構成了他精神世界中最穩固的人性結構。梁實秋認為：「修身比任何事情都重要」[51]，因為這是人在社會中立身行事的基礎。這種「修身」，在梁實秋看來，主要就是「進德修業」，進德，就是內省自身，確立自身的道德理想用自己的知識充實自己，使自己行走社會有相應的資本，有對付正事、俗事、大事、小事的能力。而他自己就正是如此身體力行的。「修業」，通俗地講，就是為社會創造物質財富或精神財富。「進德」，在他的一生中，可謂是恪守不愉的。他曾說，「一個人反身修德，應該天天行之不懈」[52]。至於他的「修業」則從來就沒有懈怠過。他在這兩面的作為，直接穩固了他的東方人格。

　　梁實秋自己是不是「天天」「反身修德」，我們無法考證，但他「處處」反身修德，卻有案可稽。例如，他翻譯莎士比亞全集，原計劃是二十年完成，結果卻用了三十年，對此事他曾反省說，那是因為自己「太懶」。事實上，如果從他具體對待這項艱辛工作的過程來看，應該說，他這是對自己「太苛求」，但也正是這種「苛求」，反映了他「處處」「修德」的自覺性。他不僅在這件具體的

51　梁實秋：〈新年獻詞〉，《梁實秋散文》第一集，中國廣播電視出版社1989年版，第352頁。
52　梁實秋：〈新年獻詞〉，《梁實秋散文》第一集，中國廣播電視出版社1989年版，第352頁。

事情上不客氣地解剖自己、反省自己，而且，在平時也能處處反省自己。「我不打麻將，我不經常的聽戲看電影，幾年中難得一次，我不長時間看電視，通常只看半個小時，我也不串門子閒聊天。有人問我：『那麼你大部分時間都做了些什麼呢？』我痛自反省，我發現，除了職務上的必須及人情上所不能免的活動之外，我的時間大部分都浪費了。」[53]正由於他對「反身修德」十分重視，因此，他十分欣賞胡適寫的對聯：「大膽的假設，小心的求證；認真的作事，嚴肅的作人」，他曾在〈胡適先生二三事〉中說：「我常惋惜，大家都注意上聯，而不注意下聯。這一聯有如雙翼，上聯教人求學，下聯教人作人。」[54]他自己注意下聯，是由於下聯正切合了他的立身處事原則，他自己就是在「嚴肅的作人」的基礎上建構自己東方人格的。

這種人格的第一個內容是「忠」。忠，在傳統人格中是指對國家的一種責任信念。所謂處大事則忠，正是這種人格信念的反映。梁實秋不僅完好地將這種人格信念接受過來了，而且落實在了行動上。他在抗戰時期做的兩件事，很直觀地證明瞭自己對國家的「忠」。

第一件事是，他積極參加了參政會的工作，到前線慰問抗戰將士。抗戰爆發後，梁實秋抱著「國家興亡，匹夫有責」的信念，參加了國家政府的工作，就任國民參政會的參政員。對於他來說，這個職務實在沒什麼意思，不過是閒職而已。但是，恪守「忠」之信念的梁實秋卻沒有推遲，後來他在〈回憶抗戰時期〉中說：「我在參政會裡只作了一件比較有意義的事，那便是一九四零年一月我奉

---

[53] 梁實秋：〈時間即生命〉，《梁實秋散文》第四集，中國廣播電視出版社1989年版，第187頁。
[54] 梁實秋：〈胡適先生二三事〉，《梁實秋散文》第三集，中國廣播電視出版社1989年版，第322頁。

派參加華北慰勞視察團，由重慶出發，而成都，而鳳翔，而西安，而洛陽，而鄭州，而襄樊，而宜昌，遵水路返重慶，歷時兩個月，訪問了七個集團軍司令部。」[55]這是他以「政府人員」的身份，為國盡「忠」所做的一件很有意義的事，他雖然沒有拿起刀槍直接上前線殺日本鬼子，但以「政府」的代表身份去慰問前方將士，這對鼓舞中國軍人抗戰的士氣，無疑是不可小覷的，也的確盡了他的「匹夫」之責。

第二件事，則是充分發揮他作為一個文人的特長，在抗戰時期，根據抗戰教育的需要，編輯中小學教科書。事情的原委是這樣的，全面抗戰開始後，「因為前後方交通梗塞，後方急需適合抗戰情勢的教科書，非立即趕編不可。」於是，在有關方面的組織下，成立了一個「中小學教科用書委員會」，梁實秋就參加了這個委員會的工作。作為一個修養較為深厚的文人、學者、教授，在一般人的眼中，似乎編輯中小學教材，不過是小菜一碟，事實上，完全不是那麼一回事。「中小學教科書的編輯很需要技巧，不是任何學者都可以率爾操觚的。因為編教科書，一方面需要學識，一方面也要通教育心理，在編排取捨之間才能合用。越是低級的教科書，越難編寫。」[56]儘管如此難，但梁實秋還是全力投入這項利國利民的大事之中，「抗戰八年，我主編了兩套中小學教科書，其中辛苦一言難盡。」[57]他之所以如此知難而進，當然與名利無關，實際上一個優秀的作家和教授，在這項工作中也不可能有什麼名和利可圖，梁實秋無非是抱著「關心國事」的信念，以一個文人之力「精忠報

---

[55] 梁實秋：〈回憶抗戰時期〉，《梁實秋散文》第四集，中國廣播電視出版社1989年版，第216—217頁。

[56] 梁實秋：〈回憶抗戰時期〉，《梁實秋散文》第四集，中國廣播電視出版社1989年版，第218頁。

[57] 梁實秋：〈回憶抗戰時期〉，《梁實秋散文》第四集，中國廣播電視出版社1989年版，第219頁。

國」而已。事實上，梁實秋的這種作為，且但是為國盡忠，完全可以說是在為中華民族的子孫後代，為中華民族的千秋大業的盡忠。

「孝」是梁實秋東方人格的又一個內容。「忠」是對國家而言，「孝」則是對家庭而言的，具體來說，就是聽長輩，特別是對撫育自己成人，並為自己的成長奉獻了全部精力甚至生命的父母的話，在他們老了的時候盡自己的「反哺」之責。這種「孝」的內容在梁實秋的人格中，與傳統的「孝」是一致的，主要是孝順父母。梁實秋對自己父母的感情是很深的，他曾在散文〈父母的愛〉中將其心曲剖析得淋漓盡致：「父母的愛是天地間最偉大的愛。一個孩子，自從呱呱墮地，父母就開始愛他，鞠之育之，不辭劬勞。稍長，令之就學，督之課之，惟恐不逮。及其成人，男有室，女有歸，雖云大事已畢，父母之愛固未嘗稍殺。父母的愛沒有終期，而且無時或馳。父母的愛也沒有差別，看著自己的孩子牙牙學語，無論是伶牙利齒或笨嘴糊腮，都覺得可愛。……父母的愛是天生的，是自然的，如天降甘霖，霈然而莫之能禦。是無條件的施與而不望報。父母子女之間的這一筆帳是無從算起的。父母的鞠育之恩，子女想報也報不完。」[58]這實是他自己的人生感覺之凝聚。這種感覺，以及對父母的感激，使他終生都孝順他的父母，直到晚年，已經八十歲高齡的梁實秋，據他的第二任妻子韓菁清證實「他在夢中呼喚最多的是『媽媽』。」[59]正是對父母終生的孝順，構成了他「孝」的人格。

在求學期間，梁實秋東奔西走，還遠渡重洋，無法對父母盡孝，工作後，他則時刻注意對父母盡孝。1927年，梁實秋在上海工作，老父親遊覽杭州時，順道來到上海，這時候的梁實秋新婚不

---

[58] 梁實秋：〈父母的愛〉，《梁實秋散文》第四集，中國廣播電視出版社1989年版，第281頁。
[59] 宋益喬：《梁實秋傳》百花文藝出版社2005年版，第443頁。

久，工作也剛剛開始，但仍然天天帶父親逛上海，而且，在妻子的
幫助下，按照父親的生活習慣，無微不至地照顧父親，使父親高興
而來，滿意而歸。1930年，梁實秋赴青島大學教書，1932年，他的
父親又慕青島之名而來，這時候的梁實秋儘管很忙，既要教書，又
要寫作，而且，他翻譯莎士比亞作品的工作，也在這時開始，但
是，父親來後，他還是天天陪父親觀賞青島的自然景色和人文景
點，盡力讓老父親過得愉快。一天晚上，父親將梁實秋叫到自己身
邊，一邊將梁家的歷史原原本本地講了一遍，一邊則不斷地感歎自
己已經老了，言下之意是希望梁實秋能回北京做事，這樣，一家人
可以團團圓圓。當時的梁實秋雖然理解了父親的心願，但由於自己
在青島大學的工作才不到兩年，加上寫作、翻譯的事情很忙，不
久就將這事擱下了。兩年過去了，這一天父親寄來了一封信，大
意是說，北京家裡人少，荒涼得院子裡跑黃鼠狼。收到父親的信
後，梁實秋驀然記起了兩年前父親與自己談話的情景，心中十分
愧疚，於是當即與妻子程季淑商量，最後滿足了父親的要求，離
開了他生活了四年且十分喜愛的青島，回到了北京，回到了父母
的身邊。

　　梁實秋對父母如此盡孝，當然與妻子的賢慧、細心、大度分
不開，但，如果他自己不存盡孝之心，也不可能有盡孝的行為，哪
怕是一般的行為。他在這些日常的事情上能盡孝，他在大事上也知
道感恩。如，父親曾鼓勵他將翻譯莎士比亞全集的工作做下去，梁
實秋曾這樣回憶，也曾這樣表示：「父親關心我的工作，有一天
拄著拐杖到我的書房，問我翻譯莎士比亞進展如何，這使我非常慚
愧，因為抗戰八年中我只譯了一部，父親說：『無論如何，要譯完
它。』我就是為了他這句話，下了決心必不負他的期望。」[60]他也

---

[60] 梁實秋：〈槐園夢憶〉，《梁實秋散文》第二集，中國廣播電視出版社
1989年版，第180頁。

真的用實際行動，用最終完成了這項偉大工程的行動，回報了父親的支持，儘管他的父親沒有能夠看到。

在梁實秋的東方人格中，「節義」也許是最實在、最有價值的內容。節，主要是對自己的要求，義則是對他人的態度。梁實秋對人、對己有著不同的標準和原則。從「節」的方面看，他對自己要求，說不上很嚴，理想也不很高遠，他並沒有「殺身成仁」的大操守，他只要求自己堂堂正正做一個人，對得住良心，能「節制」，他認為，「節制」是一種「美德」，這種美德的具體含義就是「不為物欲所役」[61]。他身體力行，無論是涉足政界之時，還是在隱居退休之後，他都兩袖清風，一身廉潔。

抗戰時期，他就任國立編譯館社會組主任兼翻譯委員會主任，當時，同仁推舉他義務擔任「消費合作社」主席，掌管編譯館幾百人的物資採購與分配。抗戰時期的重慶，物資極度缺乏，加之通貨大幅度膨脹，油、米、布等生活日用品不僅貴，而且都是奇貨。人們可以幾天不讀書、不坐車、不跳舞、不看戲、不打牌，但不能一日不吃飯，畢竟「民以食為天」。為大家謀得柴米油鹽這些日日必須的生活物品，自然就成了梁實秋這個「主席」的主要任務。上任後，梁實秋盡職盡責，時常與幾個同事一起四處奔走，八方設法，千方百計購回米、油、布匹等，又一個個地分給幾百號人。他與大家一樣，除領取應得的一份外，從來沒有要求過任何特殊照顧，更沒有為自己打過任何「小算盤」。成千上百的油，從他手中流過，卻沒有一滴油玷污過他的手；成噸成噸的米，經他一斤一斤地發出，卻沒有一粒米粘過他的身；一尺一尺的布，由他一次一次地送走，卻沒有一匹布遮過他的羞。有時，月底盤貨清帳出現了虧空，帳目難以持平，梁實秋也決不推卸責任或瞞天過海，而是據實在帳

---

[61] 梁實秋：〈瑪克斯·奧瑞利阿斯——一位羅馬皇帝同時是一位苦修哲學家〉，《梁實秋散文》第三集，中國廣播電視出版社1989年版，第284頁。

簿上大書「本月虧空若干元」。他這種坦蕩、真誠的做法，以及辛勤的操勞而一塵不染的作為，得到了同仁們的「絕對信任」，以至於當「合作事業管理局派員前來查帳，竟以此為」不做假帳「之明證，特予褒揚，列為辦理最優」[62]。處此物資十分匱乏的危難時期，梁實秋尚且能「節制」如斯，他在其他境遇中的「節制」也就可想而知了。

　　為了使自己堂堂正正的做人，守操節，他在日常生活中十分反感兩件事，一是請客送禮，一是娶小老婆或尋花問柳。他曾不無揶揄地說過，一個人要想一日不得安寧，那就請客，一月不得安寧那就搬家，一生不得安寧那就娶小老婆。這當然不是他的人生體驗，而是他做人的「反信條」。他一生忠於愛情，從不尋花問柳。他之所以如此，一是怕麻煩，更重要的是重名節、守節操。在他看來，一旦捲入請客送禮的風潮，就難免隨波逐流，自己的清靜生活被打破不說，違心的事就會找上門來讓你無法逃遁，違心的話也會因吃人口軟而不能不說，如此一來，人格又安在？至於尋花問柳，在他看來，是人生大忌，不僅傷身害體，而且容易使人墮落。當自己的名節被自己塗抹得烏七八糟之後，人格的尊嚴也就自然蕩滌無存了。幾十年來，正是循著這兩條人生的「反信條」律己、行事，也就鑄成了他道學家式的風範和隱士一樣的儒雅風度，他無論出現在什麼場合，總是心底坦然，談吐自若，他無論是被大報、小報寫成什麼樣，卻從未被人指斥過「失節」，所以，他的同仁和朋友，老成持重的朱錦江先生送他一句評語──「瀟灑布春風」[63]。

---

[62]　梁實秋：〈回憶抗戰時期〉，《梁實秋散文》第四集，中國廣播電視出版社1989年版，第224頁。
[63]　梁實秋：〈北碚舊遊〉，《梁實秋散文》第二集，中國廣播電視出版社1989年版，第357頁。

　　他對自己如此「節制」，恪守傳統的做人信條，但對人卻又很大度、講節義。這既表現在對待親朋好友方面，也表現在對待自己的「敵人」方面。這種仁義、大度的基本特徵是「真誠」、「求實」。1940年，梁實秋與同仁好友彙聚北碚，友人尹石公曾贈他一首詩，開篇即為「梁侯磊落人，功名非所騖」[64]，極力稱讚他的為人。這不是友人的故意抬舉，實是梁實秋為人的較為客觀的寫照。在現實生活中，梁實秋的確表現出了對朋友肝膽相照，坦誠相待的品性。這裡舉一件小事即可以一斑而窺全豹。李長之先生曾因文才、譯作令梁實秋「大為嘆服」，加上兩人在文藝觀上也有共鳴，所以兩人以文結友，成為知己。但是，李長之這位才子，雖然很有文才，但也許是太書呆子氣了，也許是天性就不善於經營自己，不善於處理各種事務，包括夫妻之事，所以，生活上總不如意，甚至疊遭不幸。適時，李長之正處危難之秋，工作不順，經濟上十分拮据，夫妻之間也出現了問題，時常吵架。梁實秋得知李長之的情況之後，一面馳函邀請李長之來國立編譯館任職，不僅使李長之在翻譯方面的才能有了用武之地，更為實際的是解了李長之的經濟之困；一面與同仁一道盡勸解之責，以解李長之的家庭問題及情感問題。這天李氏夫婦又因一點小事反目，「太太出去買菜，先生伏案為文。太太歸來把菜筐往桌上一拋，其中的豆芽白菜等等正好拋在長之的稿紙上面，濕污淋漓，一塌糊塗。長之大怒，遂啟爭端」[65]。爭端過後，李長之摔門而出找到梁實秋訴苦。梁實秋得知原委後，真誠地告誡李長之：「太太冒著暑熱出去買菜，乃辛苦事，你若陪她上菜市，歸來一同洗弄蔬

---

[64] 梁實秋：〈北碚舊遊〉，《梁實秋散文》第二集，中國廣播電視出版社1989年版，第355頁。

[65] 梁實秋：〈憶李長之〉，《梁實秋散文》第四集，中國廣播電視出版社1989年版，第288頁。

菜，便是人生難得的快樂事，作學問要專心致志，夫妻間也需一分
體貼。」[66]。在梁實秋的勸說下，李長之默然了，之後，李長之與
太太「不復聞有勃谿之聲」。梁實秋這兩方面的善舉，的的確確為
李長之解決了大問題。李長之有了相對穩定的工作與收入，夫婦
關係也在梁實秋等人的調解下有了極大的好轉，不僅從此再不聞
夫婦兩人的吵架之聲，而且，夫婦兩人之間還有了久違的笑聲。
梁實秋就這樣以「仁義」之心，解開了友人感情之結，用坦誠的
「直言奉勸」，抹去了同仁生活的陰霾，顯示了對友人的「真
誠」。

　　對友人如此，對待曾與他爭論過的「敵手」，特別是魯迅先
生，梁實秋雖不能做到「相逢一笑泯恩仇」的地步，更無法完全放
棄在文章中「諷」或「刺」一下魯迅的做法，但在公開場合，他還
是能以「平和」的態度對待魯迅的。從感情上講，他對魯迅先生不
免耿耿於懷，但是，作為一個正直的文人，在理智上，他對魯迅
先生則常客觀地評價和讚揚（後面將論述），他沒有因為魯迅先生
曾是他的敵人就大加貶斥，特別是在魯迅先生作古後，他也沒有來
一通口誅筆伐（儘管他在一些文章中含蓄地「筆伐」了——後面我
將論述），相反，「海外有學生問他對魯迅的看法，他笑而不語，
到黑板上寫下『魯迅與牛』四個字，肯定魯迅執著、倔強勤勞精
神」[67]。不管他的做法是不是一種「作秀」，也不管《文苑星辰文
苑風》這本書的作者張放將梁實秋的這一做法解讀為是對魯迅「執
著、倔強勤勞精神」的肯定，是否符合梁實秋在黑板上寫下「魯迅
與牛」這四個字的本義，但從實際情況看，在這樣的場合，他也的
確沒有對魯迅進行「口誅」。

---

[66] 梁實秋：〈憶李長之〉，《梁實秋散文》第四集，中國廣播電視出版社
　　1989年版，第288頁。
[67] 張放《文苑星辰文苑風》四川文藝出版社1990年版，第174頁。

他「笑而不語」，究竟說明瞭什麼呢？是他記起了歷史的恩恩怨怨不想再回首往事？不想再讓自己回到昔日那場激烈非凡的「魯迅──梁實秋」之爭的舞臺？還是在表現他決心跨過歷史的鴻溝，真誠地與偉人對話，實事求是地向後人勾畫歷史的面貌，表明自己的心跡？我的這些猜測也許沒有什麼根據，梁實秋的「笑而不語」也的確很是神秘。但，在他有機會「口誅」自己敵手的時候，而只「笑」不為，這本身也是他的一種仁義襟懷的體現，一種與人為善的表達，一種溫良含蓄的風度。

他的確是很有風度，這風度滿蓄儒雅之氣，透射著濃烈的東方人格之味。但是具有雙重智慧的梁實秋，又不可能使自己的東方人格完全遵循傳統的模式，從傳統的模式中鑄就古舊的氣質，當他在傳統文化中塑造自己的東方人格時，又往往自覺地將西方的靈氣灌注其間，使自己的風度平添了一份色彩。這靈氣就是人性論，其色彩則是現代意識。

提倡人性，是梁實秋一生的追求。從登上文壇起就開始提倡，直至謝世也未放棄。他用人性論檢驗一切理論與規範，也用人性論衡量所有的現象與人物，當然也用人性論指導自己的思想行為，塑造自己的形象。正是在人性論的光芒下，他的東方人格被賦予了與傳統人格不同或相反的內涵，也使他那「儒者」的風度具有了鮮明的現代意味和豐富的精神內容。這種現代意味體現在各個方面。

作為他東方人格基礎的「修身」，首先就透射了現代的意味。梁實秋認為「修身比任何事情都重要」，這一觀念本身是從中國傳統的人格規範中移植來的，但是，啟示他移植這一觀念的契機，卻是西方的現代生活和價值傾向。「西洋人有所謂『新年決心』者，於元旦之時痛下決心，何者宜行，何者宜戒，羅列編排，筆之於書。……只這 心向上，即屬難得可貴，比起我們在樑柱上貼『對我生財』或斗方『福』字的紅紙以及庸俗鄙陋的春

聯，要有意義多了」[68]。很顯然，西方人的這種「痛下決心」、「一心向上」的生活意識和價值取向，在形式上與中國傳統的「修身」、內省有相通之處，梁實秋正是看中了這一點，而將其當作了「個人之進德修業也需要時時檢討改進」[69]的直接論據。這一論據的引進雖然在形式上應證了傳統「進德修業「的重要性，但在內容中改變了傳統「修身」規範的傾向，將傳統「修身」的「內心反省」傾向，從純粹的精神和道德理性的層次，移入與現實世界密切相關的社會實踐的層次。「修身」已不僅僅是完善自身，在精神和理想的境地滿足自我心靈的需要，而且是實現自身的價值，達到實用功利境界，創造更多的實用價值的需要，在方向和目的上與中國傳統的「修身」有了區別，從而使這種從傳統中移植來的人格規範，既保留了傳統的內容，又因灌注了西方的靈氣而具有了現代的意味和神采。

　　「忠」作為梁實秋東方人格的首要內容，也由於西方靈氣的薰陶而顯示了與傳統的「忠」不同的行為傾向和獨特神采。最典型的例子是梁實秋赴台後「辭官」。當時，梁實秋已是有相當社會地位與學術地位的知名人士了。潰退到臺灣的國民黨政權百廢待舉，自然要網絡像梁實秋這樣的社會名流為其服務，但是，不知是看淡了人生，還是因為國民黨敗北的慘狀轟毀了他曾經的信仰，他謝絕了各種邀請與封官，而專注於一個文人所鍾情的寫作、翻譯、教書的工作，再也不過問政治，再也沒有涉足政壇。抗戰時期所激起的「忠」的信念，已逐漸脫離傳統的「忠」的規範，所謂「國家興亡，匹夫有責」已被擠兌到歷史的深處，佔據其信念之上的，是

---

[68] 梁實秋：〈新年獻詞〉，《梁實秋散文》第一集，中國廣播電視出版社1989年版，第352頁。

[69] 梁實秋：〈新年獻詞〉，《梁實秋散文》第一集，中國廣播電視出版社1989年版，第352頁。

西方自由主義的思想，正是這種自由主義的西方靈氣，薰去了梁實秋「忠」的「愚性」，使他從本來就錯綜複雜的政治旋渦中脫身出來，專心耕耘於文學、教學的園地，取得了輝煌的成就，鑄就了文人的氣質與風度。

同樣，他東方人格中的「孝」，也因為西方靈氣的陶冶而顯出了與傳統「孝」不同的內容和鮮明強烈的現代意識。這主要表現在兩個方面：

第一，他將「孝」置於人性的光芒下進行審視，認為「『孝』是一件最平凡而又最自然的偉大人性之表現」[70]，「孝」在本質上應是合人性，與人性一致的，一切違拗人性的「孝」在梁實秋看來，都是不應提倡的。他尖銳批判和否定了中國傳統的「孝子」故事，如「王祥冰魚」、「郭巨埋兒」，對傳統「孝」進行了現代化的革新和重新解說，將重感情、懂禮貌等人性內容灌入「孝」的規範，使傳統的「孝」在人性的光芒中顯出了現代品格與現代神采。

第二，將「孝」與「教」相提並論，革新了傳統「孝」的價值取向。傳統「孝」的價值取向是單向的，即只強調子女對父母的「順」，梁實秋則將這種單向的「孝」革新為雙向的「孝」，提出了不僅應當孝順你的父母，還應當「教育你的父母」[71]的嶄新的價值取向，在他看來，只有具有這種「教」的取向的「孝」，才是科學的，合乎人性、人情的「孝」，才是健康的、有生命力的「孝」。因為，父母隨年齡的增大和生理機能的退化，不僅其生命會自然地顯出「老態」，而且，其精神、知識修養也會出現落伍和退化，在這種情況下，子女就有義務和責任「教」他們，給他們灌

---

[70] 梁實秋：〈孝〉，《梁實秋讀書札記》中國廣播電視出版社1990年版，第196頁。

[71] 梁實秋：〈教育你的父母〉，《梁實秋散文》第三集，中國廣播電視出版社1989年版，第241頁。

輸新的知識，引導他們熟悉現代生活的特點，幫助他們解決現代生活中的一些問題。只有教育他們懂得了新生活的意義，才有可能使他們健康地安度晚年，而子女也才算盡了「孝」，否則就是「不孝」。很顯然，梁實秋所認可的「孝」與傳統的「孝」是很不一樣的，他給這種傳統「孝」的規範注入現代活力和西方平等、自由的靈氣，從而具有了嶄新的意味。當他遵循這種現代的「孝」行事時，也就使他的東方人格顯出了同樣嶄新的意味。最典型的例子是他的婚姻事件。他與程季淑小姐的戀愛，完全是「自由」的，父親作為一個開明紳士尚不致於如何干涉，而母親作為一個傳統女性則較為不滿，一向孝順的梁實秋當然不會違拗母親的意志，但是，受過西方文化薰陶的他也同樣不會放棄自己的追求。如何解決這一矛盾？他的法寶就是「孝」和「教」。他往往乘母親心情較好時委婉地「教」母親認識現代人生活的特點和意義，引導母親瞭解青年人的生活趣味，也將現代生活的時尚告訴母親。正是順著「教」的途徑，他不僅盡了「孝」，也為自己爭來了一世的幸福。在以後的歲月，他從來沒有因「愛情」的衝突而苦惱過，也沒有因「不孝」而內疚過。

　　守節，是梁實秋律己的信條，律己形成的忠誠廉潔的品格和風度，也凝聚著西方靈氣的光澤。至於「仁義」形成的大度，更塗著西方靈氣的色彩。其中最明顯的光澤與色彩就是人性論。梁實秋重氣節、重仁義，當然不是無限度的，也不是無原則的。他曾說：「人性乃一切事物之本。」違拗人性的氣節是畸形的，仁義也是盲目的，甚至可能形成講仁義而損氣節，或講氣節而損仁義的局面。僅就梁實秋在守節、講仁義方面的實踐來看，他的確是將人性作為行事的基本尺度的。他可以「無報酬」地義務為同仁購油、米、布匹並分給大家，可以坦誠、仁義地對待同仁與「敵人」，更可以兩袖清風不請客送禮，潔身自好不涉豔窟，但卻不能不合人性。潔身

自好不涉豔窟，這本身就是符合梁實秋人性原則的。不請客送禮，表面看是違背人之常情的，與人的社會屬性不太切合的，但在實際上又是切合梁實秋人性原則的。他認為人性要以「於己有利，於人無害」為出發點，而請客送禮則難兩全。因為，請客送禮者，心有求於人，而且求人之事又常常必有一定難度，不辦或辦都必然要損傷一方的節操，所以當然就不合人性。他始終不追逐這種風潮，其內在原因概出於此。至於盡仁義，他不僅做到了合人性而且常常還正得力於人性。他解開李長之夫婦的怨結，就是一例。李長之所以總與太太不合，說白了就是因為都不通「人情」。李長之辛辛苦苦寫出的文稿，太太卻故意弄污了一片，這是不通人情；李長之不體諒太太的辛苦，同樣也是不通人情。梁實秋在勸解時就恰恰以「人情」之道治了李長之的心。可以設想，如果梁實秋將仁義之心放在中國傳統的「三綱」意識上，結果會怎樣呢？不說可能會將一對夫妻拆散，起碼也會讓這對夫妻的矛盾雪上加霜，不僅無助於他仁義之心的澤被，反而會造成損耗自己的心力、傷害別人幸福的「兩敗俱傷」的後果。這也許正是西方靈氣的優勢，正是梁實秋「人性」思想的力量之所在。至於他不在公開場合「口誅」魯迅，而是「笑而不語」，並將魯迅與牛放在一起，更顯示了西方靈氣給予的氣度。儘管他沒有對自己提出的「魯迅與牛」做什麼解釋，但在我看來，還是十分符合魯迅的人格的。魯迅一生勤奮筆耕，正像「牛」一樣；魯迅一生「俯首甘為孺子牛」，正是魯迅偉大人格的表現，而這種人格又恰恰是符合人性的，而且是符合「偉大」的人性的。梁實秋特地將魯迅與牛放到一起來評價，除了別的原因外，他的「人性論」不能不說也是一個原因。

正是在東方人格與西方靈氣的結合中，梁實秋構成了自己風度的總體特徵：外圓內方。外圓，主要體現在梁實秋處事待人的方法

上，內方則主要體現在他的氣質中，它們從不同方面表現了梁實秋的魅力。

外圓方法，在對父母盡「孝」和對李長之盡「義」的過程中已得到了一定程度的體現，而最能體現梁實秋這種「外圓」的風度和魅力的，是他對徐志摩的態度。

徐志摩是「新月詩社」「最活躍」的詩人，梁實秋雖也是「新月」同仁，卻是不太活躍的一位文學批評者。如此性格迥異的兩個人相處一處卻從來沒有產生過矛盾。原因何在？除了思想主張上的相融及其他方面的原因之外，很重要的一點是得益於梁實秋「外圓」的處事方式。從感情上講，梁實秋是很喜歡徐志摩的，他曾在〈談徐志摩〉中說：「我數十年來奔走四方，遇見的人也不算少，但是還沒見到一個人比徐志摩更討人歡喜。」[72]但在表面上，卻與徐志摩始終保持不太近，也不是太遠的關係，近則難免不自由，遠則又不合仁義。以這樣一種「外圓」方式構造的關係，立即顯出了他的優勢。

在徐志摩的一生中，有兩件事一直是謎，一件是徐志摩與陸小曼的爭吵，一件是徐志摩與賽珍珠的關係。外間傳說紛紜，梁實秋作為徐志摩的朋友自然常常受到人們的詢問，處此之時，梁實秋的回答常常是「我根本不清楚」。他在〈談徐志摩〉中曾這樣說，「志摩和小曼的結合，自是他一生中一件大事。其中的曲折，變化，隱情，我根本不大清楚」[73]，輕輕一推乾乾淨淨。當臺灣報紙發表有關賽珍珠與徐志摩的文章後，很多人又找到梁實秋，他又寫了一篇專文〈賽珍珠與徐志摩〉作答：「我在上海遂和徐志摩經常

---

[72] 梁實秋：〈談徐志摩〉，《梁實秋散文》第一集，中國廣播電視出版社1989年版，第179頁。

[73] 梁實秋：〈談徐志摩〉，《梁實秋散文》第一集，中國廣播電視出版社1989年版，第162頁。

有見面的機會，說不上有深交，並非到了無事不談的程度，當然他是否對賽珍珠有一段情不會對我講」[74]，又是一推乾淨。但世人對此也無話可說，因為梁實秋說得很清楚，他與徐志摩雖是朋友，但並沒有達到「無事不談」的地步，而外人又無法證明他們兩人的友誼到底達到了一種什麼程度，至少從表面上，外人是很難看出梁實秋與徐志摩有「深交」的。

　　既然梁實秋認為徐志摩是他平生遇到的「最喜歡」的朋友，從一般情理上講，那麼，梁實秋對徐志摩的事情，包括「豔事」，即使不知道來龍去脈，不瞭解詳情，但也應該略知一二吧，可他對別人諮詢徐志摩的「豔事」為什麼一推了之，也不公開辯解呢？甚至連隻言片語的解釋也沒有呢？這不僅與梁實秋的人生態度有密切關係，也不僅與梁實秋所認可的「為賢者諱」的古訓有關，更為重要的是與梁實秋所恪守的「外圓」的處事方法有關。而從實際效果來說，梁實秋「外圓」的處事方法也的確為他處理這件事，提供了極大的方便條件，也達到了最為理想的效果。

　　恪守東方人格與西方人生態度的梁實秋面對徐志摩留在世上的這兩個「謎」，他的處境是頗為麻煩的。如果人們的傳言屬實而他不說，那是他不節，如果說了，又違背了人性與仁義。每個人都有自己的隱私權，這正是深受西方文化影響的梁實秋深知的人性內容，而「為賢者諱」，又是東方古老的「仁義」內容。所以，如果他知道此事，他無論是說還是不說，都會處於兩難的境地。如果不知道呢？一切都會是和諧的，既保持了自己的操守，又切合了人性、仁義的信條。這當然是最好的境界，但這種境界又不是容易達到的，因為與徐志摩交往近十年，無論是「文交」還是「私交」都不少的梁實秋，從情理上講是知道徐志摩的一些事的，至少也

---

[74]　梁實秋：〈賽珍珠與徐志摩〉，《梁實秋散文》第四集，中國廣播電視出版社1989年版，第231頁。

應該有所感覺。可是，彷彿是有預見式的，梁實秋幾十年恪守的
「外圓」處事之法，為他從二難地境界走向最佳境界提供了方便
條件。他自述與徐志摩「並無深交」，歷史的事實也恰恰證明在
表面上他們不過是「新月」同仁關係和一般朋友關係，人們也找
不出他倆「深交」的證據，如書信、日記等。所以關於徐志摩的
豔事，他一言以蔽之「不知道」，真可謂恰如其分，既「於己有
利」，又「於人無害」。這到底是「世故」？還是「機智」？似
乎都有，但又似乎都不像。然而不管是什麼，也不管你是不是喜
歡，對梁實秋來說，這種「外圓」的魅力是掩不住的，它使梁實
秋處世俗而不被污染，像荷花，遇難事能遊刃有餘，如「庖丁解
牛」。

梁實秋風度的又一特徵是其「內方」。這一特徵，沒有「方
法」意味，而是一種「氣質」形態，它以最顯然的外露氣息，透射
出梁實秋風度的魅力。

梁實秋「內方」氣質的「質」是什麼呢？那就是「傲骨」。這
種傲骨，既印著先天環境的烙印，又有後天的修養、閱歷的痕跡。
梁實秋出身在一個宦官人家，父親一生開明大度而不喜歡媚世，梁
實秋就從父親那裡接受了這種氣質。後天的閱歷又使這種先天的傲
骨更加硬朗，他曾說：「我生平獨來獨往不向任何人低頭。」[75]正
因為梁實秋有這種「傲骨」，所以，他的朋友蔣子奇在給他「相
面」時下了一個斷語，「一身傲骨，斷難仕進」[76]，從內到外勾畫
了梁實秋的氣質與人生前景。這種氣質對梁實秋的「仕途」來說是
災難，但對梁實秋的風度來說又是幸事，正是這種「傲骨」影響著

<hr>

[75] 梁實秋：〈槐園夢憶〉，《梁實秋散文》第二集，中國廣播電視出版社
1989年版，第187頁。
[76] 梁實秋：〈槐園夢憶〉，《梁實秋散文》第二集，中國廣播電視出版社
1989年版，第188頁。

他的行為規範、舉止言談、感情傾向，自覺或不自覺地給他的個性
塗上光澤，產生美的誘惑，放出善的異彩，形成獨有的魅力。

　　梁實秋「傲骨」的氣質，主要有三種形態：

　　首先是「士者之態」。作為文人，梁實秋信守「士可殺而不
可辱」的信條，無論在失意之時，還是在得意之際，始終保有這一
信念，並作為行動的指南。剛赴台不久，他任職的編譯館因人員增
多，業務漸繁，兼職館長杭先生「不暇兼顧」，於是要梁實秋代行
其事，「接事之後，大大小小的機關首長折簡邀宴，飲食徵逐，虛
糜公帑。在一次宴會裡，一位多年的老友拍肩說：『你現在就是杭
立武的人了！』我生平獨來獨往不向任何人低頭，所以棲棲惶惶一
至於斯，如今無端受人譏評，真乃奇恥大辱。」[77]於是，梁實秋去
職，「脫離譯館，專任師大教職」[78]。這種表現出來的「士可殺而
不可辱」的氣質，儘管不乏傳統的「獨善其身」的人格色彩，但處
世俗而如此內方，正是梁實秋氣質的本色。

　　其次是「強者之氣」。梁實秋曾經說過：「弱者需要同
情」[79]，強者不需要別人的施捨。這話似乎帶著某種激憤，但又分
明可見出一貫的「氣質」。從外表來看，梁實秋不具備「強者」之
形：瘦瘦的個子，和善的面孔，但從性格來看，卻無處不閃透著強
者之氣。他一生奮鬥，勤勉筆耕，集三十年而獨自翻譯出莎士比亞
全集，其強者之氣已如日中天，不需解說；他一生飽經滄桑，既因
文藝觀與人性論受到過進步文藝界的批判，也因「不作媚世之態」
而受到各方君子的誤解，但是，他仍恪守貞操「眼睛裡揉不進沙

---

[77] 梁實秋：〈槐園夢憶〉，《梁實秋散文》第二集，中國廣播電視出版社
　　1989年版，第187—188頁。
[78] 梁實秋：〈槐園夢憶〉，《梁實秋散文》第二集，中國廣播電視出版社
　　1989年版，第187—188頁。
[79] 梁實秋：〈病〉，《梁實秋散文》第一集，中國廣播電視出版社1989年
　　版，第67頁。

子」，不媚世，努力奮鬥鑄造自己的人格。雖然，他的強者之氣缺少宏偉的人生內容，有時也常常暴露出狹量君子的氣度，如對「創造社」同仁，幾十年後也不忘揶揄一番，但終其一生鍥而不捨的奮進，「獨立不倚」地做人，其魅力也就夠引人注目的了。從東方人格上恪守「內方」，他不「入世」，而西方靈氣的啟示又使他不能不「入世」，而「入世」又易於違拗東方人格，於是就在「自製」的基礎上「自我奮鬥」，這「自我奮鬥」的「強者之氣」，正好協調了東方人格，而又有效地達到了自我鑄造的目的。

第三是「忍者之骨」。這一形態，可以說是他「內方」氣質中最有意味，也最有魅力的形態。梁實秋的「士者之態」，顯出不可辱的氣質，具有「善」的魅力；「強者之氣」顯出獨立不倚的氣質，具有「壯」的魅力；而「忍者之骨」則在顯出他的「讓」的氣質之時，構成了他的「悲劇性」魅力。

梁實秋的「忍者之骨」表現在各種場合，其中最有代表性的是在各種「失誤」場合。例如，抗戰時期他徵集「與抗戰無關」的作品，儘管他的本義不是只徵集「與抗戰無關」的作品，但在當時的背景下其失誤也是明顯的。面對這一失誤，他怎麼也不願承認，而以「隱退」的方式化解他與時代的矛盾。這種矛盾雖然因他的「隱退」而化解了，但那只是表面的化解，他內心的矛盾並未化解，反而在他的「忍」之中，由理性的層次，進入到了感性層次，帶給他一種與社會和時代不協調的悲涼心境。當這種心境凝成一種氣質表現出來後，就不可避免地帶有悲劇色彩。

事實上，在當時的背景下，梁實秋無論步入什麼領域，無論擔任什麼公職，他的這種「忍者之骨」，都使他不能不扮演悲劇的角色。在政界他作為參政會的參議員曾被人當作木偶，當作「民主」的招牌，他忍了，因為，即使是「招牌」只要對抗戰有用，他也能接受。在文化界，為了化解各種矛盾，如，與創造社的矛盾，與左

聯同仁的矛盾等，他常常自己主動地從各種論爭中抽身而出，跳出
三界外，不在五行中，他自己雖然解脫了，但就他本人來說，卻不
能不說是一種悲劇。抗戰時期，他本來是可以按自己的特長幹事，
如主編與抗戰有關和無關的副刊，這本來是對抗戰文藝的建設有很
明顯作用的，但他卻非要壓抑自己去幹與時代主潮相離較遠的事。
他不是沒有能力，也不是社會不需要，而是他的「忍者之骨」使他
不願投入時代的潮流，從而也使他無法在文化戰線上為社會，為民
族的文化的建設做更為有益和切實的工作。這不能不說是他自己的
悲劇。

　　他曾經寫過一篇名為〈駱駝〉的散文，在這篇膾炙人口的作
品中，他以七分的哲理，三分的詩意，塑造了一個「悲劇角色」，
似乎有某種暗示，也似乎在總結自己這之前的生活和經歷。這篇散
文中所寫的「駱駝」，從形態到心境，從內容到環境，都活畫出梁
實秋「忍者之骨」與悲劇角色的特色。駱駝，「它只會消極的等
待」，正是梁實秋人格的反映，正因為他只會消極的等待，所以，
梁實秋一生雖經歷過中國現代史上的眾多大事，如，五四運動，抗
戰等，但是，他卻始終徘徊在時代的邊緣，最終也沒有成為時代的
主角，而只是扮演著幾乎被時代遺忘的「悲劇角色」。

　　西方人認為，悲劇，是所有藝術中最具有魅力的藝術。對於
人生來說，只要不是給生命和生活帶來物質性災難的悲劇，也是最
具魅力的，因為，這種悲劇不僅映現出社會、歷史的內容，更深刻
地體現了梁實秋思想、性格的獨特魅力。他的這種「忍」既合乎
東方人格的「修身」、「節義」等規範，也符合他的人性原則。
他用「忍」固然毀滅了自己，但也用「忍」超脫了自己，未來的日
子裡，他一直恪守「忍者之骨」，一方面為自己製造一個良好的心
境，使自己能安心、從容地寫書、譯書、教書，一方面也為自己構
造各種和諧的社會關係，與朋友來往處處受到歡迎。他雖然始終都

沒有成為時代的主角，但他在自己開墾的園地裡卻收穫了大量的成果，同時也給他的生活帶來了其樂融融的情趣。這雖然不乏局限，卻也不失為一種特色。

第二章　泛舟於現實與理想之中
——生活素描

　　梁實秋有一個恪守終生的生活信條：合理地做人。怎樣才是合理地做人呢？對梁實秋來說是既抽象又具體的。說它抽象，是因為梁實秋的「理」不過是他那種抽象人性的代名詞，是以觀念的形式存在於他的意識中的生活理想；說它具體，是因為梁實秋一生都在追求這種合理做人的生活理想，並通過他的生活情趣、社會交際、愛情生活等現實內容，具體地顯示了他生活理想的形態、價值以及存在方式。正是在這種抽象的人生理想與具體的生活現實的結合中，梁實秋構造了自己獨特的生活內容，並以自己的方式以及這些獨特生活內容所具有的個性風采，顯示了自己看似平淡無奇生活的獨特味道以及活力四射的魅力。

第一節　情趣：西方的生活理想
與東方生活原則的交融

　　具有雙重智慧的梁實秋，其生活情趣雖然多種多樣，但如果進行相應的歸納，也與他所保有的智慧一樣是雙重的。他既青睞西方的生活理想，並終生追求不輟，又恪守東方的生活原則，並常年身體力行。這兩種生活情趣有如太陽與月亮一樣，在他的人生園地中晝夜巡迴，將不同的光輝灑潑在他自己辛勤構建的人生軌跡上，為

他的生活塗抹出不同的人生意境，顯示出不同的人生韻味與魅力。

　　曾經深受西方文化的恩澤，又親身在西方社會生活過的梁實秋，不只一次地以欽羨的筆調敘述過西方人的生活狀況與生活理想。在〈說儉〉一文中，他曾這樣敘述西方人的生活狀況：「西洋近代工業發達，人民生活水準亦因之而普遍提高。物質享受方面，以美國為最。美國是個年輕的國家，得天獨厚，地大物博，人口稀少，秉承了歐洲近代文明的背景，而又特富開拓創造的精神，所以人民生活特別富饒，根本沒有『饑荒心理』存在。」[1]西方人，尤其是美國人的這種生活狀況，是與他們的生活理想分不開的。「美國的《獨立宣言》明白道出其立國的目標之一是『追求幸福』，物質方面的享受當然是人生幸福中的一部分。『一簞食，一瓢飲』，在我們看來是君子安貧樂道的表現，在美國人看是落伍的理想，至少是中古的禁欲派的行徑。」[2]在這裡，梁實秋一方面指出了西方人，尤其是美國人追求幸福的生活理想的一個方面的內容——物質方面的享受，另一方面，也指出了這種西方的生活理想與我們中國人的傳統的生活理想——安貧樂道的重要區別，而從現實生活的實際情況和20世紀中國的社會狀況來看，西方人的這種生活理想不僅更切合人性的需要，具有更為普泛的意義，而且，對20世紀正努力地追求現代化的中國人來說，更具有歷史的意義和價值。

　　正因為對西方人的生活狀況與生活理想有著親身的感受與深切的瞭解，並且，基於對20世紀中國社會發展的實際情況的較為深刻的洞察，所以，當梁實秋從童稚的浪漫中脫穎出來，開始自己的生活追求時，也自然地將西方人，尤其是美國人的生活理想當作了自

---

[1]　梁實秋：〈說儉〉，《梁實秋散文》第一集，中國廣播電視出版社1989年版，第290頁。
[2]　梁實秋：〈說儉〉，《梁實秋散文》第一集，中國廣播電視出版社1989年版，第290頁。

第二章 泛舟於現實與理想之中

己的生活理想，以「追求幸福」為自己的行動綱領，並經過自己的領悟與實踐，形成了自己追求幸福的生活內容。這些內容如果進行概括的話，大致包括三個方面：一是身體健康，二是生活適意，三是精神愉快。這三方面的內容的相互關係，在邏輯的層面構成了梁實秋「追求幸福」的生活理想的三個層次，這三個層次的基本關係是：作為幸福之基礎的層次是身體健康，其主體是生活適意，作為幸福的最高境界則是精神愉快。這生活理想的三個層次及生活實踐的三個方面的內容，我們在梁實秋幾十年的生活軌跡中，可以看得十分清楚。

先看「身體健康」與「生活適意」。在〈時間即生命〉一文中，梁實秋曾說：「無論做什麼事，健康的身體是基本條件。」[3] 並告誡年輕的朋友：「千萬要持之以恆的從事運動，這不是嬉戲，不是浪費時間。健康的身體是作人做事的真正的本錢。」[4] 在梁實秋看來，健康的身體，不僅是「做事」的基本條件，而且，也是「作人」的真正本錢，可見，在梁實秋的思想和意識中，健康的身體不僅具有生活的意義——是保證使「生活適意」的「做事」的基礎，而且具有實現人之為人的本質——作人的意義。

也許正是因為梁實秋對身體健康的認識具有如此廣泛而頗為深刻的認識，也許是因為接受西方教育的結果，所以，還在清華學校讀書的時候，梁實秋就十分注意鍛煉身體，各種強身健體的運動，如足球、棒球、長跑等，他都積極參加，儘管他在清華讀書期間的體育課的成績並不佳。「我的體育成績可太差了，畢業時的體育考試包括游泳、一百碼、四百碼、鉛球等項目。體育老師馬約翰先生

---
[3] 梁實秋：〈時間即生命〉，《梁實秋散文》第四集，中國廣播電視出版社1989年版，第188頁。
[4] 梁實秋：〈時間即生命〉，《梁實秋散文》第四集，中國廣播電視出版社1989年版，第188頁。

85

對我只是搖頭。游泳一項只有我和趙敏恒二人不及格，留校二周補考，最後在游泳池中連划帶爬總算遊過去了，喝了不少水！」[5]但是，體育成績不佳，並沒有讓梁實秋喪失鍛煉身體的決心，更沒有阻止梁實秋從事自己喜愛的體育活動，特別對踢足球和打棒球這兩種體育運動，梁實秋在清華學校讀書的八年中不僅十分癡迷，而且還以有形的代價——踢破了兩雙球鞋，打斷了兩隻球拍，收穫了一些有趣的技藝。「不過在八年之中我也踢破了兩雙球鞋，打斷了兩隻球拍，棒球方面是我們河北省一批同學最擅長的，因此，我後來右手拾起一塊石子可以投得相當遠，相當準。」[6]由於梁實秋積極鍛煉身體，因此，他的身體一直十分健康，尤其在清華學校讀書期間，「我八年沒有生過什麼病，只有一回感染了腮腺炎住進了校醫院。起碼的健康基礎是在清華打下的，維持至今。」[7]

後來，漸入老境，青年時期的那些踢球、打棒球的強體力的體育運動，梁實秋雖然力不從心了，但他並沒有放棄體育鍛煉，此時，他選擇了打太極拳，再後來則選擇了散步，以各種悠然、輕巧的體育運動方式鍛煉自己的身體，使自己的身體始終保持良好的健康狀態。正是這種從年輕到年老堅持不懈的體育鍛煉，不僅使梁實秋有充沛的精力從事各項教書育人的工作，參加各種社會活動，不斷地進行卓有成效的筆耕，也使他較為充分地享受了一個健康人能夠享受的種種快樂的生活和種種生活的快樂，如陪家人休閒。1930年，他在青島大學任教期間，「在教書之暇，譯書之餘，梁實秋時常偕同妻兒到海灘去散步，鬆軟細潔的沙灘，常使他們流連忘返，

5　梁實秋：〈又逢癸亥〉，《梁實秋散文》第四集，中國廣播電視出版社
　　1989年版，第191頁。
6　梁實秋：〈又逢癸亥〉，《梁實秋散文》第四集，中國廣播電視出版社
　　1989年版，第191頁。
7　梁實秋：〈又逢癸亥〉，《梁實秋散文》第四集，中國廣播電視出版社
　　1989年版，第191頁。

掘沙土，拾貝殼，捉螃蟹，是他陪伴孩子的一大樂事。有時他們也遠至棧橋盡端的廻瀾閣，在那裡觀賞壯闊的碧波海濤，享受涼爽的夏日海風，或靜靜地遠眺冒煙的海船在天水一色的地平線上漸漸地消失。」[8]這是何等愜意，何等有情趣，何等快樂與幸福的生活的啊，這簡直就是一幅比畫更美的生活情景，比音樂更為動人的生活篇章啊！面對這幅充滿情趣的生活的情景畫，面對這首比音樂更為引人嚮往的生活的篇章，我們不能不由衷地感慨：這也許就是梁實秋信奉西方生活理想的良好報答吧。

　　我們知道，對於一個人的生活來說，幸福與快樂並非是單方面的，而是多方面的，一般說來，作為一個社會的人，既有享受富足或愜意的物質生活方面的快樂，也有從事社會交往所帶來的愉快；既有收穫愛情、欣然品味愛情帶來的幸福，也有經過自己的不懈努力在事業方面獲得成功所帶來的幸福。梁實秋的幸福與快樂也是多方面，而這些多方面的幸福和快樂，都是建立在他的生活、事業的成功基礎上的。雖然，「他的整個人生歷程相當平淡，缺乏大波大瀾，然而，誰又都得承認，他是一個成功者：他的生活是成功的，十分圓滿地按照自己的意志和信念生活了一輩子；他的事業是成功的，著述等身，影響深遠，被臺灣文化界尊為一代宗師。」[9]這些建立在成功基礎上的幸福與快樂，構成了梁實秋生活中最有色彩、最有意味，也最值得介紹的內容。

　　從物質方面來看，作為出生於一個書香氣很濃的官僚家庭的公子哥，當梁實秋來到這個世界的時候，家境雖然說不上如《紅樓夢》的「護官符」中所說的「賈不假，白玉為堂金作馬。阿房宮，三百里，住不下金陵一個史。東海缺少白玉床，龍王來請金

---

[8]　徐靜波：《梁實秋──傳統的復歸》復旦大學出版社1992年版，第39頁。
[9]　宋益喬：《梁實秋傳》天津百花文藝出版社2005年版，第2頁。

陵王。豐年好大雪，珍珠如土金如鐵」[10]的盛況，但，衣食住行還是無憂的，家裡仍雇傭了十幾個男女傭人，所住的房子，是梁實秋的祖父入京為官後，在北京購買的，雖說不上很豪華，但還頗為寬敞有情調。「這是一所前後三進、庭院寬廣、共有四十餘間的大宅，所謂『天棚魚缸石榴樹』的情致，這裡都盡有了。」[11]成年後，作為中國現代文化精英的梁實秋，無論是在國內求學，還是遠渡重洋深造，無論是在動盪的歲月，還是在相對平穩的年代，無論是青年時代，還是老年時期，無論是在大陸，還是在臺灣，他的衣食住行雖然談不上奢靡華貴，但也絕對沒有什麼「饑荒之憂」。當他23歲從美國留學歸來後，即開始了教書育人的工作，同時，也開始了他的文學批評和文學創作生涯。在教書的過程中，他最初的收入，雖然不像那些早已成名的教授那樣酬修豐厚，但也頗為可觀，維持他的生活和他後來一家人的生活，也是綽綽有餘。至於他成名之後，其教書的收入則更是水漲船高了，這不僅在他到臺灣後是如此，即使當年在大陸的時候，也是如此。再加上，知識就是財富，智慧就是金錢，他憑藉自己學貫中西的知識以及在這種知識基礎上形成的智慧，筆耕不輟，不斷地創作，不斷地寫文章，寫書，不斷地翻譯文章、翻譯書，這些創造性的勞動，也同樣給他帶來了源源不斷的可觀收入，更何況，當他成名後，更是在寫作和翻譯方面充分享受了高等文化人的待遇，使他的經濟基礎更為雄厚了。正是經濟收入方面的這些金錢，為他的生活打下了較為堅實的物質基礎，使他不僅在各種情況下能夠衣食無憂地生活，而且能在各種情況下，甚至包括在動盪的歲月和遠離家鄉、奔赴異國他鄉的情況下，也能充分地享受生活的快樂和幸福。

---

[10] 曹雪芹：《紅樓夢》鄭州中州出版社2001年版，第24頁。

[11] 徐靜波：《梁實秋——傳統的復歸》復旦大學出版社1992年版，第4頁。

　　從社交方面看，雖然，文壇的恩恩怨怨曾經給他蒙上過一層灰暗，特別是與「左聯」諸位的社交，給予梁實秋的更多的是不愉快的經歷和記憶，他自身的思想主張和言論等方面的偏頗也曾給他帶來過一些窘迫和尷尬處境，特別是在宣導「文藝的根底全在人性」的文藝觀方面和抗戰時期發出徵集「與抗戰無關」的作品方面，他因為受到「左聯」同仁和進步文藝界同仁的批判而陷入一種困境和尷尬的處境中，但，儘管曾經有過這樣一些不愉快，卻並沒有從根本上影響他按照自己的生活理想而有秩序、有意味地正常地生活，甚至快樂地生活，因為，他固然與「左聯」同仁道不同而無法相謀，但他畢竟也有自己志同道合的朋友，有自己的交際圈，有自己的文化地位。事實上，在他的社交圈中，人們也從來沒有拋棄過他，相反，由於他的人格、品性及處事待人的適度而受到了同仁的一致喜愛。這一點，對於一個文化人來說，不管從什麼角度講，都是令梁實秋欣慰和愉快的。

　　事實上，作為出生官宦之家，具有良好的中西教育背景而又學貫中西的才子，梁實秋不僅憑自己的背景和包括教書等工作經歷，在人生的旅途上自然地邂逅了一批同學和朋友，如，胡適、聞一多、冰心、吳宓、陳西瀅、葉公超、老舍、楊金甫（楊振聲）、趙太侔等人，而且，他也憑藉自己的智慧和從小養成的為人處世的良好方法，不太費事地就找到了自己的同仁，很快就編織了屬於自己的社交圈子。

　　在這個社交圈子裡，以徐志摩為代表的「新月」書店的同仁，如徐志摩、余上沅等，是這個圈子的核心人物，而創造社的郭沫若、郁達夫、成仿吾等人，則是這個圈子的又一類好友。當梁實秋與這些文學界的同仁結交後，同仁們不僅對梁實秋頗為友好，還總不斷地向他索稿，希望他能為社團所辦的刊物有所貢獻。梁實秋也投桃報李，沒有讓這些朋友們失望。在與新月書店同仁的交往中，

僅在1928年到1930年間，梁實秋就在《新月》月刊上發表了一系列談文藝問題的文章，如，〈文學與革命〉、〈論散文〉、〈莎士比亞傳略〉等，其中，在《新月》的創刊號上，他還發表了他自己認為是包含了自己的主要文藝思想和關於文藝的基本看法的論文〈文學的紀律〉。據不完全統計，他這一個時期在《新月》上發表的文章和翻譯的文章，總數達到了四十多篇。同時，他還在新月書店出版了自己在美國留學期間所寫的文藝批評論文集《浪漫的與古典的》。這其中的觀點雖然值得商榷，有些觀點甚至有虛無主義的傾向，特別是他在論文中以幾乎是武斷的態度對五四以來的新文學的「全盤否定」的觀點，在今天看來，也是有明顯偏頗的，但，作為梁實秋青年時代的作品，這些作品，不僅從一個具體的方面說明瞭他與「新月」書店同仁的交往關係，也在絕對的意義上，反映了梁實秋青年時代的文藝觀。他後來回憶說：「這些文字都是我26歲以前的『少作』，雖然思想尚未成熟，文字也嫌簡潔，我的基本的文學觀念已在這裡開始建立，我的文字作風也在這裡漸漸形成。」[12]

在與創造社人員的交往中，他也沒有讓那些將他當作朋友的人失望。早在清華學校讀書期間的1922年，他就因與聞一多一起出版的小冊子《冬夜草兒評論》，得到了當時還在日本留學的創造社的創始人之一的郭沫若的高度讚賞，並由此在上海與臨時從日本回國的郁達夫結識，從而與創造社的同仁建立了聯繫。也就在與創造社同仁結識的1922年末，他將自己新創作的〈答一多〉、〈荷花池畔〉、〈懷〉、〈贈——〉等詩歌郵寄給了《創造季刊》，不久，這些具有浪漫主義情懷的詩作就得以批載。1923年，梁實秋在即將赴美國留學之前，又特地從北京到上海會見了創造社的三大巨頭：郭沫若、郁達夫、成仿吾，這次會面，梁實秋不僅直接向創造社的

---

[12] 梁實秋：〈浪漫的與古典的·序〉，《浪漫的與古典的》臺北時報文化出版公司1986年版，第1頁。

同仁表達了自己對創造社浪漫主義文學主張的認同，並隨後不久即寫了一篇〈讀鄭振鐸譯《飛鳥集》〉的評論文章，發表在1923年第9期《創造週報》上。這篇文章的發表，一方面是梁實秋從自己的立場出發對鄭振鐸「憑藉個人的喜愛和能力選譯作品」的主張發表的異議，另一方面，則是梁實秋以一種含蓄的方式表達對創造社文學主張支持的具體行為，因為，1923年，創造社正與文學研究會因文學主張方面的分歧在各自為戰，並由此還產生了一些隔閡，而鄭振鐸正是文學研究會的創始人之一，梁實秋如此作為，雖然頗有點「黨同伐異」的味道，但也從一個方面表現了他對自己社交圈子裡的同仁的「義氣」。正因為梁實秋在與創造社的同仁們交往的時候具有這種「義氣」性，所以，當梁實秋即將赴美國留學的前幾天，又一次與在上海的郭沫若等見面後，郭沫若等即熱情地邀請他加入創造社。儘管因為梁實秋當時正經受著與相戀不久的情人分別的痛苦的折磨而沒有心情回應郭沫若等人的邀請，終於也沒有加入創造社，但，郭沫若等人邀請梁實秋加入創造社的舉動，正從一個方面顯示了梁實秋一旦進入自己的社交圈子就很受大家歡迎的事實。儘管1927年後，因為創造社同仁宣導「革命文學」而與宣導「尊嚴」、「健康」文學的梁實秋分道揚鑣了，但，梁實秋留學美國之前與創造社同仁的交往還是很成功的，也是很受創造社同仁歡迎的。

我們知道，社交總是雙向的，當梁實秋在與同仁們交往的過程中沒有讓同仁們失望並得到同仁們的歡迎甚至讚賞的時候，這種交往作為一種有意義的社會生活，也自然地讓梁實秋得到了比物質生活的富足更為讓他享受，甚至終生可以回味的愉快與幸福。

至於梁實秋的愛情生活，則更是令他終生為之陶醉的美輪美奐的生活，特別是他的第一次愛情生活，即與結髮妻子程季淑的愛情生活，不僅持續時間長達五十多年，而且情味「濃得化不開」，

如果要對梁實秋的這次愛情生活選擇一個關鍵字，那麼就是「幸福」，而且是情意綿綿的幸福。

梁實秋從1922年開始與程季淑小姐自由戀愛到1974年程季淑因故不幸去世，兩人在風風雨雨的五十多年的歲月中，情投意合，相親相愛，或夫唱妻隨，或妻唱夫隨，始終生活在一種溫馨、浪漫、和諧、美滿的家庭氛圍中。從各種資料來看，兩人在五十多年的共同生活中，甚至從來沒有因任何事情發生過爭吵，更沒有發生過所謂「紅杏出牆」的相互背叛之事。有人曾經訛傳梁實秋在20世紀30年代有過所謂的「鬧離婚」的「緋聞」，其實，那不過是一場的誤會。關於此事，宋益喬在《梁實秋傳》中有較為詳細的披露：

> 還在上海時，曾發生過這麼一件事：有一天徐志摩給梁實秋打來電話，劈頭第一句話就是「你幹的好事，現在惹出禍事來了！」接著他告訴梁實秋說，剛剛收到一位叫做黃警頑的來信，略謂應某君之托，為其妹作伐，問梁實秋同不同意。接下去兩個人在電話上有一通對話：
> 梁：「你在做白日夢，你胡扯些什麼？」
> 徐：「我且問你，你有沒有一個女生叫某某某？」
> 梁：「有。」
> 徐：「那就對了。現在黃警頑先生來信，要給你做媒。並且要我先探聽你的口氣。」
> 梁：「這簡直是胡鬧。這個學生在我班上是不錯的，我知道她的名字，她的身材面貌我也記得，只是我從來沒有和她說過一句話。我在上海幾處兼課，來去匆匆，從來沒有機會和任何男女生談話。」
> 徐：「好啦，我把黃警頑先生的信送給你看，不是我造謠，你現在告訴我，要我怎樣回覆黃先生的信？」

　　梁：「請你轉告對方，在下現有一妻三子。」[13]

　　我們知道，對於一個曾經鬧過離婚的家庭來說，無論當事者以後對這種曾經產生過的裂痕彌合得多麼巧妙，也不管當事者在以後的生活中如何小心地避免涉及曾經有過的風波，但，那已經成為歷史的陰影，總會在當事者的心中形成一個無法完全忘卻的記憶，總會在這個家庭裡成為一個永遠的瑕疵，其家庭的氣氛即使經過當事者努力營造，也難以達到融洽如初的境地。這是人性的本能使然，是愛情的本質使然，因為，愛情總是自私的，她容不下任何溢出「自私」的渣滓，儘管這種渣滓已經被清除了，但它的痕跡還在，即使它已經很淡很淡，它的難聞的氣味還在，即使它已經很薄很薄。

　　也有人曾經披露，1924年，梁實秋在美國哈佛大學深造期間，因朋友和同學相邀演出中國傳統戲劇《琵琶記》而與一位叫謝文秋的女生邂逅並產生了好感。此事因有當時也在美國並也參加了《琵琶記》演出的冰心的「調侃詩」為證，似乎也言之鑿鑿：「梁實秋在演劇中與謝文秋邂逅，彼此倒也生出了一點好感，但是後來謝文秋與同學朱世明訂婚，冰心獲悉後便對梁實秋調侃說：『朱門一入深似海，從此秋郎是路人』」[14]。此說與梁實秋在〈憶冰心〉中所述的情況有一致的地方，也有不一致的地方，一致的地方是梁實秋確實與謝文秋一起在美國出演過《琵琶記》，冰心也確實寫過這兩句調侃梁實秋的詩；不一致的地方是，敘述者加進了自己的想像「彼此倒也生出了一點好感」，而梁實秋的回憶中，沒有這一方面的內容。退一萬步說，即使真的「彼此倒也生出了一點好感」，也完全可以理解。青年男女一起演戲，並且，梁實秋扮演的是《琵

---

[13] 宋益喬：《梁實秋傳》百花文藝出版社2005年版，第220頁。
[14] 徐靜波：《梁實秋——傳統的復歸》復旦大學出版社1992年版，第28頁。

琶記》中的男主人公蔡中郎，謝文秋飾演的是蔡中郎的髮妻趙五娘，兩人如此「親密」的接觸，產生「一點好感」那也是再正常不過的事，但「好感」畢竟只是「好感」，並且只有「一點」，並沒有生出什麼更大動靜，更沒有發酵出什麼緋色的「故事」，更何況，此事還是發生在梁實秋與程季淑結合之前，又何況，這件事也並沒有在梁實秋與程季淑的愛情生活中產生什麼「負面」的影響。

梁實秋不僅青年時代與結髮之妻相親相愛、相敬如賓，而且，到了晚年，梁實秋對妻子的情感彷彿如白酒一樣，愈久彌香，生活的情趣也如深秋的紅葉，更為鮮豔，如詩似畫地點綴在兩人的生活世界裡，顯現於生活的各種細節之中，滲透於兩人的舉手投足之間。有時，梁實秋從臺灣赴國外出差或開會，他曾自敘，他心中唯一放不下的就是「想念夫人」；有時，兩人一同外出遊玩，雖然是老夫老妻了，但仍習慣性地攜手同行，以至於當他們「攜手走出的時候旅舍主人往往投以奇異的眼光，好像是不大明白這樣一對老人到這裡來是搞什麼勾當。」[15]沒有相濡以沫經歷的人，當然無法理解何以「這樣一對老人」還如此親密；不是曾經充分享受過愛情甜蜜的世俗之人，當然「看」不懂「這樣一對老人」攜手同行的意義，那個對梁實秋與妻子攜手走出「投以奇異眼光」的「旅舍主人」，很顯然沒有受過西方的教育，當然也不懂西方的生活方式與西方的生活理想，夫妻外出「攜手同行」正是西方人的一種生活中的習慣，而這種細小的生活習慣所傳達的正是「永結同心」的美好理想，或者說，是一種微觀地踐行夫妻在結婚儀式上所發誓言：「無論是富有還是貧窮，無論是健康還是疾病，都不離不棄」的形式，既具有現實性，也具有某

---

[15] 梁實秋：〈槐園夢憶〉，《梁實秋散文》第二集，中國廣播電視出版社1989年版，第199頁。

種象徵意味。這「旅舍主人」正因為不懂這些，也正因為沒有西方文化的背景，所以，他也就只能以中國人傳統的「男女授手不親」的眼光和世俗的頭腦來猜度「這樣一對老人到這裡來是搞什麼勾當」，「不明白」，也完全不可能明白，更不可能品味這兩位已年近古稀的老人「攜手同行」的既纖細而濃厚的情與愛的多樣意味。

　　其實，梁實秋與結髮妻子到老仍然「攜手同行」的舉動所發出的正是他們愛情永固的信號，所負載的是兩人風雨同舟的恩愛之情，兩位老人簡單的動作，其實就是梁實秋幸福、美滿、愉快的愛情生活的「定格」畫面，當然也是梁實秋在西方生活理想指導下「追求幸福」的自我「規定」的動作。

　　正因為梁實秋與結髮之妻的情感太濃、太厚了，梁實秋享受愛情美酒的陶醉程度太久、太深了，所以，當夫人在1974年不幸因意外事故去世後，他不僅完全亂了方寸，也似乎完全被打倒了。此時的他，彷彿只能在回憶中重溫五十多年甜蜜的愛情生活，彷彿只能於無盡的淚水中寄託對妻子的哀思。於是，他在極度的悲傷中撰寫了長篇回憶錄〈槐園夢憶〉，詳盡地敘述了自己的愛情生活，一遍又一遍地咀嚼那曾經品味過五十多年的愛情生活的滋味，一次又一次將已經定格於歷史深處的夫妻恩愛的林林總總事情復原，一字一句地抒發出早已沉澱於心中的對妻子刻骨銘心的愛，不厭其煩地，如魯迅小說《祝福》中的祥林嫂一樣，向自己，向別人講述對妻子如長江大河般的無盡懷念：「死是尋常事，我知道，墮地之時，死案已立，只是修短的緩刑期間人各不同而已。但逝者已矣，生者不能無悲。我的淚流了不少，我想大概可以裝滿羅馬人用以殉葬的那種『淚壺』，有人告訴我，時間可以沖淡哀思。如今幾個月已經過去，我不再淚天淚地的哭，但是哀思卻更深了一層，因為我不能不回想五十多年的往事，在回憶中好像我把如夢如幻

的過去的生活又重新體驗一次，季淑沒有死，她仍然活在我的心中。」[16]

正因為梁實秋在自己的人生歷程中享有社交生活和愛情生活的眾多愉快與幸福，所以，當他從自己所鍾情的事業中享受成功的喜悅的時候，也就一點都不令人感到意外了。梁實秋曾說過，一個人事業的成功是與家人、朋友的充分理解與大力支持分不開的。這可以說是他自己生活體驗的結論，也是他從自己所充分享受了成功的喜悅和生活的眾多快樂與幸福中提煉出來的樸實道理。就拿他翻譯莎士比亞全集的成功來說吧，他曾經充滿感情地表白：在他從事這項神聖而偉大的翻譯工程中，「領導我、鼓勵我、支持我，使我能於斷斷續續三十年間完成莎士比亞全集的翻譯者，有三個人：胡先生（胡適）、我的父親、我的妻子。」[17]正是在朋友、家人的支持、幫助、鼓勵之下，他歷經艱辛地出色完成了將卷帙浩繁的四十卷英文版的《莎士比亞全集》翻譯成中文的巨大、宏偉工程。當他的這項工程完成後，他的愉快心情，他的幸福的感覺是很難用言語來表達、來描繪的，儘管作為一個紳士，作為一個信奉低調做人原則的學者和作家，他面對自己的成就不願意過多地將自己愉快的心情和強烈的幸福感表露出來，但是，從他留存在他文章中的隻言片語中，我們還是可以觸碰到他那抑制不住的喜悅心情和幸福的感覺，體會到他「歷經磨練」愛更深的情懷。梁實秋在記敘臺灣文化界為慶祝《莎士比亞全集》翻譯完成的慶功會的盛況時曾寫了這樣一個細節：「有兩位女士代表獻花給我們夫婦，我對季淑說：『好

---

[16] 梁實秋：〈槐園夢憶〉，《梁實秋散文》第二集，中國廣播電視出版社1989年版，第122—123頁。
[17] 梁實秋：《懷念胡先生》，《梁實秋散文》第三集，中國廣播電視出版社1989年版，第349—350頁。

像我們又在結婚似的」。」[18]這種感覺，這種「好像我們又在結婚似的」感覺，雖帶著明顯的打趣性，但也的確從這種感覺中透露出了梁實秋在翻譯莎士比亞全集的工作出色完成後難以抑制的快樂和幸福的心情、心境、心緒。

　　古人曾云，人生有四件最大的「快事」，一是久旱逢甘霖；二是他鄉遇故知；三是洞房花燭夜；四是金榜題名時。對梁實秋來說，被古人認為最快樂的四件事中，除了第一件事沒有親身的體驗和感受之外，其他三件事可謂是均有經歷，也均有體會，並且，經歷得有聲有色，既具體、實在，又充滿了個性色彩；體會和感受得也是深入淺出，既滿蓄情和意，又妙悟連連，充斥著人生的哲理。他將生活的理想通過自己在過去的不懈努力、艱苦奮鬥的行動，將觀念形態的東西，變成了活生生的歷史事實；他將自己對於幸福追求的熱望，通過自己腳踏實地的一步步度量，將情感層面的東西，變成了清晰可循的人生道路，他在這條鋪滿了鮮花的道路上行走了幾十年，儘管在這條道路上曾經出現過雜草與荊棘，也不乏狂風暴雨和雨雪冰霜，但他卻憑藉自己的意志和智慧，一邊不斷地剪除繁茂的雜草與荊棘，機智地抵禦突如其來的雨雪冰霜和狂風暴雨，一邊不斷地栽種馥郁芬芳的鮮花，讓自己充分地享受生活的快樂與幸福，而且，一享受就是幾十年，所以，從這個方面來看，對於梁實秋自己來說，當他依依不捨地離開這個世界的時候，他幾乎是沒有什麼遺憾了。

　　與生活的幸福相比，精神的愉快對於梁實秋來說也許更為重要、更不可缺少、更有意義與價值。這不僅與梁實秋是一個文人，是學貫中西的文人，是一個生產精神產品的作家、翻譯家和學者，是一個傳道授業解惑的教師，幾乎與生俱來地就比較重視精神享受

---

[18] 梁實秋：〈槐園夢憶〉，《梁實秋散文》第二卷，中國廣播電視出版社1989年版，第200頁。

有關,而且與他的現實的需要有直接的關係。一般說來,重視精神的享受和精神的快樂,對於梁實秋來說在兩個方面具有實用性,一個方面是可以為他在西方生活理想指導下的實際的社交生活、家庭生活等錦上添花,將自己所熱愛的生活妝點得更加美好;一個方面是,當他的西方生活的理想與現實生活發生矛盾衝突,有時甚至是很激烈的矛盾衝突的時候,他需要用精神的愉快與精神上的幸福感來沖淡現實生活中的種種不愉快,從而使自己能夠心平氣和地繼續從事自己喜愛的工作,繼續從容地沿著自己設定的「追求幸福」的道路前行。這也許就是梁實秋重視精神愉快的個性特徵吧。

精神上的幸福與愉快對不同的人來說有不同的內容,這幾乎是常識。政治家和革命者往往將為政治信仰的奮鬥作為人生最大的幸福與愉快;宗教徒則以與上帝對話、皈依上帝為自己最大的幸福與快樂。對於一般人來說,或以瀟灑風流為快樂,或以得到各種榮譽為幸福,或以受人歡迎、為人稱讚為幸福,或像阿Q一樣以精神勝利法為愉快的逃遁所……但不管是哪一類人的精神愉快與幸福,都必然要在觀念的層面上形成某種情趣,並將這種情趣滲透於自己的現實生活中。革命者與政治家的情趣往往是崇高的,宗教徒的情趣往往是神秘寧靜的,一般人的情趣或雅或俗,或濃或淡,形形色色。梁實秋雖為「天才」,但也是一般人,他在精神上的幸福與愉快與一般人有想通之處,他的生活情趣當然也與一般人有相似之處。他也有榮譽感,甚至還不乏虛榮心,同時也不乏阿Q似的精神勝利法。但是,常人所擁有的這些精神愉快以及相應的生活情趣,在梁實秋那裡都用西方的生活理想冶煉成了具有個性形態和內容的東西。例如,他保有榮譽感,不願意因一些小事情遭到人們的非難,以求得精神上的平靜與愉快,也就是我們平常說的「心安」,此時,他的處理方式或行為方式就往往是西方式的。在他的一生中有這樣一件小事是他常常提起,也常常引以為自豪的,那就是「守

時」。這種守時的生活習慣，梁實秋是從小就養成的。他曾經自述：

> 我小時候上學，躺在炕上一睜眼看見窗戶上最高的一格有
> 了太陽，便要急得哭啼，我的母親匆匆忙忙給我梳了小辮
> 子打發我去上學。我們的學校就在我們的胡同裡。往往出
> 門之後不久又眼淚撲簌地回來，母親問道：「怎麼回來
> 了？」我低著頭嚅嚅的回答：「學校還沒有開門哩！」這
> 是五十多年前的事了，我現在想想還是不知道為什麼要那
> 樣性急。到如今，凡是開會或宴會之類，我還是很少遲到
> 的。我覺得遲到是很可恥的一件事。[19]

　　「守時」，是西方人不成文的一種生活習慣，無論是達官顯
貴，還是平民百姓，都以「守時」為生活的信條。梁實秋幾乎是原
封不動地將西方人的這一生活的信條搬入到了自己的社交活動中，
在道德的層面上將其化為了一種行為的方式——不遲到，並以自己
的這種行為自豪，不僅自豪，而且還油然而生一種快慰感，不僅
對這種快慰感津津樂道，還將其昇華為一種道德層面的信條——
「我覺得遲到是很可恥的一件事」。梁實秋的這一認識，使我想起
了魯迅先生在《門外文談》中的一段名言：「美國人說，時間就是
金錢；但我想，時間就是性命。無端的空耗別人的時間，其實是無
異於謀財害命的。」[20]從所表達的意思來看，魯迅先生的這段名言
與梁實秋認為遲到是可恥的觀點，的確有著異曲同工之妙。「異
曲」主要表現為，魯迅先生對意思的表達峻急，梁實秋對意思的表

[19] 梁實秋：〈早起〉，《梁實秋散文》第一集中國廣播電視出版社1989年版，第244頁。
[20] 魯迅：《門外文談》，《魯迅全集》第六卷人民文學出版社2005年版，第99頁。

達則較為平和;「同工」表現為,他們都否定了不從別人的角度考慮問題,不顧及別人利益的行為。魯迅先生說「無端的空耗別人的時間」,其所指與梁實秋所認可的「遲到是很可恥的」完全一致,你「遲到」,就等於「空耗別人的時間」,你空耗別人的時間,當然就是「可恥」的。看來,中國20世紀文化史上的這兩個名人,雖然道不同不相為謀,但在對待一些問題的認識上,包括在對待一些所謂的「小事」的認識上,還是「英雄所見略同」的,這也許是因為,他們都有相似的教育背景和文化背景,都不僅深受中國傳統文化的影響,而且,也深受西方文化的影響,都不僅認同中國一些優良的傳統價值,而且也信奉西方的優秀傳統和文化,並用西方的觀點針砭中國的時弊和中國人的陋習,包括像我們中國人「不守時」這樣的陋習。

　　梁實秋不僅在像「守時」這樣一些關乎人格的小事上認同西方人的觀念並切實踐行,而且,對生活中的一些與人格無關,甚至也與別人無關,更與自己是否能「心安理得」無關的小事,他也常常按西方人的眼光來看,按照西方人的追求來處理,如「早起」。梁實秋認為,早起這件事「在做人的道理上還是比較的一件小事。」[21]但是,他卻從這件小事中咀嚼出了無比快樂的情趣,並以審美者的心態,在充分地享受「早起」後所見之景、所聽之音帶給自己無比愉悅的同時,又以智者的慧心,從這種情趣中升騰起溫暖的詩情畫意,直白地表達自己對生活的感悟,對生活的愛!請看梁實秋在〈早起〉一文中的敘述與描寫:

　　　　我如今年事稍長,好早起的習慣更不易拋棄。醒來聽見鳥囀,一天都是快活的。走在街上,看見草上的露珠還沒有

---

[21] 梁實秋:〈早起〉,《梁實秋散文》第一集中國廣播電視出版社1989年版,第244頁。

乾，磚縫裡被蚯蚓倒出一堆一堆的沙土，男的女的擔著新
鮮肥美的菜蔬走進城來，馬路上有戴草帽的老朽的女清道
夫，還有無數的青年男女穿著熨平的布衣精神抖擻地攜帶
著『便當』騎著腳踏車去上班，——這時候我衷心充滿
了喜悅！這是一個活的世界，這是一個人的世界，這是生
活！」[22]

　　梁實秋在這段敘述與描寫文字的最後情不自禁地表露出的興
奮與喜悅，不僅直觀地展示了自己充滿情趣的生活以及自己對生活
的積極態度和對平常生活的衷心讚美，而且，也分明地流露出了現
代西方式的生活情調——回歸自然。生活在現代工業文明社會的西
方人，在生活快節奏的逼迫下，在機器恬噪的轟隆聲中，在極度緊
張的勞動的重壓下，難得有閑抬頭看看天，也難得有空停下匆匆的
腳步欣賞生活中的五彩之光，因此，他們往往渴求回到自然中去，
希圖在自然的懷抱裡放慢生活的節奏，放鬆緊繃的神經，解放被
壓抑的心情，求得幾分的安慰，洗滌一下身心的俗累，使身體得到
休息，使精神得到解放。因此，享受自然的清新，享受平常生活的
愜意，也就成為了現代西方人的一種追求以及與這種追求密切相關
的情趣。沒有疑問，梁實秋所生活的20世紀前半葉的中國，工業文
明的雨露還只僅滋潤著幾個大城市，遠未惠及廣大的鄉村和中小城
市，中國的絕大多數人，也還沒能享受現代工業文明的恩惠，也當
然對現代工業文明所帶來的弊端沒有切身的感受，但，梁實秋作為
曾經留學美國的中國知識份子，他比一般的中國人要幸運得多，他
不僅早就享受過最發達的西方工業文明的恩惠，而且，回國後，他
也一直生活在中國幾個現代化程度比較高的城市中，後來，梁實秋

---

[22] 梁實秋：〈早起〉，《梁實秋散文》第一集中國廣播電視出版社1989年
　　版，第245頁。

離開大陸到臺灣後也是如此，這也就使他不僅對工業文明的成就感同身受，而且，對工業文明的弊端也洞若觀火。所以，深受西方文化影響的梁實秋，往往會在無意識中，甚至是在有意識中，以西方人的眼光看待生活，包括對待像「早起」這樣的生活小事，他在自己的思想意識，特別是行動中也會不自覺地流露出西方式的生活情調，並按照西方人的生活情調來評價像「早起」這樣的生活方式，並給這種生活方式所帶來的一切，如，早起所聽見的鳥鳴，早起所看見的草上的露珠，早起所看到的人們工作的情景等等，塗抹上一層清新、愜意的浪漫色彩，將我們中國普通人司空見慣的生活場景，將本來平常得再平常不過的自然情景和人們活動的情景點染出絲絲縷縷的詩情畫意。幾十年來，梁實秋持之以恆地保持「早起」的習慣，他究竟從這種生活習性中得到了多少精神的享受，究竟又萌動了多少詩情和畫意？我們當然無法按統計學的規律來量化，不過，梁實秋的生活情趣和他心境的快樂狀況，我們從上面所引述的那段文字，也可以通過一斑而窺全豹了，也可以和他一起享受生活的幾分清新和快樂了。

當然，作為一位傑出的文人，梁實秋不會將自己的精神快樂僅僅局限在生活的小事中，也不可能僅僅是只傾向於這麼一些淺層次的生活情趣。在西方文化的影響下，梁實秋不僅善於以藝術家特有而敏銳的審美意識捕捉平凡生活中的種種情趣，並將這些情趣轉化為愉悅自己精神的養料，而且能夠以智者的深刻思辨將人生的種種生活行為昇華為雋永、深邃、豐厚的人生哲理，使自己所青睞的生活情趣伴隨著社會、歷史、文化跳動的韻律一起，在特定的時間（20世紀前半葉與20世紀後半葉）和特定的空間（大陸與臺灣）散發出濃厚的人文意味，賦予自己愉快的精神和精神的愉快更為廣闊的意義。

如果要對梁實秋在西方文化影響下形成的生活情趣作一概括的話，我認為如此表述不僅簡潔，而且剴切，那就是：以「自由」

為精神快樂的核心，以「閒暇」為基本格調的生活情趣。梁實秋在
〈閒暇〉一文中曾經說過這麼一段充滿人生哲理的話：

> 人類最高理想應該是人人能有閒暇，於必須的工作之餘還
> 能有閒暇去做人，有閒暇去做人的工作，去享受人的生
> 活。我們應該希望人人都能屬於『有閒階級』。有閒階級
> 如能普及於全人類，那便不復是罪惡。人在有閒的時候才
> 最像是一個人。手腳相當閒，頭腦才能相當的忙起來。我
> 們並不嚮往六朝人那樣蕭然若神仙的樣子，我們卻企盼人
> 人都能有閒去發展他的智慧與才能。[23]

　　沒有疑問，這段話中所闡述的道理，是梁實秋從他時時持守的
「人性論」中引申出來的，是對他人性論內容的一個具體的補充，
正是這個具體的補充，相當具體地反映了梁實秋在人性論思想基礎
上所要追求的生活理想以及所希望追求的一種具有高意義的精神境
界。他將人的「必須的工作」排除在「人的生活」之外，這固然有
著明顯的偏頗，在邏輯上也存在的不周密的弊病（因為，人的生活
不僅包括閒暇時的消遣或從事陶冶性情的琴棋書畫的活動，而且也
包括安身立命的「必須的工作」，更何況，有的人本身還是以琴棋
書畫為自己的「必須工作」的），但是，梁實秋卻十分明智地點出
了「閒暇」與「真正像個人」之間的密切關係以及閒暇對「做人」
的重要意義。這正是梁實秋這一觀點的重要意義之所在。
　　我們知道，人作為社會的存在物，他的本質在絕對的意義上
不是抽象存在的，也不是只以個體的形式存在的，而是在群體中存
在的，是社會關係的總和。正因為人的本質是社會關係的總和，所

---

[23]　梁實秋：〈閒暇〉，《梁實秋讀書札記》，中國廣播電視出版社1990年
　　版，第180頁。

以，人的自我意志的發揮和生活理想的實現，在很大程度上是不能完全由自己決定的，任何人要實現自己的理想，特別是要實現那些與「必須的工作」密切相關的所謂「事業」性的理想，不僅常常要受到自然條件的制約，更要受到社會環境的約束，受到包括社會道德、法律、規章制度等有形和無形條件的約束，同時還要受到「他人」的牽制和約束，人的行為，包括「必須的工作」行為，雖然往往具有個體性特徵，但也同時具有群體性特徵，個人的行為，不僅受自己意願、理想、準則的左右，也要受到群體準則、規範的制約。正因為如此，所以，人要成為人，要發展自己的智慧與才能，要實現自己的理想與追求，就必須不僅遵循自己「內心的要求」，更要遵循社會的各種規範，遵守人與人之間的各種關係準則，不僅要滿足自己的需要，也要為他人服務，滿足他人的需要；不僅為自己奮鬥，還要為社會盡自己應盡的義務，擔負自己在社會中應該擔負的責任。這也就決定了，作為社會關係總和的具體的人，他的行為，特別是他的那些「必須的工作」的行為，從現實性上和本質性上來說，是不自由的，這些必須的工作所凸顯出來的生活的情趣也只能是千篇一律的，就像一部機器上的一個部件一樣，雖然與其他部件不同，具有個性，但這種個性價值卻無法獨立地得到體現，只有在群體中才能得到體現，也才有價值，這也就決定了，個人的生活情趣的追求，在「必須的工作」中是無法實現的。

那麼，個人的生活情趣的追求，在什麼情況下才能實現呢？梁實秋告訴我們，只有在「閒暇」的情況下才能實現。因為，閒暇時期的人是自由的，是相對地脫離了群體的，這個時候的人，不僅不需要從事「必須的工作」，而且，也不需要接受在必須的工作中所「必須」遵循的群體性原則與規範，完全可以按照個人的好惡、興趣做自己喜歡做的事，充分地發揮自己的自由意志，充分地發展自己的個性，充分地做自己的「人的工作」，既可以「躲進小樓成一

統，管他春夏與秋冬」的做今天我們所說「宅男」、「宅女」，也可以「觀山則情滿於山，看海則意溢於海」做一個與自然零距離接觸的「驢友」；既可以面對太陽思考它為什麼從東方出來而不從西方出來的問題，也可以面對菜市場的白菜、蘿蔔規劃怎麼烹飪它們才更符合自己的胃口；如果還有興趣，不妨引吭高歌或潑墨塗鴉，做一回歌星或者畫家，甚至還可以像周作人在〈烏篷船〉一文中所描繪的那樣，「雇一隻小船到鄉下看戲」，「在船上行動自由，要看就看，要睡就睡，要喝酒就喝酒。」[24]總之，人在休閒的狀況之下，是可以隨性而動或隨心所欲的，只要自己的所動、所欲不造成災難性的後果，不製造自己承擔不了責任的事件，那麼，也就「一切皆可為」。正是從這個意義上，梁實秋認為：「人在有閑的時候才最像是一個人。」也正是從這個意義上，我認為，梁實秋的觀點是深刻的，這一觀點，不僅透徹地揭示了人的生活情趣得以實現的現實途徑，有力地昭示了人的個性能夠真正顯現的生活境地，而且，以簡潔的話語表達了人的理想生活的內容──休閒（閒暇）以及這種理想生活與人的本質的另外一個方面──自由性的密切關係。不過，這種「閒暇」的生活，作為梁實秋所認可的「最像是一個人」的理想生活，是具有特定含義的，這種特定的含義，梁實秋在〈閒暇〉一文中作了具體的說明：

> 所謂閒暇，不是飽食終日無所用心之謂，是免於螞蟻、蜜蜂般的工作之謂。養尊處優，嬉遨惰慢，那是螞蟻、蜜蜂之不如，還能算人！靠了逢迎當道，甚至為虎作倀，而獵取一官半職或是分享一些殘羹剩炙，那是幫閒或是幫兇，

---

[24] 周作人：〈烏篷船〉，《散文選》第一冊上海人民出版社1979年版，第185頁。

都不是人的工作。[25]

可見，梁實秋所認可與青睞的理想的「閒暇」生活，既不是一種螞蟻、蜜蜂似的基於本能的辛苦的生活，也不是飽食終日無所用心的行屍走肉一樣的生活，而是一種相對自由的生活，是一種能由個體的人自由支配時間，自由確定空間，自由選擇生活內容的生活。這種生活不是為了謀生，也不是為了獲取各種虛榮，更不是為了當權貴的附庸、做走狗那樣的沒有尊嚴的生活，而是自由地創造，自己按照自己的愛好與天性做自己喜歡做的事，自己享受自己所認為有趣味的生活，是一種啟動精神世界的各種細胞，尤其是那些在「必須的工作」中被強行壓抑了的細胞，充實或豐富精神的內容，讓精神、心境愉悅的生活。

梁實秋這種關於閒暇生活的觀點，並非是梁實秋憑空杜撰出來的，也不是梁實秋從中國社會歷史發展的史實中總結出來的，也不是梁實秋從中國文學，如陶淵明的《桃花源記》的藝術世界中引申出來的，而是在西方人的觀點的啟示之下提出來的。其中，英國作家笛福（小說《魯濱遜漂流記》的作者）的《設計雜談》中的觀點和羅馬皇帝瑪可斯奧瑞利阿斯的一段話中的觀點，又是啟迪梁實秋提出閒暇生活觀點的主要依據，或者，更為確切的說，梁實秋是在批判西方這兩個著名人物的觀點中提出「閒暇的生活觀」的。笛福在《設計雜談》中的核心觀點是「人要適合於理性的生活，要改善生活狀態，所以才要工作。」羅馬皇帝瑪可斯奧瑞利阿斯那段話中的核心觀點是：「在天亮的時候，如果你懶得起床，要隨時作如是想：『我要起來，去做一個人的工作。』我生來就是為了做那工作的。」「試想每一個小的植物，每一個小鳥、螞蟻、蜘蛛、

---

[25] 梁實秋：〈閒暇〉，《梁實秋讀書札記》，中國廣播電視出版社1990年版，第180頁。

蜜蜂，他們是如何的勤於操作，如何的克盡厥職，以組成一個有秩序的宇宙。」[26]簡言之，這兩個西方歷史上的名人的觀點雖然在表述上各不相同，但其中心思想卻是完全一樣的，即，他們都認為：人來到這個世界上，就是應該工作的，而且是為自己的生計而工作的。梁實秋則認為，他們的觀點有片面性，於是，就從他們的觀點中反彈出了這樣的觀點：人固然應該工作，但也應該休閒，並且，只有在休閒中，人才更像人。他說，羅馬皇帝瑪可斯奧瑞利阿斯那段話，「足以發人深省，其中『以組織一個有秩序的宇宙』一語至堪玩味。使我們不能不想起古羅馬的文明秩序是建立在奴隸制度之上的。有勞苦的大眾在那裡辛勤的操作，解決了大家的生活問題，然後少數的上層社會人士才有閒暇去做『人的工作』。大多數人是螞蟻、蜜蜂，少數人是人。」[27]如果說，梁實秋認為羅馬皇帝的「以組織一個有秩序的宇宙」很值得玩味的話，那麼，梁實秋自己的這段話，則同樣值得玩味，這段話實際上是表明了梁實秋鮮明的「階級觀點」，儘管梁實秋堅定地認為：「做『人的工作』需要有閒暇」[28]，但是，梁實秋也清醒地認識到了，在社會仍然對人有著明確的職務任命或職業分工的情況下，這種理想的「閒暇」生活，並不是人人都能享受的，在人類社會形成階級以後，一直都是只有那些所謂的高等人才能享受，而勞苦大眾是無福享受所謂「閒暇」的，歷史上就是如此，現實中也同樣是如此。由此，我們可以發現，梁實秋的閒暇的生活理想，並不是他憑空構想出來的，也不是對西方觀點的完全照搬，而是從中國知識份子的立場出發，從歷史

---

[26]　參見梁實秋：〈閒暇〉，《梁實秋讀書札記》，中國廣播電視出版社1990年版，第178──179頁。

[27]　梁實秋：〈閒暇〉，《梁實秋讀書札記》，中國廣播電視出版社1990年版，第180頁。

[28]　梁實秋：〈閒暇〉，《梁實秋讀書札記》，中國廣播電視出版社1990年版，第180頁。

和現實的客觀情況出發，在表達一己的利益訴求的同時，從一個有良知的知識份子的角度，為廣大辛苦勞作的大眾失去了「閒暇」而鳴不平，為大眾能得到閒暇這種「人的工作」而振臂而呼籲，或者，換一句話說，正因為梁實秋清醒地看到了社會中人與人生活的不公平性，意識到了廣大民眾被排斥在了理想的「閒暇」生活之外，所以，他才竭力地宣導閒暇的生活，也才身體力行地去追求這種理想的「閒暇」的生活。這正是梁實秋可貴人格的表現，也是梁實秋在接受西方的生活理想的過程中，並不盲從的個性的表現。正是這種不盲從、不唯名人，特別是西方名人馬首是瞻的批判態度，使他不僅在理論上能有效地完善自己的觀點，也使他能大膽地將理論與實踐結合起來，從而完成自己的人生設計，追求理想的「閒暇」的生活，以自己的方式實踐這種閒暇生活的原則，並在自己面對或身處的生活環境中尋找這種生活的對象與內容，並不失時機地享受這種自己認為是「閒暇」生活的情趣。

　　說到梁實秋的「閒暇」生活，當首推1937年他因「與抗戰無關」事件後退出抗戰文藝的前線，蟄居於「雅舍」的一段生活。

　　這一段時間的生活，對梁實秋來說，的確是「閒暇」的生活，儘管這種生活對他來說是一種不得已而為之的生活，從主觀上講，他並不想在中華民族熱火朝天的抗戰時期，在文藝界同仁正奮力為抗戰創作更多「於抗戰有關」作品的時候，自己去享受「閒暇」的生活，但是，作為喜愛自由生活並能隨遇而安地調節自己心理和生活節奏的人，梁實秋在這種情況下，卻似乎並沒有在心理上產生多大的壓力，反而在這種似乎遠離抗戰中心的「閒暇」生活中尋找到了一種自我陶醉的情趣，這種情趣，首先就表現在他對自己命名的住所「雅舍」的欣賞方面。其實，這被稱為「雅舍」的房子並不雅，它不過是重慶郊區的一棟常見的用磚柱撐頂，竹籬笆上糊上黃泥巴作牆，黑瓦蓋成的普通平房，況且，雖然有窗戶，卻沒有玻

璃，風吹來，屋內與屋外一樣冷；又因為漏雨，下雨時，外面下大雨，房屋內就下小雨。加上「門窗不嚴」，「籬牆不固」，老鼠自由行動，這座平房實在難以當得上什麼「雅」。然而，由於這座「雅舍」是梁實秋從沸騰的抗戰生活、喧囂的群情民怨中隔離出來的一個相對寧靜的生活環境，是他精神自由馳騁的空間，因此，在他的眼中，「雅舍」不僅「雅」，而且雅得可愛，雅得充滿了情趣。你看，與三朋四友坐在雅舍裡，即使沒有水果盤，甚至沒有一壺清茶，但是，看月光下的窗外，是多麼美好的一幅畫啊：

> 一霎間，青光四射，天空皎潔，四野無聲，微聞犬吠，坐客無不悄然！舍前有兩棵梨樹，等到月升中天，清光從樹間篩灑而下，地下陰影斑斕，此時尤為幽絕。直到興闌人散，歸房就寢，月光仍然逼進，助我淒涼。[29]

雖然月光「助我淒涼」，但一種精神上的怡然自得與心靈中的「雅」意，還是油然而生並力透紙背，此時的「雅舍」，就宛如月輝妝點的花圃，又猶如清泉澆灌的苗園，香氣滿溢，美意蕩漾，連空氣中、土牆上，甚至漏雨的屋頂上，也似乎漂浮著說不完，道不盡的深情和美趣。這深情與美趣，好像強力洗滌劑一樣，洗走了梁實秋身與心的疲乏與不快，洗去了他人生道路上的種種有名或莫名的苦悶與煩惱，使他怡然沉浸於閒暇、自由的氣氛中，打開心靈的窗戶，讓精神張開飛翔的翅膀，從現實的種種俗累與不快中超越出來，盡情品味「閒暇」生活的「三味」，沉浸下去、沉浸下去，再下去……

---

[29] 梁實秋：〈雅舍〉，《梁實秋散文》第一集中國廣播電視出版社1989年版，第29頁。

　　也許，結合當時的社會大背景，特別是抗戰的背景，有人會認為，梁實秋沉浸於這種充滿「閒暇」的生活中自得其樂地品賞其中的三味，從一定意義上正暴露了梁實秋人生觀的某種局限，正是這種局限導致了梁實秋人生軌跡的一種遺憾，即，儘管梁實秋也是一個有正義感的現代知識份子，但終其一生，他也沒有最終站到人民大眾一邊，沒有在時代的風雲中劈風斬浪，沒有能夠像胡適，像魯迅那樣，成為新時代的文化與文學先鋒，成為推動新文化或新文學前進的傑出領袖。這樣的批評雖然有點強人所難，但也的確沒有什麼可以反駁的，因為，用更高的標準，以更為傑出的20世紀中國兩位文化人和作家的標準來要求梁實秋，這沒有任何錯誤，無論是從情理上，還是從邏輯上，都講得通，也都經得起事實的檢驗，事實上，梁實秋，無論是文學成就、影響，還是在文壇的地位，都的確沒有胡適與魯迅顯赫，都沒有這兩位為中國現代文學和文化作出的貢獻大。但，我們如果從另一個角度來看梁實秋對閒暇生活「三味」的沉浸呢？其結論肯定完全不同。保有閒暇的情調，正是梁實秋的個性，而有個性，正如梁實秋在〈雅舍〉一文中所說的一樣，「有個性就可愛」，有個性就有魅力。撇開各種政治因素不談，可以說，正是這種對「自由」、「閒暇」的生活情調的追求，才使梁實秋成為了今天的梁實秋。未來的歲月，他也仍然始終保持著這樣一種充滿「閒暇」三味的生活情趣，並且，以自己特有的方式，將本來不是閒暇的生活，也納入到了閒暇的生活中，灌注了「閒暇」的情趣與「人的工作」的特色，從而不僅顯示了他的智慧和過人的適應能力和轉化「負擔」為享受的能力，更表現了他作為一個「良知時時裝在心」的現代知識份子的崇高情懷。這主要表現在他到臺灣後的生活中。

　　1949年，對於梁實秋來說是一個永生難忘的年份，也就在這一年，他離開了現代中國文壇，離開了生養過他的大陸，離開了他熟

悉的城市，跨過那灣淺淺的海峽到了他完全陌生的中國最大的島嶼臺灣。

　　到臺灣後，梁實秋喜歡耽於具有「閒暇」三味情趣生活的個性，不僅沒有改變，反而得到了更為充分的強化，這種強化的結果之一就是，他不僅辭去了曾經擔任過的各種行政職務，而且開始謝絕各種各樣的邀請，無論是官方的，還是民間的，無論是有政府背景的，還是具有商業背景的，不管是吃飯的邀請，還是出席什麼會議的邀請，他只要能拒絕，一定拒絕，只要能推脫，他一定推脫，一門心思專注於自己熱愛的教書育人的偉業，整個身心都深埋於自己特別鍾情的著書、譯書、創作的工作中。雖然，教書育人、著書、譯書和創作這些工作，也是梁實秋所說的「必須的工作」，並非閒暇的「人的工作」，但由於是他自己喜愛的工作，是他甘心情願出於本心所願意從事的工作，因此，他不僅做得有滋有味，而且做得成績非凡，或者說，是他將本來是非「人的工作」，自然地拉入到了「人的工作」中，並通過做這些工作，將自己的人生價值，將自己的生活理想都融入其中了。

　　到了晚年，梁實秋這種喜歡自由、閒暇的生活情趣則更變成了一種執拗的情緒。過了花甲之年後，一種強烈的願望在他的心中產生了，那就是「退休」，即，從教書育人的「必須的工作」中徹底退出。他為什麼要徹底放棄教書育人這種「必須的工作」呢？他曾在〈槐園夢憶〉中直率地袒露了自己的心曲：「我需要更多的時間享受我的家庭生活」，這是第一個原因；第二，「也需要更多的時間譯完我久已應該完成的《莎士比亞全集》」[30]。可見，梁實秋強烈地要退休，仍是為了能夠自由地享受家庭生活，自由地做自己希望做並喜歡做的事情，即，翻譯莎士比亞全集，仍然是在追求自

---

[30] 梁實秋：〈槐園夢憶〉，《梁實秋散文》第二集中國廣播電視出版社1989年版，第199頁。

己一直嚮往的閒暇生活和「人的工作」。而且，在梁實秋看來，退休，就應該徹底地退出「必須的工作」，徹底地解放自己，給自己完全的自由。他在〈退休〉這篇散文中曾如是說：「理想的退休生活就是真正的退休，完全擺脫賴以糊口的職務，做自己衷心所願意做的事。」[31]他將「做自己衷心所願意的事」當作了一種最高的生活理想和生活情趣，這也就難怪他要如此執拗地追求這種閒暇與自由的退休生活了。

但是，人生的理想雖然是美妙的，閒暇、自由對於梁實秋來說，雖然是至善至美的，可是，在現實生活中，尤其是在「必須的工作」中，甚至在「人的工作」中，梁實秋並不能時時自由，事事如意，處處閒暇。而且，作為一個感覺敏銳、文化修養深厚而又有一定正義感的文人，身處社會之中，面對社會和形形色色的人與事，尤其是那些醜陋或病態現象，他又無法完全做到兩耳不聞窗外事，一心只做聖賢事，總會以一個文人的方式，發表自己的看法甚至是激烈批判的看法。同時，作為有一定名氣且思想傾向與現代主流意識形態常常相左的文人，有時候，即使他內斂自身或按照自己認為的不錯想法行事，也會招致來自文壇甚至非文壇的批評或攻擊。隨便列舉兩例就可說明這種狀況。1930年，他與胡適、羅隆基等人在《新月》雜誌上發表文章，對國民政府的一些所作所為提出批評，結果，不僅他自己受到了來自官方的打擊，而且，曾發表他和胡適、羅隆基等人文章的《新月》雜誌也被國民政府查封了。至於1937年他徵集「與抗戰無關」的〈編者的話〉發表後，更是在當時的陪都重慶引起了一場激烈的「文戰」。有人贊同，如沈從文在《一般或特殊》一文中就認為：一部作品如果揭露社會的愚昧與欺詐的行為，這「與戰事好像並無關係，與政治好像並無關係，與

---

[31] 梁實秋：〈退休〉，《梁實秋散文》第二集中國廣播電視出版社1989年版，第272頁。

宣傳好像更無關係,可是這作品若寫好,它倒與這個民族此後如何掙紮圖存,打勝仗後建國,打敗仗後翻身,大有關係。」[32]也有人表示理解,但更多的人則表示了強烈的反對。宋之的在《談『抗戰八股』》中指出:「什麼叫『與抗戰無關』呢?在『微雨』裡『談夢』,怕是『與抗戰無關』的吧!但假如那個『談夢』的人是個兵,他大概會夢到打死日本人或被日本人打死的!假如是別種人,只要他曾身歷著目前抗戰的種種艱辛,只要抗戰是影響著整個的社會生活,他怕也不能做出『與抗戰無關』的夢來。」[33]還有……

如何處理生活中遭遇的這些麻煩呢?對梁實秋來說,還真有點左右為難。完全不聞不問或視而不見吧,似乎不可能,因為,即使他不正視現實中遭遇的這些麻煩,而這些麻煩卻是一定要「正視」他的,不僅正視他,還必然會給他製造種種意想不到的新麻煩;正視這些麻煩並針鋒相對地反擊吧,固然可以得一時的口舌之快,甚或還可能以自己的「勝利」讓對手誠服並提高自己的知名度,但,那樣的做法如果失敗,後果一定更糟糕,即使成功,他固然可以收穫一些無形的成果,付出的代價卻是十分慘重的,也是讓梁實秋無法心安理得地接受或享受的,因為,如此一來,那種由自由、閒暇的生活情趣構成的良好心境又必然不可避免地會遭到破壞或玷污,所謂自由、閒暇的情趣也就蕩然無存了,他梁實秋也就不是今天的梁實秋了,他的人生道路也許就會背離他的設想。於是,一個現實的問題就這樣地擺在了梁實秋的面前:怎麼辦?

梁實秋畢竟是梁實秋,儘管他常常遭遇生活中的這些麻煩,也常常需要「兩難」地面對這些麻煩,但是,深受西方文化影響的

---

[32] 沈從文:《一般或特殊》,《文學運動史料選》第四冊,上海教育出版社1979年版,第255頁。

[33] 宋之的:《談『抗戰八股』》,《文學運動史料選》第四冊,上海教育出版社1979年版,第248頁。

他，還是憑藉自己的智慧找到了擺脫「兩難」境地的法寶，雖然這一法寶不一定會讓其他人欣賞，也不一定會得到其他人的認同，相反，還可能遭受其他人的批判或否定，甚至激烈的批判或否定，但對梁實秋來說，這一法寶卻實實在在是一個十分行之有效的法寶，這個法寶就是「幽默」。

幽默，據說是英國人的天性，事實上應該說其他西方人也具有這樣的天性，他們不僅具有幽默的天性，而且還常常用幽默的方式來處理很多棘手的問題，擺脫尷尬的處境，從古希臘時期開始，就留存下了汗牛充棟的哲學家、文學家、藝術家、政治家、科學家等的幽默故事。哲學家蘇格拉底面對潑悍妻子當著自己學生的面不僅對自己破口大罵，還當頭潑了一桶水的所作所為，幽默地說道：「我知道，打雷後必定會下大雨」的故事，是大家耳熟能詳的；一位富翁見到著名小說家馬克‧吐溫說：「我一看到你，就知道世界在鬧饑荒。」馬克‧吐溫則說：「我一看到你，就知道鬧饑荒的原因」，這則幽默故事，也是婦孺皆知的；英國傑出的小說家狄更斯釣魚的幽默故事[34]，也是讓人百講不厭的。這些留下幽默故事的人，都是有大智慧的人，他們的人生雖然是輝煌無比的，但他們在生活中也總不可避免地要面對一些困境或人生的難題，這個時候，他的智慧就充分地顯示出來了，其中之一就是，他們都善於適當地運用幽默的方法，化解本應出現的尷尬局面，如蘇格拉底，如狄更斯，甚至十分得體地維護了自己的人格尊嚴，回擊了那些自以為高人一等的人的攻擊，如馬克‧吐溫。青年時代就青睞英國紳

---

[34] 這個故事是這樣的：這天狄更斯正在釣魚，一個陌生人走過來問：「怎麼，你在釣魚？」狄更斯說：「是啊，今天釣了半天，一條魚都沒有，昨天在這裡卻釣了十五條啊！」陌生人說：「是啊！你知道我是誰嗎？我是這裡的水利專門檢查員，這個地方禁止釣魚，我要罰你的款！」狄更斯一聽，馬上說：「你知道我是誰嗎？」陌生人驚訝地搖頭。狄更斯直言不諱地說：「我是狄更斯，你不能罰我的款，因為虛構故事是我的事業。」

士風度的梁實秋，在面對很多麻煩問題的時候，也像那些他所崇拜的紳士們一樣，常常用幽默的方法進行處理，並進而將這種方法運用延伸到日常生活的各個領域，不僅使他得心應手地處理了很多棘手或日常生活中出現的問題，而且，也使他所鍾情的「自由」、「閒暇」的生活情趣中滲透了各種幽默的成分，豐富了生活的情趣。

在一個獨處的日常生活中，幽默使梁實秋的生活在自由、閒暇之外，更增添了一種輕鬆、灑脫的情趣，使他身處維艱而絕對不沮喪，遭遇難事而一定處之泰然。還是以他住「雅舍」的生活為例吧。前面我已經說過，這所謂「雅舍」其實並不「雅」，不僅不雅，甚至從美學的角度看還很「醜」，從實用的角度看，則完全可以稱為是「破敗的房屋」，儘管梁實秋以斑斕的月色極力地遮掩這幢平房「籬牆不固，門窗不嚴」，蚊蟲肆虐的淒苦之景，但所謂「雅舍」物質性的客觀缺憾及破敗的狀況，仍是無法用詩情畫意的文字或如水的月色來彌補和消除的。面對這一時無法彌補的物質性的缺憾，加上抗戰時期，梁實秋與妻兒分離，此時又是一個人居住在這樣一間「雅舍」裡，沒有天倫之樂可以依託，所以，幽默就猶如「支援部隊」一樣解了困住梁實秋的圍，使他較為順利地從現實的生活窘況中超脫出來。雖然雅舍的籬笆不牢固，門和窗也總關不嚴實，住在附近房屋裡的居民們弄出的種種聲響，大至「飲酒作樂」的喧鬧，小至「鼻聲噴嚏」，低至「喁喁細語」等，常常隨著無法隔絕的空氣，順著雅舍那總也關不嚴的門窗頑強地、不請自來地串入室內，攪擾得梁實秋無法安寧。但，梁實秋卻也不惱不急，幽默地形容這些自由滲入的「雜音」，宛如優雅的音樂「蕩漾而來」，送入自己的耳膜，自己則彷彿在聽一首首舒展的樂曲，一種精神上的怡然自得，似乎一下子就沖淡了生活中的苦味。儘管雅舍中老鼠亂穿，害得梁實秋「不得安枕」，梁實秋想將這些不速

之客驅逐，但這些不速之客不僅行蹤詭秘，而且實在太精，而梁實
秋又沒有什麼有效滅鼠的良法，於是，只好像英國紳士們一樣，無
可奈何地聳聳肩，幽默地自嘲：「我很慚愧地承認，我『沒有法
子』」，然後一笑了之。至於對「雅舍」的佈置，梁實秋更是從苦
中尋樂。在〈雅舍〉一文中，他這樣描述雅舍的陳設：

> 「雅舍」之陳設，只當得簡樸二字，但灑掃拂拭，不使有
> 纖塵。我非顯要，故名公卿之照片不得入我室；我非牙
> 醫，故無博士文憑張掛壁間；我不業理髮，故絲織西湖十
> 景以及電影明星之照片亦均不能張我四壁。我有一几一椅
> 一榻，酣睡寫讀，均已有著，我亦不復他求。但是陳設雖
> 簡，我卻西湖翻新佈置，西人常常譏笑婦人喜歡更桌椅位
> 置，以為這是婦人天性喜變之一征。誣否且不論，我是喜
> 歡改變的。中國舊式家庭，陳設千篇一律，正廳上是一條
> 案，前面一張八仙桌，一邊一把靠椅，兩旁是兩把靠椅夾
> 一隻茶几。我以為陳設宜求疏落參差之致，最忌排偶，
> 「雅舍」所有，毫無新奇，但一物一事之安排佈置俱不從
> 俗。人入我室，即知此是我室。[35]

就是這樣，身處陋室的梁實秋，用幽默解脫了自己，也用幽默
豐富了自己的生活情趣，將本來是平凡而有點窘困的居家生活，用
幽默作調料，攪拌得有聲有色，調劑得有情有味，從而使自己在物
質生活方面得不到的享受，由精神上的愉悅得到了一定的補償。

梁實秋在處理一個人的孤獨甚至很有點窘困的生活時能以幽默
為調節劑，化苦澀為平淡，去無奈換輕鬆，變腐朽為神奇，同樣，

---

[35] 梁實秋：〈雅舍〉，《梁實秋散文》第一集中國廣播電視出版社1989年
版，第29頁。

在夫妻共同生活中，他同樣善於用幽默來調劑。當梁實秋用幽默來調劑夫妻之間的生活情趣時，不僅給他們的夫妻生活增添了幾分溫暖與歡欣，而且也給他們的夫妻生活塗抹上了厚厚的浪漫色彩，特別是當他漸入老境後，幽默更成為了梁實秋調劑自己與夫人程季淑那「空巢」生活的佐料。

　　1958年，手頭頗為寬裕的梁實秋，在朋友的勸告下，與夫人商定後在臺北的安東街上購買了一塊地皮，決定在這塊地皮上蓋一所屬於自己的房子，由於子女都已經成人且都不在身邊，這所房子建成後也主要只有梁實秋和夫人居住，因此，在設計房子格局的時候，梁實秋提出了房屋室外設計的原則：房求其小，院子求大；夫人程季淑則提出了房屋室內設計的要求，夫人的這個要求其實也是原則性的：「她不喜歡我獨自幽閉在一間書齋之內，她不願意擾我工作，但亦不願與我終日隔離，她要隨時能看見我。」[36]夫人提出的室內設計的要求，雖不是具體操作的要求，而是一種原則性的希望，但這個要求對梁實秋來說卻是十分甜蜜的，既體現了妻子對他的依戀，也表現了妻子對他的關心。為了充分滿足妻子的要求，使妻子的一片愛心得以體現，也為了使梁實秋自己那種甜蜜的感覺具體化，「於是我們有一奇怪的設計，一聯三間房，一間寢室，一間書房，中間一間起居室，拉門兩套雖設而常開。我在書房工作，抬頭即可看見季淑在起居室內閑坐，有時我晚間工作亦可看見她在床上躺著。這一設計滿足了我們的互相的願望。」[37]但兩個人老夫老妻的，終年如此形影不離也不免顯得情調呆板，於是，梁實秋就常常從眼鏡後面抬起頭，瞧著坐在中間起居室的妻子，幽默地調侃妻

---

[36]　梁實秋：〈槐園夢憶〉，《梁實秋散文》第二集中國廣播電視出版社1989年版，第191頁。

[37]　梁實秋：〈槐園夢憶〉，《梁實秋散文》第二集中國廣播電視出版社1989年版，第191頁。

子「像是蜘蛛網上的一隻雌蜘；盤踞網的中央，窺察四方的一切動靜，照顧全家所有的需要，不愧為名副其實的一家之主。」[38]兩位老人，就在這種調侃中相視一笑，使寂靜的居室充滿了生氣，一股溫馨、甜蜜氛圍在兩人的一笑中迅速擴散開來，撫慰著兩位老人的身心，將兩位老者的蒼涼歲月，妝點上絲絲縷縷的浪漫色彩，兩人的現實處境雖然是孤獨的，但精神世界卻由此得到了充實。每當此時，梁實秋的心境就像晴空一樣明淨，他感到自己的生活是多麼有意思，彷彿房屋裡的一切都變成了「開心果」，於是，他的創作更勤勉了，翻譯莎士比亞全集的工作也更為流暢了。這良好的、富於智慧的生活情趣，就這樣不知不覺地從一種精神的愉悅，逐漸地變成了現實的創造性成果。到臺灣之後，梁實秋的精神勞動，基本上都是在這樣的一種氛圍中展開的，所以，他後來取得十分豐碩的精神勞動成果，也就一點都不奇怪了。而在他所取得的這些精神勞動成果中，幽默地處理各種事情，幽默地對待生活的方法所起的作用是功不可沒的。

在社交場合，幽默又像潤滑劑，使梁實秋面對令他不快的情景而能順利解脫，且絲毫不影響他自己的心境和情趣。比如，無論什麼性質的宴會，在開始之前，「謙讓」幾乎是我們中國人普遍效法的舉動，開席之先，客人們往往誰也不肯先坐，也往往不肯坐上席，於是，你推我讓，人聲鼎沸。梁實秋作為文化名人，在平時也難免應邀赴宴，由於他生性不善應酬，也厭煩宴會上的各種「謙讓」舉動，所以，據他在〈謙讓〉一文中自述，每當赴宴的人們拉拉扯扯你「謙」我「讓」的時候，「為明哲保身起見，在讓座時我總躲得遠遠的」，「等風波過後，剩下的位置是我的，首座也可

---

[38] 梁實秋：〈槐園夢憶〉，《梁實秋散文》第二集中國廣播電視出版社1989年版，第191—192頁。

以，坐上去並不頭暈，末座亦無妨，我也並不因此少吃一嘴。」[39]
以這種自嘲、自解的幽默方式，梁實秋不僅順利地躲過了令他不快
的場面，也現實地得到了「並不因此少吃一嘴」的實惠，更維持了
他「並不頭暈」的心境和愉快的情緒。

東方生活原則調劑的生活情趣

　　當然，對梁實秋來說，幽默固然能調劑他的生活情趣，使他
有效地保持閒暇、自由的心境，但是，幽默卻不是，也不可能是萬
能的工具，能時時、處處抹平生活中的一切不順，更無法消除所有
對自己不利的因素，也不可能總是將他自由、閒暇的生活情調攪拌
得濃淡相宜、舒適愜意，特別是遇到一些重大的人生問題，道德
問題，或者與自己的生活、生命密切相關的現實問題的時候，幽默
的方法要麼不夠用，要麼不能用，要麼用了也沒有什麼作用。於
是，怎麼辦的問題就又會擺在他面前，要他回答，並且要落實在
行動中。

　　怎麼辦呢？經歷過中西兩種文化的薰陶，具有雙重智慧的梁
實秋，有時就只好回到東方，從中國文化寶庫中挑揀出法寶來協調
自己的生活情趣，這些法寶就是克己、守禮、平和、閒適的做人的
標準和生活的原則。這些標準和原則與他那自由、閒暇的生活理想
相結合後，則賦予他的生活情趣以雙重的魅力：既具有西方式的
格調，顯示出一種灑脫的風範，又具有東方式的意蘊，顯出一種寧
靜、淡泊的韻味。

　　梁實秋東方式的寧靜、淡泊的生活韻味，同時在兩個方面表現
出來：一個方面是內斂律己；一個方面是外傾處事。內斂律己的生
活原則是克己、守禮；外傾處事的生活原則則是平和、淡泊。

---

[39]　梁實秋：〈謙讓〉，《梁實秋散文》第一集中國廣播電視出版社1989年
　　　版，第55頁。

　　克己，本是中國最古老的做人、為人的道德信條，孔子在〈論語・顏淵〉中就曾指出：克己復禮為仁。這一道德信條，早就化為了梁實秋的人格內容（見本書第一章第三節），當這種人格內容化為生活的行為後，就自然地形成了具有東方意味的生活情趣。梁實秋的友人曾這樣評價他：「匯繩嚴律己」[40]。這裡的「匯繩」，就是遵循原則，這些原則當然包括東方生活的道德標準、人格內容和行為規範等等；「嚴律己」，當然就是嚴格按照這些原則行事和生活，即「守禮」。我在前面說過，梁實秋曾在西方文化的影響下，認同了西方人追求幸福的生活理想，並在自己的生活實踐中按照西方人追求幸福的生活理想為人處世，但是，具有東方人格並嚴格按照東方的生活原則行事的梁實秋，又清醒地認識到這種追求幸福的生活理想，固然是人人都有的——不分種族，不分信仰，更不分男女，是放之四海而皆準的——不分東方，也不分西方，是永遠神聖而美好的——不分過去，也不分現在，但在對幸福的追求中，任何人，不管是東方人，還是西方人，也不管是男人，還是女人，又不能完全只顧及自己，而不管別人的感受，所以，他認為，一方面人應該追求幸福，但另一方面，人對幸福的追求，又應該以於己有利，於人無害為原則。而要做到這一點，就必須對自己的行為，無論是什麼行為，即使是追求幸福的行為，也必須進行自我克制，如此，才可能順利地展開對幸福的追求，如此，也才能真正「合理地做人」。在梁實秋那裡，所謂「理」雖是抽象的，但「理」所產生的生活效果卻是具體的。他十分欣賞羅馬時代的皇帝兼苦修哲學家瑪克斯・奧瑞利阿斯關於「理性」的觀點：「理性的特徵便是面對自己的正當行為及其所產生的寧靜和平而怡然自得。」[41]他也

---

[40] 梁實秋：〈北碚舊遊〉，《梁實秋散文》第二集，中國廣播電視出版社1989年版，第357頁。
[41] 梁實秋：〈瑪克斯・奧瑞利阿斯——一位羅馬皇帝同時是一位苦修哲學

完全認同這位大哲將「節制」──不為物欲所役歸入「美德」的
觀點，至於這位貴為皇帝而苦修的哲學家所過的「一種獨居自返
的」克己生活，更是讓他欽佩不已，他認為，這種克己的生活，
才是於己有利，於人無害的生活，這樣克己的生活，才是合理做
人的生活。

　　梁實秋不僅在觀念中認同「理性」、「節制」的生活，而且，
在現實生活中也十分注意時時、處處克己，不僅在遭受重大打擊的
時候能做到克己（如，1937年他因「與抗戰無關」的徵稿事件發生
後，當很多人對他進行批評的時候，他很少為自己辯解，即使辯解
也總是平和、謹慎，絕不怒氣衝衝，這種處理方式，其實也就是
一種克己的方式），也不僅在重大的文學活動中能努力克己（如
幾十年伏案翻譯莎士比亞全集，正是出於克己的定力），而且，即
使是在生活小事上，他也同樣能踐行「克己」。比如，抽煙，這對
一般的人來說無疑是一件小事，對梁實秋來說，也絕對算不了什麼
大事，他從20世紀30年代就開始抽煙，且養成了一個抽煙的嗜好，
一抽就是幾十年。在這幾十年中，抽煙曾給他帶來過眾多樂趣，伏
案筆耕時，伴隨嫋嫋升騰的輕煙，靈感的火花也有如嫋嫋的輕煙一
樣，綿綿不絕，泉湧的文思，借助香煙的燃燒，不知不覺中傾瀉而
出，將觀念形態的、無形的東西，變成了一串串的珠璣玉翠，不久
就鋪滿了一張張的稿紙；與人交往時，隨著在兩個人之間漸漸聚起
的片片煙雲，話匣子也逐漸被順暢自然地打開了，談天，談地，談
正經事，談趣事，自己從別人那裡得到了各種資訊，別人也從自己
這裡得到了各種資訊，要交代的事，也交代完了，要交流的思想，
也交流完了，這是何等愜意的事啊！可是，幾十年後，梁實秋卻堅
決地將這種生活嗜好徹底改掉了，不再抽煙，而「改吸不花錢的新

　　家〉，《梁實秋散文》第三集，中國廣播電視出版社1989年版，第287頁。

鮮空氣。」他之所以戒掉抽了幾十年的煙的習慣，固然首先是從自身的身體健康考慮的結果，另一方面也是因為他感到這種生活的嗜好「於人有害」。在〈吸煙〉一文中他曾中肯地表達了自己的感受：

> 我吸了幾十年煙，最後才改吸不花錢的新鮮空氣。如果在公共場所遇到有人口裡冒煙，甚或直向我的面前噴射毒霧，我便退避三舍，心裡暗自咒詛：「我過去就是這副討人嫌惡的樣子」。[42]

戒煙雖是一件生活小事，卻也反映出梁實秋對「合理做人」的克己原則的遵守，以及對「於己有利、於人無害」信念的秉持，或者說，正是因為他要踐行自己「合理做人」的克己原則，所以，他才將自己抽了幾十年煙的習慣改掉了，而戒掉抽煙的習慣，梁實秋所收穫的則正是「於己有利」——有利於自己的身體健康，「於人無害」——不招人討厭的結果。所以，他對自己戒煙的行為津津樂道，還專門撰文予以披載。又如在穿衣等生活小事上，梁實秋也表現出了對克己的生活原則的遵守。作為文化名人，客觀地講，梁實秋是不怎麼需要為自己的衣食住行犯愁的，從他的收入來看，他是有條件享受大多數人享受不起的物質生活的，諸如住豪華點的別墅，穿名牌衣服，吃稀罕的食物等等，但他卻沒有過多地追求這些享受，相反，他在一篇〈說儉〉的文章中說了這樣一段話：「我們中國地大而物不博，人多而生產少，生活方式仍宜力持儉約。」[43]

---

[42] 梁實秋：〈吸煙〉，《梁實秋散文》第三集，中國廣播電視出版社1989年版，第88頁。

[43] 梁實秋：〈說儉〉，《梁實秋散文》第一集，中國廣播電視出版社1989年版，第290—291頁。

他不僅這樣說，而且也這樣做。他有一件毛衣，是1927年與程季淑結婚的時候，程季淑給他織的，他一穿就是四十多年，直到毛衣的表面磨得沒有了一點毛，穿在身上完全沒有了暖意，完全發揮不了作為「毛衣」的作用了，才由夫人程季淑又織了一件。這些小事羅列起來還有很多，它們都是梁實秋踐行自己克己的生活原則的具體行為的真實寫照，都以細小的內容直觀而生動地反映了梁實秋節儉、克己的東方人的生活美德。

梁實秋之所以在重大的生活事件和一系列小事上都能做到時刻「克己」，除了別的原因之外，一個很重要的原因是他對一個人小事上克己與大事上克己的辯證關係有十分清醒而深刻的認識。他曾經說，對於做人來說，如果在小的方面能「克己」，那麼，「大的方面才能與人無爭。」[44]而所謂大的方面，當然主要是指社會層面的大事，如前面所說的，抗戰時期由梁實秋所引起的「與抗戰無關」的事件。由此，我們也就完全可以理解，為什麼梁實秋能在關乎自己事業、前程的大事方面都能「與人無爭」了，因為，在平時的日常生活小事中，他能自覺地克己，所以，在所謂的社會層面的大事中，他也能與人無爭，並且，這種在大事方面的與人無爭，並沒有消泯他的意志，相反，卻反而使他能心無掛礙、全心全意地展開對自由、閒暇生活情趣的追求，而且，他也的確追求到了這種他所衷心喜愛的生活情趣，這也許就是他的克己對他自己的友好回報吧。或者說，正是小事中的克己，為他打下了大事上與人無爭的心理與實踐的基礎，而這個基礎，又成為了梁實秋追求理想的自由、閒暇生活情趣的依託，這也就難怪梁實秋一生都「匯繩律己」了。

守禮，也是中國傳統的道德信條，在邏輯和實踐的層面來說，守禮，它是成功地實行克己的規範。對梁實秋來說，守禮，既是

---

[44] 梁實秋：〈讓〉，《梁實秋散文》第三集，中國廣播電視出版社1989年版，第131頁。

他的東方人格的內涵，也是他的生活原則。作為一位恪守「於人無
害」原則的東方君子，梁實秋在生活上的守禮曾被人傳為佳話。20
世紀30年代的中國文人雖然大多受過西方式的教育，但在喝酒招妓
這些生活事情上卻與傳統的「才子們」一樣頗為熱衷，即使是像胡
適這樣的道德君子，也往往不能免俗，偶爾做些招妓侑酒的事，可
是，梁實秋在這些生活事情上卻能「免俗」。在〈槐園夢憶〉這篇
長文中，梁實秋較為詳細地記敘了這樣一件事：

> 一天中秋前後徐志摩匆匆的跑來，對我附耳說：「胡大哥
> （即胡適——引者注）請吃花酒，要我邀你去捧捧場。
> 你能不能去，先去和尊夫人商量一下，若不准你去就算
> 了。」……我上樓去告訴季淑，她笑嘻嘻的一口答應：
> 「你去嘛，見識見識，喂，什麼時候回來？」「當然是吃
> 完飯就回來。」胡先生平素應酬不能免俗，也偶爾叫條子
> 侑酒，照例到了節期要去請一桌酒席。那位姑娘的名字是
> 「抱月」，志摩說大概我們胡大哥喜歡那個月字是古月之
> 月，否則想不出為什麼相與了這位姑娘來陪酒。我記得
> 同席的還有唐腴廬和陸仲安，都是個中老手。入席之後照
> 例每人要寫條子召自己平素想好的姑娘來陪酒。我大窘，
> 胡先生說：「由主人代約一位吧。」約來了一位坐在我身
> 後，什麼模樣，什麼名字，一點也記不得了。飯後還有牌
> 局，我就趕快告辭。季淑問我感想如何，我告訴她：買笑
> 是痛苦的經驗，因為侮辱女性，亦即是侮辱人性，亦即是
> 侮辱自己。男女之事若沒有真的情感在內，是醜惡的。這
> 是我在上海三年唯一的一次經驗，以後也沒有過。[45]

---

[45] 梁實秋：〈槐園夢憶〉，《梁實秋散文》第二集，中國廣播電視出版社
1989年版，第163—164頁。

　　這次招妓侑酒的生活，梁實秋的確是第一次經歷，也是平生唯一的一次經歷。從上面所引梁實秋記敘的情景來看，我們完全可以如此推論：梁實秋對朋友相邀招妓侑酒之事尚且如此不自在，不習慣，以至於「曲終」人還未散時，就「趕快告辭」而逃，那麼可以想像，如果讓他真的尋花問柳，他一定不會去，無論是誰向他發出邀請，即使面子大如胡適者，梁實秋也是一定會拒絕的。

　　事實也的確如此，終其一生，梁實秋也從來沒有這方面的緋聞在文人之間流傳過，相反，他「守禮」的操行卻受到了他的朋友以及文化界人士的讚賞。有人寫詩讚他「匯繩嚴律己」，其實不僅是讚賞他「克己」的人格，也是對他「守禮」人格意志的讚賞，因為，克己與守禮，本來就是梁實秋東方人格中相互有密切聯繫的兩個方面，也是他所遵循的兩個重要的生活的原則。雖然作為一個守禮的人，梁實秋「守禮」的生活原則，由於包括了明顯的「人性論」的內容（即梁實秋自己所說的，他之所以不去花錢「買笑」，是因為，在他看來，「買笑」不僅是侮辱女性，也侮辱了人性和自己），因此反射出鮮明的「人人生而平等」，每個人的人格尊嚴都不可隨意侵犯的西方人性論的色彩，但在基本規範上，仍與中國傳統的「非禮勿視，非禮勿聽，非禮勿言，非禮勿動」[46]的道德信條一脈相承。更何況，就對人的尊重這一道德信條來說，中國傳統的「非禮勿視，非禮勿聽，非禮勿言，非禮勿動」的道德信條，與西方的人性論也是有一致性的。正是這種「守禮」的行為，在給梁實秋帶來「潔身自好」的美德的同時，也賦予他的生活以寧靜、和諧的情趣。他幾十年來能生活在夫妻恩愛、家庭和睦的環境中，不能不說有著他「守禮」帶來的恩惠，不能不說是他「守禮」的必然結果。

---

[46]　《論語·顏淵》，趙杏根：《論語新解》安徽大學出版社1999年版，第213頁。

　　正因為梁實秋在現實生活中能克己、守禮，所以，當他面對人生的各種事務時，這種內在的人格素質也就保證了他能夠構造與之相應的生活情趣和處事原則，而他的處事的原則，從總的方面看，也是東方式的，具有東方的色彩與特點。

　　梁實秋的處事有一個明顯的特點，就是不急不躁，無論是處理人生大事，還是處理生活小事，他都能遵循平和的原則進行合理的操作，即使是那些讓一般人「上火」的事情，他也常常不急不躁地進行冷處理，特別是在他送走自己的青春浪漫的歲月，步入中、老年之境後，這種處事的特點就顯得更為突出了。

　　他曾寫過一篇名為〈怒〉的文章，在這篇文章中，他首先對生活中人們的一些發怒現象，平和，但卻中肯地提出了批評，他說：「一個人在發怒的時候，最難看。縱然他平夙面似蓮花，一旦怒而變青變白，甚至面色如土，再加上滿臉的筋 肉扭曲，眥裂髮指，那副面目實在不僅是可憎而已。」加之，「盛怒之下，體內血球不知道要傷損多少，血壓不知道要升高幾許，總之是不衛生。而且血氣沸騰之際，理智不大清醒，言行容易逾分，於人於己都不相宜。」[47]所以，他誠懇地勸告人們：「一般人還是以少發脾氣少惹麻煩為上」，「如果非憤怒不可，也要控制那憤怒，使發而中節。」他自己在處理人生事務時，正是這樣做的。梁實秋作為生活在社會中的一個人，他與其他人一樣，總不免會遭遇人生的種種煩惱，作為一個文人，特別是一個有個性、有自己主張的文人，由於主張的不同或者傾向的各異，他更是不可避免地會受到來自方方面面的批評甚至「攻擊」，每當這時，梁實秋儘管也不會無動於衷，但卻絕不「怒髮衝冠」。他在20世紀前半葉對三件大事的處理，可以證明這一點。

---

[47]　梁實秋：〈怒〉，《梁實秋散文》第二集，中國廣播電視出版社1989年版，第276—277頁。

第一件事是20世紀20年代末，他因「人性論」問題與「左翼」作家發生了激烈的爭論，當有人著文稱他是「資本家的走狗」，他雖然也進行了「回應」，但卻是十分平和的「回應」，不見激烈的言辭，更沒有怒氣衝衝的語氣。請看他的「回應」文：

> 《拓荒者》說我是資本家的走狗，是那一個資本家，還是所有的資本家？我還不知道我的主子是誰，我若知道，我一定要帶著幾分雜誌去到主子面前表功，或者還許得到幾個金鎊或盧布的賞賚呢……我只知道不斷的勞動下去，便可以賺到錢來維持生計，至於如何可以做走狗，如何可以到資本家的帳房去領金鎊，如何可以到××黨去領盧布，這一套本領，我怎麼能知道呢？[48]

當然，對梁實秋的這種態度及處事方式，不同的人會有不同的看法，有人也許會認為這是因為梁實秋「心虛」，如，他說「可以到××黨去領盧布」，實際上是一種無中生有的造謠，既然造了謠，既然拿不出什麼證據來證明「左翼」作家們領過所謂的「盧布」，所以，當左翼作家對之展開「罵戰」的時候，他平和地「回應」也就不奇怪了；也有人可能會認為這是因為梁實秋的「人性論」理論本來就存在邏輯上的漏洞的，如，他說人性是「永久不變的」，這實際等於是否定了人自身的發展，所以，面對「左翼」文藝界逾出論理規範的「罵戰」也「不生氣」。面對「左翼」文藝界近乎「罵戰」的事件，梁實秋為什麼不生氣，固然還可以列出一些說法，但我這裡不準備做這樣的工作，也不想對此事件中誰對誰錯的問題進行判斷，更不想無端地猜測什麼，我這裡要論述的是，雖

---

[48] 梁實秋：《「資本家的走狗」》，《新月》1929年11月第二卷，第九期。

然，面對「左翼」文藝界的「罵戰」，梁實秋的平和的態度後面固然有很多複雜的內容，而這些複雜的內容又與相應的背景固然也構成了錯綜複雜的關係，使我們一下難以說清，但，梁實秋沒有以牙還牙地「回罵」，卻是有案可稽的，他沒有怒氣衝衝地發言，也是有事實根據的。

那麼，梁實秋為什麼選擇平和地處理這件事的方式呢？其實，更為可信的說法應該是，他如此平和地處理面對的「攻擊」，與他的性格有關，因為他天性就是如此，即使年輕時代也血氣方剛，但處理事情卻總平和沖淡，不急不躁。同時也與他的生活理想有關，他總孜孜不倦地追求自由、閒暇的生活情趣，很顯然，怒氣衝衝地處理事情，即使「勝利」了，但所付出的代價卻是放棄自由、閒暇的生活情趣，這恰恰是梁實秋最不願意得到的結果，而如果怒氣衝衝地處理事情又完全失敗了呢？後果一定更糟，不僅自由、閒暇的生活理想無法實現，而且，自己的心境還會被破壞，這將直接影響自己做自己喜歡做的事。總之，對梁實秋來說，怒氣衝衝地處理事情，不管是那種結果，都必定是得不償失，都只能得到「於己不利」的結果，所以，兩害相權取其輕，在面對別人的批判，甚至是攻擊的時候，他選擇了平和地面對矛盾，平和地表達自己的訴求，平和地處理事情的方法，這種處理事情的方法，雖然不一定能讓梁實秋在「論爭」中取得「勝利」，事實上，他在與左翼文藝界的論爭中也的確沒有取得「勝利」，但卻讓他較為有效地保持了自己自由、閒暇的心境，較為成功地維持了自己青睞的自由、閒暇的生活情趣。

第二件事是20世紀30年代末，他對「與抗戰無關」事件的處理。當事件發生，文藝界，尤其是那些曾是「左翼」文藝界的人對他展開批判的時候，他儘管也為自己進行了辯護，但也僅僅只是「辯護」，而且同樣是十分平和的辯護：

昨天《大公報》副刊載有羅蓀先生的一段文字，標題是
《與抗戰無關》。題目很「新鮮」，所以我看下去了。內
容是反駁十二月一日我在本刊所寫的一段〈編者的話〉中
的一節。

……

我可以再警告讀者：

於抗戰有關的材料，我們最為歡迎。

於抗戰無關的材料，只要真實流暢，也是好的。

　　我相信人生中有許多材料可寫，而那些材料不必限於「與抗戰
有關」的。譬如說吧，在重慶住房子的問題，像是與抗戰有關了，
然而也不儘然，真感覺到成問題的只是像我們這般不貧不富的人而
已。真窮的人在不抗戰時也是沒有房子住的，真富的人現在仍然住
的是洋樓大廈，其富麗不下於他們的南京上海的住宅。[49]

　　他在文中雖然又一次強調了自己的主張，但很明顯，語調仍
是平和的，辯護也是平和的。他不僅為自己辯護是平和的，後來，
他乾脆將這種平和的處事方式運用到底，以辭職、退隱的方式平和
地從矛盾的漩渦中抽身，蟄居於並不「雅」的「雅舍」之中平和地
度日，專注於自己喜愛的創作、翻譯工作，並在這段「隱居」時
間裡，以辛勤的勞動構建了自己以「雅舍小品」命名的藝術世界，
取得了散文創作的優良成果，為奠定自己在中國文學史上的地位，
開了一個好頭，打下了一個堅實的基礎。這樣的結果，也可以說是
應了古人的一句話：「失之東隅，收之桑榆」，而他能夠「收之桑
榆」，固然有眾多的因素在其中起作用，不能將功勞完全歸結於

---

[49] 梁實秋：〈「與抗戰無關」〉，《中央日報》（重慶）1938年12月6日。

他能平和地處事，但至少可以說，他在這段特殊的時間裡，在特殊的環境下能取得這樣的成績，與他平和地處事方式是分不開的。正如他在從「與抗戰無關」事件中隱退之前所說的一樣，「所有誤會，無須解釋，自然消除。所有的批評與討論，無須答辯，自然明朗。所有的謾罵與污蔑，並沒有傷害著了我什麼。」[50]在「與抗戰無關」這一事件中，包括「謾罵與污蔑」在內的一些攻擊，之所以「沒有傷害」到梁實秋，是因為他對這些事都看得很平和，處理得也很平和，也正是因為他平和地處理了這件情，他不僅使自己有效地化解了來自別人的傷害，而且，更為重要的是為他後來安心進行文學創作和文學翻譯營造了一個良好的心理環境，並在「退一步」中獲得了「海闊天空」的用武之地，這也就才有了這一個時期他在小品創作方面的成功。臺灣中國現代文學史家周錦先生曾說，梁實秋創作《雅舍小品》正是他在〈編者的話〉中的主張，即「與抗戰無關的材料，只要真實流暢，也是好的」的主張遭到批判之後所進行的「無言的抵抗」[51]。此說，雖更多猜測的成分或人為聯想的成分，但猜測與聯想中也有幾分道理，這就是，梁實秋這一時期創作的《雅舍小品》所選擇的材料，的確大多「與抗戰無關」，但卻寫得「真實流暢」，不僅是他主張的實踐，更是他平和心態的寫照。

　　第三件事也發生在抗戰時期。1940年1月，為了慰問在華北前線浴血奮戰的抗日將士，國民政府派出了一個由六人組成的「華北慰問視察團」，梁實秋作為這個慰問團中的一名成員，隨團從重慶出發，歷時兩個多月，先後到達了成都、鳳翔、西安、洛陽、鄭州、南陽、襄陽、宜昌等地，頂風冒雪，經歷了重重險阻。此次前線勞軍，是梁實秋人生的一次很特殊的經歷，其收穫也頗豐，他

---

[50]　梁實秋：〈梁實秋告辭〉，《中央日報》（重慶）1939年4月1日。
[51]　參見陳潄渝：《《雅舍小品》現象──我觀梁實秋的散文》，《梁實秋散文》第一集，中國廣播電視出版社1989年版，第3頁。

說：兩個月的戰地生活，「增長了我的經驗和見識。」[52]但是，在這次訪問的過程中，梁實秋也遭遇了一件很令他尷尬的事。宋益喬在其所撰寫的《梁實秋傳》中，是如此敘述的：

> 那是他們由鳳翔抵達西安後。按照原定計劃，要由西安出發直到延安，要到共產黨的八路軍戰區內慰勞視察。對於延安，往日梁實秋只能從截然不同的兩種宣傳中加以揣測，到延安作一番實地考察早是埋藏在他胸中的夙願。所以聽說慰勞團的計畫內有延安之行，他格外興奮，不禁躍躍欲試。但正當他們束裝待發時，一封從延安寄到國民參政會、由毛澤東親自簽發的電報給梁實秋迎頭澆了一瓢冷水。電報的內容略謂：慰勞團中有余家菊、梁實秋二人，本處不表歡迎，余家菊為國家主義派，梁實秋則擁汪主和與本黨參政員發生激烈衝突，如必欲前來，當餐以高粱酒玉米麵。參政會接獲此電後，當即通知慰勞團取消了延安之行。[53]

此敘述，與梁實秋在〈回憶抗戰時期〉一文中所敘述的情況，大致相當，之所以引用此說，是因為在這段敘述中，作者添加了對梁實秋心情、感覺的描繪，我認為，此描繪較為真切，對我們更好地理解梁實秋當時的處境，更為有益。梁實秋不僅失去了唯一一次實地考察中共中央所在地延安的機會，而且還被置於如此尷尬的境地。一介書生被一紙電文歸入了「擁護大漢奸汪精衛」的隊伍，我們固然無法揣測梁實秋當時有多狼狽、多尷尬，但，在當

---

[52] 梁實秋：〈回憶抗戰時期〉，《梁實秋散文》第四集，中國廣播電視出版社1989年版，第217頁。
[53] 宋益喬：《梁實秋傳》，天津百花文藝出版社2005年版，第261─262頁。

時的歷史背景下，擁護漢奸，無疑就是賣國賊，而賣國賊，作為民族最無恥的叛徒，那可是要被全國人民共討之、共誅之的，所以，我們能想像梁實秋面對這樣的一紙電文，心裡肯定是十分難受的。

　　不過，梁實秋雖然悵然並對延安電報中指責自己「擁汪主和」（即擁護汪精衛與日本講和的主張——引者注）大惑不解，因為，他反省自己，發現實在找不出自己曾有如此的言論與行動，相反，1937年七七事變後，他就與很多同仁一樣「一向主張抗日」[54]，他後來從被日寇佔領的北京逃出時就給家人留下了遺囑，因為，他想在全民抗戰中「盡我一份力量為國家做一點事」[55]，而在這樣非常的時期，為國家的抗戰哪怕「做一點事」，也可能會有性命之憂，所以，他離開家人時，專門立了遺囑，他此次參加「華北慰問視察團」，也就是為了踐行自己「盡我一份力量為國家做點事」的想法；他梳理汪精衛叛國的前前後後，他發現：「汪之叛國出走，事出突然，出走之前並無主和之說，更沒有任何人擁汪之可能。」[56]。於是，他深深地感到自己被冤枉了，但他等事情過後，也僅僅只是表達了一下惋惜的心情：「我因此而沒有去瞻仰延安的機會，當時倒是覺得很可惜的」[57]，既沒有影響自己隨後繼續隨團奔赴其他地方勞軍的心情，更沒有在行動上「怒髮衝冠」或「拂袖而去，仍是平和地對待，平和地處理，最後與大家一起，順利地完

---

[54] 梁實秋：〈回憶抗戰時期〉，《梁實秋散文》第四集，中國廣播電視出版社1989年版，第215頁。

[55] 梁實秋：〈回憶抗戰時期〉，《梁實秋散文》第四集，中國廣播電視出版社1989年版，第215頁。

[56] 梁實秋：〈回憶抗戰時期〉，《梁實秋散文》第四集，中國廣播電視出版社1989年版，第217頁。

[57] 梁實秋：〈回憶抗戰時期〉，《梁實秋散文》第四集，中國廣播電視出版社1989年版，第217頁。

成了此次的勞軍之旅。對他這次的行為，如果用「忍辱負重」來形容，恐怕也是不為過的。

在20世紀前半葉，梁實秋處理各種人生重大事件時是如此平和，20世紀後半葉到了臺灣後，他也一如既往。他剛到臺灣不久，適時辭去國立編譯館代理館長之職一事可為代表。很明顯，他之所以辭職，並不是他沒有能力，也不是他的工作中出了什麼問題，而因為他的一位老友說他是「部長的人」，他感到自己的人格受到了侮辱，所以才辭職的。不過，他儘管對這種侮辱感到是「真乃奇恥大辱」[58]，但在處理的時候，他仍然沒有發怒，既沒有當場發怒，後來也沒有發怒，更沒有對稱他為「部長的人」的那位老友發怒，而是平和地處理了這件事，而處理的方式就是「適時辭職」，用完全的退隱消解掉心中的被侮辱感，用卸掉代理的「館長之職」的實際行動，徹底堵塞了那些喜歡拉幫結派者的口實，其做法雖然有點「我惹不起你，我卻躲得起你」的消極意味，但究其實質，他也是梁實秋在平和處理事情過程中的另外一種方式，而且是比「平和」更退一步的方式，這就是從平和退到沈默的方式。

其實，這種方式，梁實秋早在1939年和1940的兩次事件中就使用過。1939年的「與抗戰無關」的事件中，他雖然進行了一點辯解，但最後還是以「辭職」、隱居的方式讓自己從矛盾的漩渦中脫離出來，從此不再置喙此事，也就是沈默以對；1940年當他被拒訪問延安的事件發生後，他在平和地處理那件事的時候，與以前不同的是，他甚至都沒有為自己作任何辯護，哪怕是像以前那樣平和的辯護，此次的平和完全到了沈默的地步，並用這種沈默將人生中所遭遇的這種尷尬消泯於無形。到了晚年，這種從平和退為沈默的處事方式，在梁實秋那裡使用得就更為平常了。他曾在〈沈默〉一文

---

[58] 梁實秋：〈槐園夢憶〉，《梁實秋散文》第二集，中國廣播電視出版社1989年版，第187—188頁。

中感慨:「在如今這個時代,沈默是最後一項自由」,而「現在想找真正懂得沈默的朋友,也不容易了。」[59]可見,在梁實秋看來,沈默並不是「消極」的行為,沈默,恰恰是「自由」的另一種形式,而且是具有重要價值的形式,是與人的自由本質密切相關的一種形式。這也就能夠理解,為什麼在處理一系列令他不快,讓他尷尬事件的時候,他會退守「最後一項自由」──沈默了。

當然,真正徹底的沈默,對梁實秋這樣一個具有正義感的知識份子來說,是不可能完全做到的,他曾較為客觀地評價自己說:「我對政治並無野心,但是對於國事不能不問」[60],儘管他認為「沈默」也是自由,沈默,對他追求自由、閒暇的生活有著重要的作用,他也沒有真正做到「事不關己高高掛起」。他固然可以對「損他利人」的人和事平和地處理,或乾脆保持沈默,但是,目睹社會的各種病態,面對自己所見所聞的百姓的困苦,作為一個良心俱在又終生信奉「人性論」的知識份子來說,他卻實在無法「三緘其口」,實在無法在「失語」中心安理得。每當這時,他也發怒,而且,有時候還似乎「怒不可遏」。

1940年當他遭遇被拒絕訪問延安的尷尬事情後,他雖然沒有為自己辯護,更沒有發怒,但是,對在隨勞軍團訪問各戰區的過程中所親眼見到的一些惡劣現象,一些發國難財的罪惡事情,他仍然給予了直接的揭露和激烈的抨擊。他在〈抗戰中的我〉一文中曾如此寫到:當他在陝西、河南一帶勞軍的過程中,他看到「陝豫一帶黃土路邊常見傷病匍伏哀號,無人救濟。據悉,輕傷者抬回救活,重

---

[59] 梁實秋:〈沈默〉,梁實秋散文》第二集,中國廣播電視出版社1989年版,第279頁。

[60] 梁實秋:〈槐園夢憶〉,《梁實秋散文》第二集,中國廣播電視出版社1989年版,第171頁。

傷者則任其死去，慘不忍睹」[61]。而國民黨的一些高級將領中，雖然也有像張自忠將軍這樣儉樸、堅毅、刻苦，全心全意抗擊日寇的人，但也有一些高級將領，「即使在抗戰時期，舊軍閥的習氣仍是相當濃厚」[62]，不僅對抗戰士兵的生命視如草芥，而且貪污腐化成風。於是，梁實秋寫下了他這次在前方的總的感覺：「軍民疾苦，慘不忍言，大家只知道『前方吃緊後方緊吃』，其實亦不儘然，後方亦有不緊吃者，前方亦有緊吃者。」[63]此時的他，已經完全不平和了，其憤怒已躍然紙上了。梁實秋曾說：「憤怒怨恨，如果用得其當，是很可寶貴的一種情感。」[64]梁實秋在這方面的憤怒，也的確是梁實秋很可寶貴的一種情感。

不過，恪守平和生活原則的梁實秋，雖然也發怒，尤其對關乎民族、國家、大眾生命的事情他更會發怒，但在大多數情況下，特別是面對生活中的一些醜陋現象，包括我們中國人的一些不良習慣與嗜好，誠如他自己所說：「如果非憤怒不可，也要控制那憤怒，使發而中節。」[65]他也的確是如此做的。他曾寫過一系列抨擊各種「社會病」、國民病的小品文，如〈髒〉、〈吃相〉、〈狗〉、〈牙籤〉、〈一個廚師的自殺〉等，在抨擊這些社會中的不正常現象和我們中國人的一些不良習慣的時候，他雖然不乏諷刺和揶揄，但卻很少使用激烈的詞語，而且，由於他總講究平和地處事原則，因此，在抨擊這些現象時即使不得不發怒，他也注意用輕鬆的方

---

[61] 梁實秋：〈抗戰中的我〉，轉引自徐靜波：《梁實秋——傳統的復歸》，復旦大學出版社1992年版，第46頁。

[62] 徐靜波：《梁實秋——傳統的復歸》，復旦大學出版社1992年版，第46頁。

[63] 梁實秋：〈抗戰中的我〉，轉引自徐靜波：《梁實秋——傳統的復歸》，復旦大學出版社1992年版，第46頁。

[64] 梁實秋：〈匿名信〉，《梁實秋散文》第一集，中國廣播電視出版社1989年版，第70頁。

[65] 梁實秋：〈怒〉，《梁實秋散文》第二集，中國廣播電視出版社1989年版，第277頁。

式,讓怒火得到平穩的宣洩,將自己從不得不怒中解脫出來。例如,在〈髒〉一文中,他曾寫下了這麼一段話:

> 普天之下以哪一個民族為最髒,這個問題不是見聞不廣的人所能回答的。約在半個世紀以前,蔡元培先生說,「華人素以不潔聞於世界:體不常浴,衣不時浣,咯痰於地,拭涕以袖,道路不加灑掃,廁所任其薰蒸,飲用之水不經滲漉傳染之病不知隔離。」這樣說來,髒的冠軍我們華人實至名歸,當之無愧。這些年來,此項冠軍是否一直保持,是否已拱手讓人,則很難說。[66]

接著,他從古到今列舉中國人的種種「髒癖」,其厭惡之情幾乎是溢於言表了。但是,到了文章的最後,他卻轉了一個大彎,寫下了這樣的文字:「其實,髒一點無傷大雅,從來沒聽說過哪一個國家因髒而亡。一個個的縱然衣冠齊整望之岸然,到處一塵不染,假使內心裡不大乾淨,一肚皮男盜女娼,我看那也不妙。」[67]此時的梁實秋,我們發現,他就像一尊雙面佛,一面剛剛皺著眉頭,滿臉嚴肅地指陳時弊,表達對時弊、對不良生活習性的不滿與批判,盡情地宣洩著對時弊、對不良生活習性的厭惡之情,但轉過身去,又咧嘴一笑地安慰人說:不要太緊張,也不要太自責。並和顏悅色地告訴大家,這些事情,即使是不好的事情和不良的習慣,也沒有什麼大不了的,起碼,這些不好的事情和不良的習性,從大的方面看,不會導致國破家亡,從小的方面看,也「無傷大雅」,

---

[66] 梁實秋:〈髒〉,《梁實秋散文》第二集,中國廣播電視出版社1989年版,第248頁。
[67] 梁實秋:〈髒〉,《梁實秋散文》第二集,中國廣播電視出版社1989年版,第251頁。

甚至也不會直接讓你今天中午或晚上吃不上飯等等，更何況，這種表面不好的習性，總比那些表面光鮮，內心骯髒的「偽君子」的習性要好得多，從而，讓人在受窘、受訓之後又輕鬆地解脫了，讓人在滿面汗顏之後，頓覺一身輕鬆，彷彿從高度緊張的秀才「歲考」中出來了，又見到了陽光，又得到了自由，並在與「偽君子」們的對比中，還會不自覺地產生一種「優越感」。可見，即使是發怒，梁實秋也仍然沒有背離他平和的處事原則；即使是針砭國民不講衛生的劣根性，並且，他自己對國民自古即有的所謂「蓬首垢面而讀詩」，「頭面常一月十五日不洗」還自鳴得意的、不講衛生的「賢者」和「名士」風氣也深惡痛絕，對我們中國人的廚房的四壁「暗淡無光」，「蟋蟀、螞蟻、蟑螂之類的小動物晝伏夜出，大量繁殖」的差，廁所「惡臭薰蒸」的髒，菜市場「殺雞、宰鵝、剖魚，全在這裡舉行，血跡模糊，污水四濺」的亂，更是絲毫不留情面地給予了揭露，但他也絕對不一本正經，聲色俱厲地斥責、斥責，再次責，而是半開玩笑半認真地說，中國的廁所太髒，「看樣子，公共的廁所都需要編制，設所長一人，屬員若干，嚴加考績，甚至賣票收費亦無不可」[68]；中國的廚房差，菜市場亂，是因為「吃如此這般的菜，就有如此這般的廚房，就有如此這般的菜市場，天造地設」[69]。也絕對不從頭到尾地「教訓」、「教訓」，再教訓，更不將人逼到死角，讓人絕望甚至無路可逃，而是在絕望之處轉向解脫，儘量化解了這種不講衛生的習性的危害性，一句話，講平和，持中庸。

　　當然，對梁實秋的這種針砭時弊和國民劣根性的方式，見仁

---

[68] 梁實秋：〈髒〉，《梁實秋散文》第二集，中國廣播電視出版社1989年版，第250頁。

[69] 梁實秋：〈髒〉，《梁實秋散文》第二集，中國廣播電視出版社1989年版，第251頁。

見智都是正常的，將他的這種針砭時弊的方式與20世紀同樣是針砭時弊和國民劣根性的中國兩位名人魯迅與柏楊先生比，也當然是可以的。沒有問題，就我個人來說，我更欣賞魯迅與柏楊先生對時弊和國民性的針砭，更欣賞他們一針見血地指出社會醜陋的病態，毫不留情地批判國民劣根性的危害性和可怕性的做法，儘管他們的做法，有時常常讓人很傷自尊，猶如被揭去了遮醜的面紗，將自己的醜態暴露在光天化日之下般的難堪，又如心底的小九九被人一語道破般的難受，如魯迅先生在雜文〈論『他媽的』〉中對我們中國人的「國罵」的批判（特舉此例是因為這篇雜文與梁實秋的批判中國人的「髒」的小品文，正可對比），以及他在一系列雜文中對我們中國人中庸、苟且、敷衍、自大等劣根性的批判就是如此；柏楊先生在《醜陋的中國人》中對中國人的種種劣根性的批判也是如此，但是，正如「良藥苦口」，「忠言逆耳」的道理一樣，恨病，就得吃藥，而且要吃良藥，而良藥往往又是苦的，難以下嚥的；要聽真話、實話，尤其是揭短、批評的話，就只能聽忠言，而忠言又往往是「逆耳」的，聽起來也當然不會舒服，不過，忠言雖然逆耳，但忠言中所傳遞的往往是真實的資訊，真誠的希望，真切的感受，是促人正視錯誤或短處，奮發走向新生之路的助推器，它就猶如嚴冬裡凜冽的寒風一樣，雖然刺骨，但卻能催開滿山滿林的梅花，妝點冬天的陰鬱。沒有苦口的思想與制度的良藥，難以醫治社會的痼疾；沒有逆耳的忠言，也難以撼動國民種種醜陋的習性，特別是有著民族傳統的不良習性，如，不講衛生，隨地吐痰的習性，這些不良的習性，經過上千年的遺傳，已經根深蒂固地成為了我們民族的「集體無意識」，非一針見血的批判，不能使其感到刺骨的痛，非毫不留情的抨擊，不足以喚起國人被遮蔽的羞恥心。也許，正是因為魯迅與柏楊兩位先生對時弊和中國國民劣根性的批判力度巨大，且深刻、犀利，所以其影響也更為巨大且深遠。而梁實秋選擇的批

判對象，雖然在一些方面，特別是在選擇具有普遍性的中國人的不良習性方面，與魯迅、柏楊先生有一致性，但批判的效果卻不如兩位先生，產生的影響也顯然沒有這兩位先生大，除了別的原因之外，我認為，梁實秋這種面對醜陋現象而仍採取「平和」的態度與方法，應該也是造成這種局面的直接而重要的原因。當然，指出梁實秋針砭中國人的不良習性的方法的不足，或者說，其使用的效果不是讓人特別解氣，也並不是完全抹殺其作用與意義，不過是我以更高的標準提出的一種要求，從魯迅和柏楊先生此類文章的社會反響的角度作出的一種比較。比較的藝術目的，不過是為了凸顯梁實秋在面對這些現象展開批判時候的特點，凸顯梁實秋對不良現象批判的「中庸」色彩。

　　梁實秋與這種平和處事的原則相一致的另一項生活原則是對名與利的淡泊。說到淡泊名利，這似乎也是中國傳統文人自詡的一種美德，不過，考察歷史，我們會發現，中國傳統文人，尤其是一些名人，雖然高懸「淡泊名利」的旗幟，但面對名與利，卻常常難以「淡泊」，甚或無法「淡泊」。最有代表性的莫過於三國時代的名相諸葛亮，當他還沒有出現在我們面前時，我們首先看到的是他在自己的草廬中門上書寫的一幅對聯：「淡泊以明志，寧靜以致遠」，從表面看，這對聯似乎是在向人們表明他諸葛亮的心曲，這心曲包含著中國讀書人普遍都具有的「清高」意思，實際上，諸葛亮的「淡泊」僅僅只是展示給別人看的一種姿態，淡泊所「明」的也並非他想明的真實的「志」，待到劉備屈伸下架地「三顧茅廬」，誠心實意地邀請他出山，又曉以一番天下社稷、蒼生百姓的大道理後，他也就順坡下驢地丟棄了「淡泊」之心，跟隨劉備出山，奔赴功名之場，人顯身手地開始了立名、揚威的生活，並最終也真的實現了「致遠」的人生目標，但不是通過「寧靜」到達的；也真的「明志」了，很顯然卻不是從「淡泊」中完成的。當然，我

們也得承認，諸葛亮棄淡泊而強力「入世」，對於中國歷史來說是一段佳話，他的智慧、才能也是讓我們從心底佩服的，但，在「淡泊」之境中，他並未得中國文化的積極三味，更沒有身體力行地去品味淡泊之趣。

梁實秋雖然在歷史功業上無法與諸葛先生媲美，但在踐行「淡泊明志」、淡泊名利方面，卻也是諸葛先生無法比擬的。早在清華學校讀書期間，梁實秋就表現出了對名利的淡泊之心。當年，清華學校為了獎勵「品行優良」的學生，特設了一個「銅墨水匣」獎，其目的是鼓勵學生守校規，例如，不隨便外出，注意清潔衛生，按時起床就寢，不看小說之類的「閒書」等。對於這一獎項，許多學生都相當看重，有人為了能得到這個獎項，甚至不惜犧牲看「閒書」的「自由」，不惜付出各種代價，即使付出了代價而沒有得到，也沒有任何怨言，而梁實秋卻顯得很淡然。他在〈清華八年〉中曾說：「我們對於得過墨水匣的同學們既嫉妒亦不羨慕，因為人人都明白那個墨水匣的代價是什麼。」[70]

少年時代就淡泊名利的梁實秋，隨著閱歷的增加，其功名心更是被歲月沖得淡而又淡了。赴台後他辭官不做是一例，幾十年筆耕不輟地翻譯莎士比亞作品，「幹這些非急功近利」的事也是一例，至於剛屆六十就執拗地「退休」更是他「遠功名」的集中體現。他之所以淡泊功名利祿，是因為，在他看來，爭名也好，奪利也吧，都不可避免地會受人制約，被事牽掛，即使得到了自己想要的一切，但付出的代價卻是很大的，不僅要付出泯滅自己興趣，做自己不喜歡做卻不得不做的事，有時甚至需要付出「人格」的代價，去迎合能讓自己得到名和利的人，去阿諛奉承掌握著自己的名和利的人，所以，即使在這種「如願」的情況下，自己的生活也是難

---

[70] 梁實秋：〈清華八年〉，《梁實秋散文》第一集，中國廣播電視出版社1989年版，第210頁。

以「適意」的，更何況，如果得不到自己想要的名與利呢？後果更可想而知。他曾極力稱頌梅、竹、菊、蘭「四君子」那種「清華其外，淡泊其中，不作媚世之態」的品格，他自己也是以此為立身之本的。俗世的爭名奪利，在他看來不過是人間上演的一齣齣鬧劇；社會上的爾虞我詐，也無非是為了名利二字。因此，作為一個文人，梁實秋明智地從中國傳統文化中選擇了「獨善其身」的信條，選擇了「寧靜致遠，淡泊明志」的道路，並一生不懈地走下去，直到生命的盡頭。

　　從梁實秋遵循著淡泊的生活原則留下的人生軌跡中，我們可以發現一個很明顯的現象，那就是，在非文學類的工作中他的確是很淡泊的，甚至有點過於淡泊了，他的一生既沒有轟轟烈烈的壯舉，也不見五彩繽紛的色澤，他雖然在抗戰時期當過國民參政會的參議員，除了曾經隨團到抗戰前線慰問過抗戰將士之外，也沒有什麼彪炳史冊的政治業績，甚至沒有可圈可點的功勞；他也擔任過什麼館長、所長，還有大學院系的主任之職，除了做好了本質工作有一點「苦勞」之外，也平平淡淡，乏善可陳。可以這麼說，無論在所謂的官場，還是在一般的行政事務工作中，他完完全全是一個道地的平凡人，一個只精於自我完善、自得其樂的知識份子，一個對人有禮，與世無爭的紳士。客觀地講，無論是做官，還是從事一般的行政工作，梁實秋是既不缺乏智慧、能力，也不缺乏忍辱負重的品格，更不缺乏機會的，他之所以在這些領域業績平平，實在是因為官場、行政場，都是名利場，在這些「場」裡，要值守淡泊既不現實，也根本做不到，即使你想淡泊，但，正如梁實秋所說，你不惹別人，別人還要惹你呢。試想，在這些充斥著名與利的「場」裡，對於值守淡泊的梁實秋來說，他怎麼能大量投入自己的熱情、精力和智慧呢？沒有投入，自然就難有產出，投入的精力有限，工作成績的一般化也就是必然的了。再加上，梁實秋對做官、做行政的事

情，本來就提不起興趣，他步入官場成為參政員，是「被推選」[71]的；他做館長、所長，也是別人硬讓他做的，有的還是代理的；他擔任大學的系主任等職，更是一到學校就被學校安排好了的，都不是他心甘情願想做的，也不是他要做的，更不是他感興趣的。

那麼，在現實生活中，恬守淡泊的梁實秋，除了筆耕的興趣之外，他還對什麼感興趣呢？一般說來，能讓梁實秋感興趣，甚至陶醉其中的事情，往往不是讓他轟轟烈烈顯身手的事情，大多是一些平凡又平凡的生活小事，這些生活小事，他曾在〈不亦快哉〉一文中列舉了十一件，而這十一件無一不是生活中再小不過的小事，諸如，清晨牽著狗在人行道上散步；烈日下咬幾口甘蔗；早起後生火做飯；深夜馳車回家；隔著牆頭看鄰居葡萄架上碩大的果實；逛書店趁人潮洶湧摸幾本書帶回家細細品賞等等。別看這些都是生活中的小事，梁實秋卻很是享受，他不僅很享受這些生活小事中其樂融融的情趣，而且，還樂此不疲，如，清晨牽狗在人行道上散步：

> 晨光熹微之際，人牽犬，（或犬牽人）徐步紅磚道上，呼吸新鮮空氣，縱犬賓士，任其在電線桿上或新栽樹上便溺留念，或是在紅磚上排出一灘狗屎以為點綴。莊子曰：道在屎溺。大道無所不在，不簡穢賤，當然人犬亦應無所差別。人因散步而精神爽，犬因排泄而一身輕，而且可以保持自家門以內之環境清潔，不亦快哉！[72]

儘管梁實秋的這種「快哉」有點妨礙公共衛生，也有點將自己

[71] 梁實秋：〈回憶抗戰時期〉，《梁實秋散文》第四集，中國廣播電視出版社1989年版，第216頁。
[72] 梁實秋：〈不亦快哉〉，《梁實秋散文》第二集，中國廣播電視出版社1989年版，第263頁。

的「快哉」建立在別人「不快」基礎上的味道，尤其是在最後對狗在人行道上隨地大小便還來了一通幽默，更讓人感覺有點「強詞奪理」的意思，但，他享受這種日常生活情趣的意味，還是躍然紙上了。梁實秋曾說：「人生貴適意」[73]，並認為，人生的最高理想也是「適意」，而「適意」的領域，在他看來，不在別處，就在自己的身邊，而且，不在身邊的「大事」中，而在自己天天都可能遇見或可能做的生活小事之中，因為，這些小事中沒有功和名，沒有爾虞我詐，更不會有什麼職位的貴賤之分，所以，它「適意」淡泊名利的人享受。他之所以津津樂道於這些生活小事，甚至對狗隨地小便這些在生活中出現的不雅之事也不以為然，大多也是由於這些生活小事中有著淡泊而適意的生活情趣。

　　但是，由於梁實秋太執拗於這種淡泊而適意的生活情趣，有時候就不免鬧出一些讓人啼笑皆非的事，例如，收藏朋友的書信，這對梁實秋來說無論從什麼方面講也是一件小事，而且是一件很「適意」的小事，因為，時過境遷後將收藏的朋友的書信拿出來回味，也是一件十分快樂的事，尤其如情書之類的書信，不管是否曾經「有情」，也不管是否已經「沒情」，事情雖然過去，但紙上仍留存著昔日的溫情，再次展讀，更別有一番風情。可是，梁實秋卻走上了極端：一切不符合他的「淡泊」之趣的書信，他不僅一概拒絕收藏，而且還拒絕接收。他曾自述：「老實講，我是有收藏信件的嗜好的，但亦略有抉擇：多年老友，誤入仕途，使用書記代筆者，不收；討論人生觀一類大題目者，不收」[74]。如果說由書記代筆的信不收，還情有可原，因為是別人所寫，不是老友的「真跡」，難

---

[73] 梁實秋：〈不亦快哉〉，《梁實秋散文》第二集，中國廣播電視出版社1989年版，第263頁。

[74] 梁實秋：《信》，《梁實秋散文》第一集，中國廣播電視出版社1989年版，第39頁。

留真情與實意，不具有收藏的價值，但連「討論人生觀一類」問題的書信也不收，更不藏，就不能不說是一種「怪」了，一種帶著明顯偏頗的「怪」，因為，從邏輯上講，「討論人生觀問題」，無論從外延上，還是從內涵上看，也應該隸屬於「生活」的範圍，「討論」本身也是一種生活，不僅也是一種生活，而且也是一種與「淡泊」的生活不矛盾，更不是水火不相容的生活，更何況，「淡泊」的人生，也是一種人生，淡泊的人生問題，當然也是人生觀的一個問題。梁實秋如此對待談論人生問題的書信，不僅讓人感到有點自相矛盾，與他自己的生活情趣不合套，而且也十分「古怪」，不合情理，讓人啼笑皆非。

不過，偏頗固然偏頗，「古怪」也客觀存在，但總的來看，梁實秋的生活情趣仍是和諧的，從一定意義上講，他生活中的這種「古怪」也從一個小的方面反映了梁實秋對「淡泊」生活情趣的執著，儘管執著得有點不講邏輯，也不講道理了。正是這種執著，正是這種熱衷平和，追求淡泊、適意生活的傾向，使梁實秋有效地構造了一個有利於自己馳騁自由知識份子理想的生活環境，有利於自己專心著書立說的輕鬆心境。

第二節　交遊：來往於文化名流之間

在梁實秋的一生中，與他有過較為密切交遊的文化名人，我們隨便就可以列出一串姓名：梁啟超、胡適、周作人、徐志摩、聞一多、謝冰心、謝冰瑩、老舍、沈從文、陳西瀅、洪深、吳宓、梅光迪、李長之、余上沅、方令孺、楊振聲、趙少侯、蔡文裡、韓朋、葉公超、張彭春、丁西林……這些文化名流，或為彪炳史冊的國學大師，或為學富五車的飽學之士，或為革故鼎新的一代宗師，

或為風流倜儻的才子佳人，或為青年才俊，總之，都是在某一領域或某一方面造詣精湛、成就卓著，或成就不俗的作家、戲劇家、學者、教授以及頗具才華的年輕人等。與這些文化名流的交往，構成了梁實秋生活的重要內容，裝訂成了梁實秋人生中一頁頁美妙的篇章，對他實現自己的人生價值，書寫自己的人生篇章，起到了不可低估的特別作用。在與這些文化名流的交往中，梁實秋不僅充實了自己的生活內容，也在有形與無形中陶冶了自己的性情，豐富了自己的智慧，激發了自己的創造熱情，所以，他認為：「朋友居五倫之末，其實朋友是極重要的一倫。」[75]到了晚年，在人生的夕陽之中，他常常以抑制不住的激動回憶與這些名流交往的趣聞軼事，緬懷那些已經仙逝的老友，追憶那些尚在人間卻難以相見的儕輩的學業、功德以及他們對自己刻骨銘心的影響與幫助。這些回憶文章收集起來也有幾十篇之多，它們宛如一根根五色的彩線，清晰地織就了梁實秋在文化界交遊的關係網，也相當生動地顯示了梁實秋自己的生活道路、生活情趣以及相應的心態。

從梁實秋編織的這張「交遊網」來看，他與這些文化名流的交遊主要有三種形式：一種是「文交」；一種是同窗之交；一種是忘年之交。這三種交遊形式分別有不同的內容，涉及不同的對象，因此，其情趣也不同，韻味也各異。

在「文交」方面，梁實秋有單向文交與雙向文交兩種形式。所謂單向文交，主要是梁實秋請這些名流、朋友為自己主辦或主編的刊物寫稿。抗戰前夕，他辦了一個週刊，在回憶辦刊往事的時候，他曾說：「朋友們如謝冰心、李長之等都常寫稿給我，周作人也寫稿。因此我對於各方面的人物常有廣泛的接觸。」[76]這種單向的文

---

[75] 梁實秋：〈談友誼〉，《梁實秋散文》第一集，中國廣播電視出版社1989年版，第282頁。

[76] 梁實秋：〈槐園夢憶〉，《梁實秋散文》第二集，中國廣播電視出版社

交，雖然具有很明顯的事務性，表現的是一個編輯與作者們的「供需」關係，但，正是這種明顯的事務性的文交關係，有時卻因為一些意想不到的原因，為梁實秋踐行自己的某種主張，特別是辦刊物的主張以及文學方面的主張提供了切實的契機，並產生了較好的效果。這一效果，在梁實秋主編重慶《中央日報》副刊《平明》的過程中得到了較為充分的體現。

當時，他因為在類似徵稿啟事的〈編者的話〉中提出了一個主張，即，「於抗戰有關的材料，我們最為歡迎，但是與抗戰無關的材料，只要真實流暢，也是好的。」[77]這段話就是曾在抗戰時期的文壇引起過軒然大波的導火索，很多進步文藝界的人士，都由此認為梁實秋在徵集「與抗戰無關」的作品，於是，對其展開了激烈的批判。面對進步文藝界人士接踵而至的批判，梁實秋僅以一篇短文〈「與抗戰無關」〉小心、平和地進行了簡要的辯解，隨後，他就沈默了。他雖然在辯解方面沈默了，但，踐行自己主張的工作卻並沒有停止，反而加快了步伐，他通過自己的「文交網」，廣邀同仁、朋友為自己主編的副刊寫稿，當朋友們的文稿不斷送來、不斷在《平明》上刊載後，他不僅以自己的方式體面地回擊了文藝界人士激烈的批評，而且也有效地實現了自己在〈編者的話〉中所提出的辦刊主張與文學主張。所以，1939年4月1日，當梁實秋懷著「一種不可言說的感覺」離開《平明》編輯部的時候，他曾發表了一篇〈梁實秋的告辭〉，在這篇文章中，他以一段簡潔話語，很自信地用統計數字說明瞭《平明》的實際收穫與他的辦刊主張和文學主張的一致性：「四個月『平明』擺在那裡，其中的文章十之八九是『我們最為歡迎的』『與抗戰有關的材料』，十之一二是我認

1989年版，第171頁。

[77] 梁實秋：〈編者的話〉，重慶《中央日報》副刊《平明》1938年12月1日。

為『也是好的』『真實流暢』的，與抗戰無關的材料。」[78]後來，大陸有一位青年學者對梁實秋從1938年12月到1939年3月底主編的《平明》上刊載的文章進行了統計和分類，也得出了大致相同的結論，在經梁實秋之手刊載的254篇文章中，明白無誤地寫著「抗戰」二字的文章就高達170篇，其他文章也大多或隱或顯地「與抗戰有關」[79]。由此，在20世紀80年代，大陸學人也開始對中國現代文學史上的「與抗戰無關」的這樁「公案」進行了重新認識和梳理，並由此為梁實秋在當時所遭遇的批判進行了辯解，澄清了一些歷史的「誤讀」、「誤判」、「誤會」或「誤解」，這當然是後話。我這裡要說的是，梁實秋在當時「有口難辯」的情況之下，之所以能體面的辭職並隱退，除了別的因素，如他自己平和的心態等的重要作用之外，他為自己編織的這張「文交網」也起了重要的作用，尤其在「用事實說話」方面，梁實秋在離開《平明》的時候，能自信地擺出結果，則無疑完全得益於他所編織的這張「文交網」。正因為他與「各方面的人物常有廣泛的接觸」，所以，他約請這些人物為他所主編的刊物寫稿自是不成問題，而我們知道，在當時的時代背景下，大多數作家，包括梁實秋「文交網」中的大多數作家，又是傾向抗戰，有的甚至是投身於抗戰工作之中的人，他們所寫的文章自然大多「與抗戰有關」；同時，梁實秋「文交網」中也有一些喜歡選擇「與抗戰無關」的材料，但文章卻寫得真實流暢的作家，如此一來，就正好全面地滿足了梁實秋編《平明》副刊的需要，也全面地實現了梁實秋在〈編者的話〉中所提出的辦刊主張與寫作主張。就這方面來看，梁實秋與文化名流們的這種「單向

---

[78] 梁實秋：〈梁實秋的告辭〉，重慶《中央日報》副刊《平明》1939年4月1日。
[79] 參見陳漱渝：〈《雅舍小品》現象——我觀梁實秋的散文〉，《梁實秋散文》第一集，中國廣播電視出版社1989年版，第3頁。

文交」，雖然具有顯然的實用性，不怎麼高雅，也似乎有違中國傳統文人所信奉的「君子之交淡如水」的信條，但卻也從一個方面顯示了梁實秋的聰明與智慧：通過自己建立的「文交」之網，將自己的主張變為刊物的實績！然後用這些實績回擊來自各方面的攻擊。

梁實秋的這種智慧，不僅在與文化名流們的單向文交中得到了體現，而且在梁實秋與文化名流們的「雙向文交」中的體現則更為明顯，也更有意味，更值得書寫。如果說，通過單向文交梁實秋獲得了將自己的主張變為實績的效果的話，那麼，通過雙向文交梁實秋則進一步的完善了自己的思想與信念；如果說，單向文交更多的是在社交層面展開的話，那麼，雙向文交則更多的是在思想、學說層面展開的。

所謂「雙向文交」，是指梁實秋與交往對象的思想交流與對話，其結果是在交流、對話基礎上產生思想上的共鳴。在這種文交中，梁實秋與青年才俊李長之的交往，具有一定的代表性。

梁實秋一生信奉自己的「人性論」，至死也沒有放棄。他為什麼如此執拗地信奉自己的人性論呢？這當然首先與他的思想信念分不開，這是顯然的，同時，也與他的朋友對他的支持分不開。20世紀20年代末，當梁實秋高張「人性論」大旗的時候，回應者並不多，相反，否定的批判者卻相當多。後來，梁實秋將自己談論文學與人性問題的文章編成一冊，取名《偏見集》於1934年出版。這本書剛一出版就受到了剛從清華大學畢業的李長之的批評。最先看到李長之批評文章的是梁實秋的學兄、同仁聞一多，聞一多讀完李長之的文章覺得「有見地」，於是從清華大學寫信向在青島大學教書的梁實秋推薦此文，梁實秋得信立即找來李長之的文章，讀罷，即讚賞其為是對自己文學主張批評的「空谷足音」。梁實秋之所以如此讚賞李長之對自己的批評，是因為，在梁實秋看來，李長之的批評不僅具有獨到的見解，而且還持中不帶偏見；不僅對自己《偏

見集》中的基本觀點表示了贊同，而且也直言不諱地指出了《偏見集》中的問題，特別是方法論方面的問題。梁實秋在〈憶李長之〉這篇文章中，曾有較為詳細的敘述：

> 長之大致上同意我的見解，認為文學乃基本的人性的發揚，談不到什麼階級鬥爭的說法。這在當時已經算是空谷足音了。……但是長之對我也有很嚴肅的指責，他說我缺乏一套完整的哲學體系作為文學批評的準繩。此說頗中肯綮。我的文學觀確實缺少他所謂的哲學體系的基礎。經他這一指點，我以後思索了好幾十年。雖然我的文學觀至今未變，我卻很感激他的批評。因為有此一段因緣，我以後就和他成為很好的朋友，真是所謂「以文會友」。[80]

從這段敘述中我們可以看出兩點，第一，梁實秋與李長之「成為很好的朋友」是「以文會友」的結果，即「文交」的結果；第二，梁實秋引李長之為同道甚至知音，是因為兩人進行了不帶偏見的交流與對話，並由此產生了思想的共鳴：都認為文學乃基於人性的發展；都認為文學批評應該建立在哲學體系的基礎之上。這種思想的共鳴，作為梁實秋「雙向文交」的收穫，正是促使梁實秋堅持自己建立在「人性論」基礎上的文學觀的重要因素，也是促使梁實秋之後不斷張揚自己的主張，也不斷地思考自己主張的哲學基礎的動力。誠如魯迅先生所說：「凡有一人的主張，得了贊和，是促其前進的」[81]。梁實秋一生執著於自己的人性觀，並不斷地張揚它，

---

[80] 梁實秋：〈憶李長之〉，《梁實秋散文》第四集，中國廣播電視出版社1989年版，第286頁。

[81] 魯迅：〈吶喊・自序〉，《魯迅全集》第一卷，人民文學出版社2005年版，第439頁。

也正是因為有像李長之這樣的「知音」的回應、贊和、支援甚至鞭策。儘管這種執拗地追求和至死不棄地張揚人性、張揚在人性論基礎上的文學觀，給梁實秋留下了眾多無法彌補的遺憾，使他沒有能在中國文學批評中作出更大、更多的理論貢獻，但也由此而形成了他的一種個性風格，形成了他交友的一種原則：自己看準的事絕不放棄，有共同理想的朋友一生都友好相待。

當「雙向文交」產生的思想共鳴隨著時間的推移進一步向前發展，梁實秋就往往將這種思想上的共鳴，沉澱為了一種情感層面的友情。對梁實秋來說，他這種由「共鳴」而形成的友情具有兩種形態：一種是理想形態；一種是現實形態。兩種形態各司其職，又密切聯繫，它們從不同方面彰顯了梁實秋與文化名流們交遊的特點。一般說來，基於理想的友情，構成了梁實秋與文化名流交遊的深層情趣；基於現實的友情，則反映出梁實秋的雙重智慧在其交遊中的作用與魅力。

理想形態的友情是一種什麼友情呢？在一篇名為〈談友誼〉的小品文中，梁實秋作了簡要的敘述，他說：「所謂友誼實即人與人之間的一種良好的關係，其中包括瞭解、欣賞、信任、容忍、犧牲……諸多美德。」[82]這就是梁實秋嚮往的理想的友情。其中，相互欣賞又是最重要的「美德」，在這種「美德」基礎上獲得的友情，就有如太陽一樣耀人眼目，給人溫暖，引人遐想，也誘人追求，這種友情「一旦真鑄成了」「便會金石同堅，永不退轉」[83]。然而，這種「金石」般「永不退轉」的友情又是很不容易建立的，它不僅需要人與人之間的互相努力，而且還需要像沙裡淘金一樣「長時

---

[82] 梁實秋：〈談友誼〉，《梁實秋散文》第一集，中國廣播電視出版社1989年版，第282頁。

[83] 梁實秋：〈談友誼〉，《梁實秋散文》第一集，中國廣播電視出版社1989年版，第283頁。

間地洗煉」，所以，梁實秋認為：「真正能稱得起朋友的還是很難得。」[84]

　　但是，讓人很佩服的是，這種難得的朋友與友情，梁實秋卻實實在在地追求到了。在同仁中，如徐志摩、李長之、老舍等人，都可以說是梁實秋的朋友，而且都是因文學活動而結識，而又在文學活動中從瞭解到欣賞，到信任，讓友情逐漸深化的。這裡主要談談梁實秋與徐志摩的友情。之所以選擇他倆的友情為例，是因為在中國這樣有著文人相輕傳統的國度裡，要在儕輩中尋找到真正的朋友並建立基於理想的友情，是十分困難的，更何況，兩人不僅性情差別極大，而且專業領域也不同，徐志摩屬於多情、浪漫，風流瀟灑的才子，而梁實秋則是穩健、平和，守禮持重的紳士；徐志摩浪漫、熱情，有如一團火，而梁實秋卻與徐志摩相反，謹慎、持重，就像一枝獨立的樹。兩人在交往時期，徐志摩主要從事詩歌、散文創作，是一個詩人、作家，而梁實秋此時則主要從事的是文學批評工作，是一個理論工作者，在中國文壇，即使是現代中國文壇，從事創作的不喜歡從事批評的，從事批評的瞧不起從事創作的，大有人在，其相互攻擊也是屢見不鮮的。而正是這兩個性情差別極大、專業也不同的人，卻建立了穩固的友情，直到一方離世，並且，梁實秋還在與徐志摩的交往中，似乎是無意，但也許是有意地受到了徐志摩多方面的影響，所以，值得特別論述，也特別能體現梁實秋理想友情的特點與深層情趣。

　　梁實秋與徐志摩相識於1922年，其緣由是一次文學活動。那時，梁實秋還在清華學校讀書，而徐志摩則已從歐洲留學回國，「才名籍甚」，詩名亦已漸張，這年秋天，清華文學社的學生想請徐志摩開個講座，於是，梁實秋即托同學梁思成去和徐志摩接洽，

---

[84] 梁實秋：〈談友誼〉，《梁實秋散文》第一集，中國廣播電視出版社1989年版，第283頁。

因徐志摩乃梁思成之父梁啟超的弟子，所以，徐志摩欣然應允。徐志摩到清華講演那天，梁實秋對徐志摩的第一印象是：

> 志摩飄然而至，白白的面孔，長長的臉，鼻子很大，而下巴特長，穿著一件夾袍，加上一件小背心，綴著幾顆閃閃發光的紐扣，足登一雙黑緞皂鞋，風神瀟散，旁若無人。[85]

也許是對徐志摩的第一印象很深，所以，梁實秋與徐志摩開始了交往。剛開始，他們之間的來往不是很頻繁，但也不疏朗。兩個同為「新月」成員，文交自然少不了，但外人看來也很自然而平常，沒什麼特別；兩個有私交，徐志摩有時光臨梁實秋家對弈談心，也不過平常事，沒有什麼特殊。梁實秋「幾次」拜會徐宅，還見過徐志摩的老父親好幾次，表面看來也不過一般應酬。但就在這種表面看來並不特殊的關係中，梁實秋與徐志摩不僅建立了深篤的友情，而且，梁實秋也摸透了徐志摩的家庭情況，生活行狀以及人品才情。

兩人除了生活方面的交往，但更多的是文學活動方面的交往，特別是徐志摩組織「新月」書店，梁實秋也成為了其中一員之後，他們的「文交」活動就逐漸地變得密切起來了，梁實秋也對徐志摩的好感也逐漸地增強了。在與徐志摩的交往中，他發現，徐志摩這個人雖然聰明過人，亦不乏浪漫情懷，也敢於「冒天下之大不韙」「離婚又娶」，與陸小曼的戀情更是鬧得滿城風雨，但為人坦蕩、真誠而又頗有雅量。後來，為了反駁一些人對徐志摩的攻擊，梁實秋在〈談徐志摩〉包含情感地寫下了一段對徐志摩的充滿詩意的評價：「有人說志摩是紈絝子弟，我覺得這是不公道的。他專門學的

---

[85] 梁實秋：〈談徐志摩〉，《梁實秋散文》第一集，中國廣播電視出版社1989年版，第161頁。

學科最初是社會學，有人說他後來在英國學的是經濟，無論如何，他在國文、英文方面的根底是很結實的。他對國學有很豐富的知識，舊書似乎讀過不少，他行文時之典雅豐贍即是明證。他讀西方文學作品，在文字的瞭解方面沒有問題，口說亦能達意。在語言文字方面能有如此把握，這說明他是下過功夫的。一個紈綺子弟能做到麼？志摩在幾年之內發表了那麼多的著作，有詩，有小說，有散文，有戲劇，有翻譯，沒有一種形式他沒有嘗試過，沒有一回嘗試他沒有出眾的表現。這樣辛勤的寫作，一個紈綺子弟能做到麼？志摩的生活態度，浪漫而不頹廢。他喜歡喝酒，頗能豁拳，而從沒有醉過；他喜歡抽煙，有方便的煙槍煙膏，而他沒成為癮君子；他喜歡年輕的女人；有時也跳舞，有時也涉足花叢，但是他沒有在這裡面沉溺。游山逛水是他的嗜好，他的朋友大部分是一時的俊彥，他談論的常是人生哲理或生活藝術，他給梁任公先生做門生，與胡適之為膩友，為泰戈爾做通譯，一個紈綺子弟能做到麼？」[86]徐志摩不僅才情出眾，而且對新月書店的工作更是「奔走最力」，在新月書店中，如果說，胡適是領袖的話，那麼「事實上志摩是新月的靈魂」，徐志摩不僅是新月的靈魂，他也是朋友們聯繫的紐帶，他有活潑的頭腦，有敏銳的洞察力，有廣泛的興趣，旺盛的創作力，更有洋溢的熱情，他不僅筆下走龍蛇，憑藉「結實」的功底和浪漫的才氣為文壇奉獻了一首首美妙的詩篇和散文作品，而且，他走到那裡，就將勃勃生氣帶到那裡，與人相處，總為別人考慮，即使在一些很小的事情上，也顯示出做人的雅量，比如，下棋，梁實秋曾記敘了這樣一件事：「有一天志摩到我的霞飛路寓所來看我，看到桌子上有散亂的圍棋殘局，便要求和我對弈，他的棋力比我高，下子飛快，撒豆成兵一般，常使我窮於應付，下至中盤，大勢已定，他

---

[86] 梁實秋：〈談徐志摩〉，《梁實秋散文》第一集，中國廣播電視出版社1989年版，第177—178頁。

便托故離席，不計勝負。我不能不佩服他的雅量。」[87]所以，後來梁實秋感慨：「我數十年來奔走四方，遇見的人也不算少，但是還沒有見到一個人比徐志摩更討人喜歡。」[88]在梁實秋看來，在中國詩歌界，固然不乏有詩性之人，但像徐志摩這樣有詩性而又有德性的人卻並不多。

中國俗話有「近朱者赤，近墨者黑」之說，梁實秋與徐志摩交往，隨著兩人交往的加深，梁實秋不僅十分欣賞徐志摩的文筆，而且，還深受其影響，如，梁實秋說，徐志摩「行文典雅豐贍」，而梁實秋之後的《雅舍小品》的文字也頗為相似；梁實秋不僅在文學活動方面欣賞徐志摩，而且，在為人處世方面也深受其影響。葉公超先生曾在悼念徐志摩的文章中評價徐志摩說：「他對於任何事，從未有過絕對的怨恨，甚至於無意中沒有表示過一些憎嫉的神氣。」[89]梁實秋認為，葉公超先生對徐志摩的評價是「非常恰當的」[90]。而對照梁實秋，不也正是如此地為人處事的嗎？而梁實秋在文學創作上和為人處事上都有徐志摩的影子，則只說明一點，那就是梁實秋對徐志摩很瞭解，很欣賞，很信任，兩人建立了深厚的友誼，因為，不瞭解對方，無以把握對方的優點、缺點和特點；不欣賞對方，當然不會受對方的影響，至於不信任對方，則根本不可能讓交往向友情方面發展。從這個意義上，我們完全可以說，梁實秋與徐志摩的交往雖然只有十年，但兩人所建立的友情，則是基

---

[87] 梁實秋：〈談徐志摩〉，《梁實秋散文》第一集，中國廣播電視出版社1989年版，第181頁。

[88] 梁實秋：〈談徐志摩〉，《梁實秋散文》第一集，中國廣播電視出版社1989年版，第179頁。

[89] 轉引自梁實秋：〈談徐志摩〉，《梁實秋散文》第一集，中國廣播電視出版社1989年版，第180頁。

[90] 梁實秋：〈談徐志摩〉，《梁實秋散文》第一集，中國廣播電視出版社1989年版，第180頁。

於瞭解、欣賞和信任基礎上的理想的友情，梁實秋在這種理想形態
的友情中，不僅獲得了文學的陶冶、情感的慰藉，而且也品味了友
情的深層情趣。這也就難怪，當徐志摩不幸因飛機逝世後，梁實秋
寫了長篇的悼念文章，而這樣長篇的悼念文章，梁實秋只獻給了他
一生中遇見的三個人：一個是他的結髮妻子程季淑，一個則是徐志
摩，一個是聞一多。其中，聞一多是梁實秋的同窗，而徐志摩則只
是同仁，沒有同窗之誼。如果說，梁實秋以長篇文章悼念髮妻是由
於愛情，悼念聞一多是出於同窗之情的話，那麼，很顯然，梁實秋
以長篇文章悼念徐志摩的內在動力，不是別的，正是友情，而且是
他最為青睞的理想的友情，他筆下湧出的幾萬字的哀思，正說明徐
志摩是他難得的朋友，他與徐志摩的友情，是難得的友情。他太珍
惜這段友情了，他太懷念這位友人了，所以，當徐志摩因飛機失事
不幸罹難後，在悼念這位友人的時候，梁實秋的筆下才湧出了澆不
熄的熱情，寫不盡的惋惜，說不完的心緒。

　　梁實秋不僅在同仁中獲得了理想的友情，而且，在異性中也獲
得了理想的友情。梁實秋與冰心的友情就是一個例子。

　　梁實秋與冰心的友情，也是在「文交」基礎上建立起來的，
其形態也是理想化的。梁實秋在〈談友誼〉一文中曾寫下過這麼一
段話：「好像是王爾德說過，『一個男人與一個女人之間是不可能
有友誼存在的。』一般而論，這話是對的，因為男女之間如有深厚
的友誼，那友誼容易變質，如果不是心心相印，那又算不得是友
誼。過猶不及，那分際是難以把握的。」[91]然而，梁實秋與冰心的
友誼不僅具有心心相印性，而且，他們的友誼也的的確確沒有「變
質」；他們的友誼不僅品質極高，而且其時間跨度也極長，整整持
續了半個世紀之多，直到梁實秋1987年離開這個世界，他們的友誼

---

[91]　梁實秋：〈談友誼〉，《梁實秋散文》第一集，中國廣播電視出版社1989
　　年版，第284頁。

才不得不自然終止。馬克・吐溫曾說，「神聖的友誼之情，其性質是如此的甜蜜、穩定、忠實、持久，可以終身不渝」[92]，梁實秋與冰心的友誼之情就是這種「神聖的友誼之情」。

梁實秋最初見到冰心是1923年，而且，從情景來看，此次見面也仍然是屬於「文交」的性質。這年梁實秋從清華學校畢業後赴美國留學，在乘坐的美國商船傑克遜總統號上，與冰心不期而遇。相遇的具體情景及梁實秋對冰心的第一印象，梁實秋曾有具體的描述：

> 初識冰心的人都覺得他不是一個令人容易親近的人，冷冷的好像要拒人於千里之外。她的《繁星》、《春水》發表在晨報副刊的時候，風靡一時，我的朋友中如時昭瀛先生便是最為傾倒的一個，他逐日剪報，後來精裱成一長卷，在美國和冰心相遇的時候恭恭敬敬的獻給了她。我在創造週報第十二期（一九二三年七月二十九日）寫過一篇〈繁星與春水〉，我的批評是很保守的，我覺得那些小詩裡理智多於情感，作者不是一個熱情奔放的詩人，只是泰戈爾小詩影響下的一個冷雋的說理者。就在這篇批評發表不久，於赴美途中的傑克遜總統號的甲板上不期而遇。經許地山先生介紹，寒暄一陣之後，我問她：「您到美國修習什麼？」她說：「文學。」她問我：「您修習什麼？」我說：「文學批評。」話就談不下去了。[93]

---

[92] 轉引自梁實秋：〈談友誼〉，《梁實秋散文》第一集，中國廣播電視出版社1989年版，第284頁。

[93] 梁實秋：〈憶冰心〉，《梁實秋散文》第三集，中國廣播電視出版社1989年版，第303—304頁。

　　初次見面，雖然是「文交」，但由於一個是創作文學的人，一個是從事文學批評的人，因此，兩人的談話並不投機，梁實秋對冰心的印象也並不怎麼優良，但，正如梁實秋所說，友誼是需要時間來洗煉的。其實，他們兩人之間友誼的洗煉時間並不長，就在初次見面不久，還是在同一條船上，為了打發赴美旅程的漫長時間，梁實秋和冰心還有其他幾個年輕人在船上「興致勃勃的辦了一份文學性質的壁報」，取名《海嘯》。《海嘯》猶如一條紐帶，拉近了兩人之間的距離。

　　到達美國後，隨著交往的增多，梁實秋逐漸被冰心的魅力所吸引，對冰心的看法也發生了巨大的改變，「我逐漸覺得她不是恃才傲物的人，不過對人有幾分矜持，至於她的胸襟之高超，感覺之敏銳，情性之細膩，均非一般人所企及。」[94]正是由於對冰心有了良好的感覺，因此，從在美國留學開始，兩人就有了頻繁的交往，當然，兩人開始頻繁交往的時候，也還是以「文交」為主，他們一起討論文學問題，一起將中國古代的戲劇《琵琶記》搬上了在美國的舞臺。後來，隨著交往的擴大、加深，兩人在性情上也相互瞭解、欣賞、關心。冰心因為在海邊長大，所以對海有特殊的感情，很喜歡波濤洶湧的大海，梁實秋在青島大學教書期間，「幾次三番的寫信給她，從沒有忘記提到海」。他們由「文交」培養起來的友情，隨著時間的流逝越來越深厚，也越來越純淨。抗戰時期，兩人同在重慶，常常就文學問題一談就是幾個小時，有時也討論男人、女人、孩子、家庭等問題。有時，梁實秋邀請冰心為他主編的刊物寫稿；有時，冰心也主動地為梁實秋主編的刊物寫稿，兩人真正成了心心相印的「文友」。冰心在給梁實秋的信中說：「實秋：你的信，是我們許多年來，從朋友方面所未得的，真摯痛快的好信！看

---

[94] 梁實秋：〈憶冰心〉，《梁實秋散文》第三集，中國廣播電視出版社1989年版，第304頁。

完了予我們以若干的歡喜。」[95]而梁實秋也從冰心的友情中，享受了人生難得的快樂，直到一道海峽將兩人分開，兩人的「文交」，兩人的通信才被迫中斷，但友情卻從來就沒有中斷。1968年，當梁實秋從別人那裡得知「冰心夫婦雙雙服毒自盡」的誤傳後，不禁「一灑同情之淚」，寫下了〈憶冰心〉一文，待得知冰心仍然健在之後，他欣喜不已，急忙通過在大陸的女兒與冰心全家聯繫，重新連接上了被政治中斷的友情，直到1987年他離開這個世界。

那麼，是什麼使得梁實秋與冰心這對異性「文友」能如此甜蜜、持久、穩固地保持這種友情呢？在我看來，原因主要有兩個，一個是梁實秋善於構造友情的理想境界；一個是梁實秋始終能以「外圓」的方式，保持與冰心之間的那種友情的適度距離。

從第一個原因看，梁實秋曾說：「我總以為勸善規過是友誼之消極的作用。友誼之樂是積極的。」又說：「共用快樂，比共受患難，應該是更正常的友誼的趣味。」[96]梁實秋正是如此行事的。儘管在現實中梁實秋遭遇過諸多不痛快的事，心中也積累了一些不痛快，但是，他卻從來不將自己的不痛快鍥入兩人的交往之中，而總是將人生的快樂與文學上的浪漫情趣，調配得有滋有味與冰心共用、同樂。所以，梁實秋與冰心雖為異性朋友，卻能找到健康、愉快的話題，構造融洽、美妙的氣氛，保持雅致、純淨的理想友情。

從第二個原因看，梁實秋與冰心的交往主要是「文交」，他們的友情也主要是文人之誼，他們可以「無話不談」，甚至也可以討論男人、女人的問題，但卻從來不談男女之愛；他們相互欣賞，也相互關心，卻往往與各自的家庭相聯繫，不僅欣賞對方，也欣賞對

---

[95] 轉引自梁實秋：〈憶冰心〉，《梁實秋散文》第三集，中國廣播電視出版社1989年版，第308頁。

[96] 梁實秋：〈談友誼〉，《梁實秋散文》第一集，中國廣播電視出版社1989年版，第285頁。

方的家庭，欣賞對方的配偶，不僅彼此尊重，也尊重對方的配偶，兩人來往的所有信件，在各自的家庭中都是公開的，兩人的友情也由此得到了各自家庭的贊許，如此一來，兩人的友情，實際上就成為了兩個家庭的友情，兩人友情所帶來的快樂，也就成了兩個家庭的快樂，而兩個家庭的快樂作為兩個人「文交」的基礎，在現實性上也就直接地鞏固了兩人的友情，也豐富了兩人友情的內容，從而使兩人的友情始終具有快樂、坦率、融洽的氣氛，始終具有友好、真誠、健康的意味。

冰心曾經說：「花有色、香、味，人有才、情、趣。在我的朋友中，只有梁實秋最像一朵花。」[97]冰心對梁實秋的評價充滿了詩情畫意，其對梁實秋的欣賞之意溢於言表，也形象、生動而又較為準確地用花映襯出了梁實秋的氣質、素養、人品。冰心之所以用如此美好的比喻來讚譽梁實秋，一方面固然是梁實秋自身的魅力使然，另一方面則是兩人的友情使然。他們友情的親密、純淨，不僅使冰心有效地瞭解了梁實秋的人品、才能，而且，使冰心在評價梁實秋時也無所顧忌，使用比喻性的句子和女性化的詞彙亦可率性而為，不會產生「肉麻」之味，更不會在兩個家庭中產生「軒然大波」，也根本不怕別人的猜疑，因為，「身正不怕影子斜」，即使冰心這是在「吹捧」梁實秋，那也是出於至真至善的本心，是出於純粹的友情，既不帶任何功利目的，更不帶絲毫的「異味」、怪味。如果有人真要進行指責，在我看來，那也不過是一種嫉妒心的表現，絲毫無損梁實秋與冰心的純淨友情，可能還會適得其反。這也正是他們純淨友情的魅力，而這種魅力的產生，在很大的程度上應該歸功於他們在與異性的交往中，包括異性文人的交往中理想分寸的把握，而這種對分寸的把握，本身也很有魅力，本身就值得欣賞。

---

[97]　《梁實秋文學回憶錄》長沙嶽麓書社1989年版，第158頁。

　　那麼，什麼是梁實秋友情的現實形態呢？這種現實形態的友情主要指梁實秋與前輩、同窗、同仁之間的友情，這種友情，雖然與理想形態的友情一樣，都是在「文交」的過程中產生的，但卻也有一定的規定性，其規定性概括起來就是：作為朋友，需要相互瞭解，但不一定需要相互欣賞，即使欣賞對方，也一般不受對方的影響，特別在文學創作風格的追求與為人處世方面；作為同仁、同窗，需要相互信任，但不一定需要構造純淨快樂的生活情趣，甚至也不一定需要達到「無話不談」的「深交」的境界，如梁實秋與冰心一樣；對長一輩的朋友，需要給予相當的尊重，但不一定要引為「知音」，更不能像有的人一樣，逢人就提「我的朋友胡適之」。如果說，在理想形態的友情中，梁實秋更注重的是雙方精神上的融洽所構造的快樂氣氛的話，那麼，在現實形態的友情中，梁實秋則更重視對方的才能、才情與才氣；如果說，在理想形態的友情中，梁實秋更注重自己的感受，即喜愛對方的話，那麼，在現實形態的友情中，梁實秋則更注重自己對別人的方式，這些方式主要包括西方式的坦誠與東方式的義氣，他們猶如兩個支點，支撐著梁實秋對現實形態的友情的追求，也直接地構成了梁實秋現實形態友情的基本特色。

　　梁實秋的坦誠主要表現在，他儘管對與自己有過矛盾衝突的文化名流因為「道不同不相為謀」也常不自覺地表現出中國傳統文人的那種「文人相輕」的陋習，但對與自己沒有過矛盾衝突的文化名流，無論曾經是否有過深交，甚至也不管是否認識，都能以誠相待，真誠地敬重這些名流的才能與智慧，並與之建立相應的友誼，即使這些名流的才能與智慧所凝聚成的文學作品的風格，與自己青睞的風格有差距甚至格格不入，梁實秋也以坦誠的態度給予實事求是的評說，絕不「黨同伐異」。從絕對的意義上講，梁實秋能與這些文人建立友誼，主要就是「惜才」，即被他們在作品中，或者在

文稿中所顯露的才能、才情、才氣所吸引。例如老舍與沈從文。梁實秋與他們本是素未平生，後來卻成了很要好的朋友，而這兩位中國現代文學史上的著名作家成為梁實秋朋友的契機，既不是相互之間的幫助，也不是由於什麼人的引薦，更不是世俗的拉幫結派的結果，而是由於「以文會友」的結果，由於老舍與沈從文在自己的作品中顯露的才氣、才能及特色吸引梁實秋的結果。梁實秋在〈憶老舍〉[98]一文中曾如是說：

> 我認識老舍相當晚，他早年出版的《老張的哲學》、《趙子曰》、《二馬》引起我注意的大部分是由於他的北平土話。……老舍的小說規模大，用意深，有新文藝的氣象，但是保存了不少的相聲味道。土話在文學裡有其特殊的地位，於形容特殊人物時以土話表達他的談吐，特別的容易顯示其個性，在對話中使用土話已成為廣泛使用的技巧，不過老舍的小說是從頭到尾成本大套的使用土話，這就不尋常了。以土話寫小說，不只是白話文學了。因為白話和土話還是有距離的。我是北平人，特別欣賞他的小說，讀他的文字如見其人，一個規規矩矩的和和氣氣的而又窩窩囊囊的北平旗人。[99]

　　儘管當時胡適等人對老舍的小說評價不高，認為老舍的幽默是「勉強造作的」，但梁實秋並不因敬重胡適而隨聲附和或者保持

---

[98] 梁實秋寫過兩篇同題的〈憶老舍〉的文章，分別收入《實秋雜文》和《看雲集》兩本散文集中。見《梁實秋散文》第三集中國廣播電視出版社1989年版。

[99] 梁實秋：〈憶老舍〉，《梁實秋散文》第三集，中國廣播電視出版社1989年版，第361—362頁。

沈默，而是基於自己的閱讀得出自己的價值判斷，對老舍的小說作出了較為切合實際的評說，不僅評說了老舍小說中的土話的「不尋常」性，而且較為準確地指出了老舍小說中的情感傾向與風格特徵：「老舍的為人與作品充滿了對窮人的同情，希望窮人的生活能夠改善，但是他並不擺出所謂『革命』的姿態。這是他的寬厚處，激烈剛腸，但是有他的分寸。他沉著，他不張牙舞爪。」[100]並由此真誠的與老舍開始了「文交」。隨著與老舍「文交」的增多，梁實秋不僅對老舍的文才越來越佩服，而且對老舍的個性也頗為讚賞。在梁實秋的另一篇〈憶老舍〉的文章中他說：「老舍的才華是多方面的，長短篇小說，散文，戲劇，白話詩，無一不能，無一不精。而且他有他的個性，絕不俛仰隨人。」[101]就是在這樣真誠的佩服中，兩人成為了好朋友。

梁實秋與沈從文的交往，也主要是由於沈從文的才氣吸引的結果。沈從文的才氣表現在多方面，他不僅以「出身行伍」的身份寫出了洋洋灑灑的錦繡文章，而且天生就寫得一筆好字。梁實秋第一次注意沈從文，就是因為沈從文文稿上的那挺拔、俏麗的字體。在〈憶沈從文〉中梁實秋曾說：「我現在先發表他（沈從文——引者注）一封信，大概是民國十九年間他在上海時候寫給我的。信的內容沒有什麼可注意的，但是幾個字寫得很挺拔俏麗。」[102]同時，在教書方面，沈從文也顯示了自己驚人的聰明。沈從文沒有接受過任何正規的教育，當然也沒有任何學歷或學位，更沒有像梁實秋他們一樣出國留過學，但由於沈從文頗有才華而受到同樣才華出眾的

---

[100] 梁實秋：〈憶老舍〉，《梁實秋散文》第三集，中國廣播電視出版社1989年版，第361頁。

[101] 梁實秋：〈憶老舍〉，《梁實秋散文》第三集，中國廣播電視出版社1989年版，第295頁。

[102] 梁實秋：〈憶沈從文〉，《梁實秋散文》第三集，中國廣播電視出版社1989年版，第329頁。

徐志摩的賞識並將他推薦到胡適任校長的中國公學教國文，梁實秋
認為，這是一件極不尋常的事，因為一個沒有正常的適當的學歷
資歷的青年而能被一個受過各種規範教育且出國留過學、才華橫溢
的人賞識，實在是很不容易的，這也正說明瞭沈從文真的很有才。
當然，有才是一回事，教書又是另一回事。由於從沒拿過教鞭，又
缺乏正規的學院訓練，因此，沈從文初登講臺時，常常陷入窘困之
中。有時，他仔仔細細備課，準備了足供一小時用的講稿，不料，
面對黑壓壓的一片人頭，他緊張異常，以至於三言兩語就把要說的
話說完了。但是，天性聰穎的沈從文經過自己的努力，不僅在大學
的講臺上站穩了腳，而且形成了自己特有的教學風格。對此，梁實
秋以自己多年為師的經驗讚賞地評價說：「記問之學不足以為師，
需要有啟發別人的力量才不愧為人師，在這一點上從文有他獨到之
處，因為他有豐富的人生經驗和好學深思的性格。」[103]梁實秋也正
是因為敬慕沈從文的才華，而與之建立了真誠的友誼。

　　不僅如此，對於像老舍、沈從文等有才華的人，梁實秋對待
他們不僅真誠，而且還頗為講義氣，特別是在他們處於困境中時，
梁實秋往往盡其所能幫助他們。如，我在前面已經特別提到的梁實
秋對李長之的經濟幫助與情感疏導，就是一個最好的例子。梁實秋
這種在朋友處危難之時所做的善事，雖然不是什麼「為朋友兩肋插
刀」的壯舉，卻也鮮明地反映了梁實秋對朋友的真情實「義」，顯
示了具有東方人格的梁實秋講義氣的品格。正是這種講義氣的品格
使他在結交眾多文化名流的同時，也被大家接受。

　　當然，作為一個有自己是思想主張與性格的文人，梁實秋的
「文交」不可能沒有傾向性，也難以免俗，有時甚至也會於不自覺
中丟掉一貫的平和待人，淡泊處事的生活原則，而遁入「黨同伐

---

[103] 梁實秋：〈憶沈從文〉，《梁實秋散文》第三集，中國廣播電視出版社
　　　1989年版，第330—331頁。

異」、激進偏執的窠臼。這種傾向性及難以免俗，正是梁實秋與文化名流交往中的複雜性的具體表現，也是梁實秋性格中複雜性的一面。

梁實秋在〈談友誼〉中曾說：「物以類聚，人以群分。臭味相投，方能永以為好，交朋友也講究門當戶對，縱不必像九品中正那麼嚴格，也自然有個界限。」[104]交朋友的「界限」是什麼呢？答案一目了然，傾向相近，即「臭味相投」。在梁實秋看來，只有傾向相近，交往才可能長久，反之則無法長久，甚至根本不會有交往，即使有交往，那也只能是由對立形成的逆向交往，不可能形成順向的友誼。如果僅僅因為傾向不同而不交往，或僅僅由對立形式展開交往，這也沒有什麼奇怪，因為，誰都無法真正做到「四海之內皆兄弟」的地步，誰也不可能只有朋友而沒有敵人或者對立面，尤其在20世紀風雲動盪的時代，尤其對文人來說，更是如此。但梁實秋卻對傾向不同的人，其做法就有失公允了，他不僅不交往，更故意貶損；反之，對與自己趣味相投的人，有時也不免有意粉飾。這一點，梁實秋在對待魯迅與陳源兩個人的評價中，表現得最為明顯，也最為充分。

魯迅是梁實秋思想主張的對頭，梁實秋自然不會與魯迅交往，不僅不會交往，甚至形成了梁實秋交遊的一種明顯傾向：凡是與魯迅交往密切的文人，梁實秋基本「敬而遠之」；反之，凡是與魯迅在思想主張上相左的文人，梁實秋則視為同仁。陳源作為「新月派」的骨幹曾與魯迅進行過激烈的筆戰，梁實秋當然視為朋友，兩人的交往也一直十分密切，而且，幾十年後，當陳源病逝，梁實秋還不忘借朋友的亡魂對早已逝世的魯迅來一番貶損，對自己的朋友來一番頌揚。在〈悼念陳通伯先生〉一文中，梁實秋開首即寫

---

[104] 梁實秋：〈談友誼〉，《梁實秋散文》第一集，中國廣播電視出版社1989年版，第283頁。

道：「我初識通伯先生是在民國十五年夏，那時候他正在《現代評論》上寫『閒話』，和魯迅先生打筆墨戰正酣。魯迅的文筆潑辣刻薄，通伯的文字冷靜雋雅，一方面是褊激徼幸，一方面是正人君子。」[105]這段文字活脫脫地映現出了梁實秋對「不同政見者」的傾向性及情感態度。涉及魯迅的四個詞，除一個詞「潑辣」可作正面解釋之外，其他三個詞均為貶義詞，即刻薄、褊激、徼幸，這三個貶義詞既指向魯迅的文筆，也指向魯迅的人品，兩者的結合，實際等於全面否定了魯迅的為文、為人，也即是說，魯迅一無是處，為人心胸狹隘、偏激，為文則刻薄、毒辣；相反，涉及陳源的四個詞則均為褒義詞，不僅是褒義詞，而且是很高的褒義詞，這四個褒義詞也是既指涉陳源的文學創作，也指涉陳源的修養人品，兩者結合等於將陳源塑造成了一個現代文學界的聖人，至少是一個「高人」，為文，則是「冷靜雋雅」，有獨特的風格；為人，則是「正人君子」，光彩照人。到文章即將結束的時候，梁實秋還不忘冠冕堂皇地褒揚陳源的「忠厚」，而隱晦曲折地貶損魯迅，說像魯迅這種「臨死咽氣的時候一個敵人也不饒」的人，與陳源「真不可同日而語」[106]，將自己對「不同政見者」的偏見，表達到了極致。梁實秋這種褒陳貶魯的傾向的是非、對錯，我們不作評論，因為，文學史的史實俱在，魯迅的為人及雜文的地位學界亦有眾多評價，如果僅僅用一個指標來衡量陳源，即文學創作的指標，我們也可以發現，陳源的創作，無論是數量，還是受關注的程度，都真的是無法與魯迅「同日而語」的。梁實秋對兩個「故人」截然相反的態度及評價中所表現的截然相反的傾向，既表明梁實秋在無意識（也許有

---

[105] 梁實秋：〈悼念陳通伯先生〉，《梁實秋散文》第三集，中國廣播電視出版社1989年版，第327頁。

[106] 梁實秋：〈悼念陳通伯先生〉，《梁實秋散文》第三集，中國廣播電視出版社1989年版，第328頁。

意識）中復活了中國傳統的「文人相輕」惡習，也反映出梁實秋在與文化名人的交遊中更重「思想主張相同」的一貫風格，儘管這種風格是以明顯的偏頗表現出來的，但究竟也是一種風格。

梁實秋交友的這種傾向性，不僅在與「論敵」的「交往」中有鮮明的體現，即使在與同窗好友的交往中也時有流露。最典型的是他與聞一多的交往。

梁實秋與聞一多同為清華學校的學生，聞一多1913年入清華，梁實秋1935年入清華，聞一多因在清華多滯留了兩年，故梁實秋與聞一多同屆畢業，也一起同年赴美留學。回國後，兩人又曾同時執教於青島、北平等地的大學。因此，兩人不僅交往密切，而且，交往的時間也頗長。對於聞一多的為人、才學、政治態度，梁實秋可以說是瞭若指掌，但是，1946年，聞一多在昆明被國民黨特務暗殺，對於這一在當時引起全國轟動的政治事件，梁實秋應該是知道的，至少是聽說過的，但他卻對此一直諱莫如深。1966年，當他撰寫關於聞一多的文章時，在〈談聞一多〉一文中，開首就來了這麼一個聲明：「我所知道的聞一多是抗戰前的聞一多，亦即是詩人學者之聞一多」，至於「聞一多如何成為『鬥士』，如何鬥，和誰鬥，鬥到何種程度，鬥出什麼名堂，我一概不知。」[107]文章還沒進入正題，一個聲明就將自己的傾向性表露出來了。梁實秋諱言聞一多最輝煌的作為「鬥士」的人生事件，而僅僅著眼於談論作為詩人、學者的聞一多，至少反映了梁實秋的兩種心態：一種是，作為一個自由知識份子，他不願正視聞一多從自由知識份子轉變為革命知識份子，從一介書生轉變為民主鬥士的歷史事實，不願意承認聞一多的思想、身份發生的根本性的轉變；一種是，作為一個追隨國民黨一起離開大陸到臺灣的文人，他不想通過聞一多被害一事自

[107] 梁實秋：〈談聞一多〉，《梁實秋散文》第一集，中國廣播電視出版社1989年版，第359頁。

己否定自己的追隨。這本身就表明了他的傾向。而他之所以熱衷於
談論抗戰前的聞一多，也主要是因為這一時期的聞一多，不僅與他
有著密切的「文交」，而且更為重要的是曾有過政治思想方面的共
鳴，並組織過政治團體。還在留美時期，血氣方剛的梁實秋、聞一
多就與羅隆基等人一起，基於強烈而幼稚的愛國熱情，發起並組織
了一個提倡「國家主義」的「大江」社。梁實秋在〈談聞一多〉一
文中曾詳細地記敘了他們在美國芝加哥一家旅館討論國家形勢，組
織「大江」社的經過：

> 會談有了結論之後，就進一步討論到組織問題。首先要解
> 決的是名稱，你一言我一語喧嚷了好幾天，最後勉強同意
> 使用「大江」二字，定名為「大江會」，也沒有什麼特殊
> 意義，不過是利用中國現成專名象徵中國之偉大悠久。大
> 江會的成立典禮就在這家旅館的客廳舉行。我從國內帶來
> 一幅定制的綢質的大國旗，長有一丈，這一回可派上了用
> 場。典禮的一個項目是宣誓，十次是：「余以至誠宣誓，
> 信仰大江的國家主義，遵守大江會章，服從多數，如有違
> 反願受最嚴屬之處分。」「大江的國家主義」，所以表示
> 異於普通的狹隘的軍國主義。……從此，我們就是宣過誓
> 的國家主義者了。[108]

　　站在今天的立場來看，梁實秋與他的同學們當年信奉「國家
主義」也許是幼稚的，但，從他們當時的理想和動機來看，卻是
可以理解的。梁實秋信奉並提倡國家主義，從動機看無非是為了
在當時軍閥混戰、民不聊生的中國土地上找到一條能使國家新生、

---

[108] 梁實秋：〈談聞一多〉，《梁實秋散文》第一集，中國廣播電視出版社
　　　1989年版，第392—393頁。

強大的道路，希圖借西方國家主義的政治理想為自己的祖國創造
一種新的生活，也為自己找到一種更有意義的生活。在這種動機
下，梁實秋信奉並提倡「國家主義」，並非沒有積極意義。而當
時的聞一多也幾乎是與梁實秋一樣抱著尋找救國、救民真理的目
的發起「大江會」的。正是這種思想目標的一致，使梁實秋與聞
一多在同窗關係之外，又增加了一層新的關係：有共同信仰的同
志，這層新關係的建成又進一步地加強了他們之間的同窗關係和
同窗之誼，使他們的友情更為牢固。可是，回到祖國後，曾經以
澎湃的激情在美國抒發過「我要讚美我祖國的花！我要讚美我如
花的祖國」[109]的聞一多，面對祖國土地上的醜惡與苦難，不僅發出
了「我來了，我喊一聲，迸著血淚，『這不是我的中華，不對，不
對！』」[110]的悲聲，而且也開始反省自己曾經信奉的「國家主義」
的信仰，並逐步從埋頭書齋，走向關心政治，從信奉國家主義，到
信奉「民主主義」，並最終完成了從詩人、學者、愛國者到民主戰
士的轉變。

　　與聞一多相比，梁實秋則沒有隨著時代的發展而發展，也沒有
將年輕時期的政治熱情保留下來，更沒有像聞一多一樣對自己的信
仰進行清算，當他曾經信奉的國家主義理想破滅後，他沒有像聞一
多一樣轉向追求一種更有現實意義，更崇高的生活理想，而是自然
地在思想上與聞一多分道揚鑣了。到全面抗戰爆發後，聞一多隨所
在學校到了昆明，梁實秋則一個人從北京逃出，歷經種種危難到了
重慶。昆明與重慶，地理位置的距離，在隔阻了他們交往的同時，
似乎天然地成為了他們思想分道揚鑣的標誌，在整個抗戰時期直到

---

[109] 聞一多：〈憶菊〉，《新詩選》第一冊，上海教育出版社1979年版，第
　　 384頁。
[110] 聞一多：〈發現〉，《新詩選》第一冊，上海教育出版社1979年版，第
　　 392頁。

聞一多遇難，梁實秋與聞一多「不但未能有一次的晤面，即往返書信也只有一次」[111]，而這僅有的一次書信，還與思想交流無關，僅僅是聞一多請梁實秋幫忙為自己的弟弟謀求一個教職的信。所以，梁實秋在談與聞一多的交往時，拒絕談論抗戰時期與抗戰後的聞一多，而只熱衷於談論抗戰前的聞一多，表面上好像是因為抗戰爆發後自己與聞一多沒有交往，不知道聞一多抗戰時期與抗戰勝利後的情況，實際上是因為抗戰時期與抗戰勝利後的聞一多，在思想上已經與梁實秋形同路人了，對於思想上已經沒有了共同點的聞一多，梁實秋當然也就不願談了。這正鮮明地反映了梁實秋交友的一種態度，一種傾向：即使曾是同窗，甚至是同志，如果道路不同，思想各異了，梁實秋也就不再與之交往了，也就自然不會有什麼友情了，即使有友情，也是當年思想有共鳴時期的友情。正是這種態度與傾向，構成了梁實秋與文化名流交往的深層基礎，也自然地形成了梁實秋交遊的思想色彩。他一生都恪守著這種傾向，一輩子都在尋找有思想「共鳴」的朋友，即使在「忘年之交」中，他也沒有放棄這一態度與傾向。

與梁實秋有「忘年之交」的文化名流，絕對必須提到的人物，是三位身名顯赫的大師，一位是梁啟超，一位是胡適，一位是周作人。

梁啟超，是梁實秋最早接觸的早已聞名的文化名流，也是對梁實秋的人生產生過重要影響的文化大師。梁實秋在清華學校讀書時，由於清華學校是留美預備學校，因此，學校與學生都重視外語及相關課程，而不怎麼重視國文、歷史等中文課程，講中國文學史的老師不僅非迂即呆，而且也無優良的教法，大多照本宣科，「毫

---

[111] 梁實秋：〈談聞一多〉，《梁實秋散文》第一集，中國廣播電視出版社1989年版，第359頁。

無發揮,所以我越讀越不感興趣」[112],梁實秋曾自述。但,自從有幸親眼目睹了梁啟超的風采,親身領略了梁啟超淵博的學識、超群的才華、傑出的智慧之後,梁實秋對中國文學有了全新的認識,並由此對中國文學發生了興趣。

事情的原委是這樣的,當年,在梁實秋的同學中,有一位名叫梁思成的同窗,他就是近代中國名流梁啟超的大公子,與梁實秋頗為要好,既是同學,也是朋友。就在梁實秋即將從清華學校畢業的前夕,幾位同學商議想請梁啟超來學校為他們作一次演講,由於有梁思成這層關係,此事沒費什麼周折就辦妥了,梁啟超也沒有任何條件地答應了兒子同學的邀請,講題為〈中國文學裡表現的情感〉,並按照事先約定的時間來到了清華學校。關於梁啟超先生的這次講演的盛況,梁實秋在好幾篇文章中都有記錄,如〈清華八年〉、〈記梁任公先生的一次演講〉、〈講演〉等,其中,尤以〈講演〉一文的記錄最為形象生動:

> 時在一九二三年春,地點是清華學校高等科樓上一間大教室。主席是我班上的一位同學。一連講了三四次,每次聽者踴躍,座無虛席。聽講的人大半是想一瞻風采,可是聽他講得痛快淋漓,無不為之動容。我當時所得的印象是:中等身材,微露禿頂,風神瀟灑,聲如洪鐘。一口的廣東官話,鏗鏘有致。他的講演是有底稿的,用毛筆寫在宣紙稿紙上,整整齊齊一大疊,後來發表在《飲冰室文集》。不過他講時不大看底稿,有時略翻一下,更時常順口添加資料。他長篇大段的憑記憶引誦詩詞,有時候記不起來,楞在臺上良久良久,然後用手指敲頭三兩下,猛

---

[112] 梁實秋:〈清華八年〉,《梁實秋散文》第一集,中國廣播電視出版社1989年,第216頁。

然記起，便笑容可掬的朗誦下去。講起〈桃花扇〉，誦到
「高皇帝，在九天，也不管他孝子賢孫，變成了飄蓬斷梗
……」，竟涔涔淚下，聽者愀然危坐，那景況感人極了。
他講得認真吃力，渴了便喝一口開水，掏出大塊毛巾揩臉
上的汗，不時的呼喚他坐在前排的兒子：「思成，黑板擦
擦！」梁思成便跳上臺去把黑板擦乾淨。每次鐘響，他講
不完，總要拖幾分鐘，然後他於掌聲雷動中大搖大擺的徐
徐步出教室。聽眾守在座位上，沒有一個人敢先離席。[113]

　　正是梁啟超的這次講演，在梁實秋面前展開了一幅嶄新、豐
富、壯美無比的中國文學的圖景，掀開了被清華所聘請的那些迂
腐、呆板的什麼進士、舉人老師們遮蔽在中國文學上的暗淡紗幔，
彰顯出來中國文學固有的神采、神色、神韻，徹底改變了在清華學
校八年裡梁實秋對中國文學的印象，梁實秋由此也被中國文學深深
地吸引了。梁實秋在〈清華八年〉一文中曾不無感慨地說：「我個
人對中國文學的興趣就是被這一次演講鼓動起來的。」[114]
　　從梁實秋的自述來看，他與梁啟超雖沒有建立什麼私下的「忘
年之交」，更沒有像徐志摩那樣入門當梁啟超先生的弟子，但梁啟
超對他的影響卻是巨大的，甚至可以說是直接影響了他對自己未來
人生道路的選擇，影響了他在自我選擇的人生道路上的自我塑造。
　　梁啟超不僅煽起了梁實秋對中國文學的熱情，而且在思維方
式、為學之道等方面也深深地影響了梁實秋，使梁實秋懂得了如何
有效地接受西方文化，如何科學地對待中國文化。梁實秋在〈清華

<hr>

[113] 梁實秋：〈講演〉，《梁實秋散文》第三集，中國廣播電視出版社1989年
　　版，第41頁。
[114] 梁實秋：〈清華八年〉，《梁實秋散文》第一集，中國廣播電視出版社
　　1989年，第216頁。

八年〉中曾這樣評價梁啟超：「任公先生的學問事業是大家敬仰的，尤其是他心胸開朗，思想趕得上潮流」[115]。梁啟超當年講演的內容「中國韻文裡表現的情感」（梁實秋的另一說法是「中國文學裡表現的情感」——筆者注），就充分地反映了梁啟超先生「思想趕得上潮流」，知識淵博、智慧宏富的特點。梁啟超雖為一代國學大師，但做學問卻與中國傳統的國學大師在意向、方法上完全不同，他沒有拘囿於前人那種考據、疏正的做學問的方法，而是在新的時代背景下，運用西方的文學觀念，把握浩如煙海的中國韻文中最深厚，而又長期被人怠慢，甚至壓抑了的情感因素，又調動了自己豐厚的知識積累，從而把一個新問題講解得神采飛揚，壯闊鳳儀。梁啟超這種注重「新」理論、新方法，而又知識鴻博地對中國文學的研究，使年輕的梁實秋有如在寒夜裡碰到了一堆熊熊燃燒的篝火，一下就被烤得渾身發熱，生活的理想也隨之被點亮。所以，幾十年中，梁實秋常常提到梁啟超這次演講給予自己的種種恩惠。完全可以說，梁實秋在成為一位文學名流之前，給他指引了為文方向的不是別人，正是梁啟超。

胡適，是梁實秋十分敬重的又一位導師，也是一位與梁實秋友情頗篤的「忘年之交」。梁實秋也在多篇文章中反覆談到胡適，而且不是泛泛地談，而是或細舉各種實例來說明胡適的習性、為人及風範，如〈胡適先生二三事〉，或給予胡適各種高義的評價，如，〈「但恨不見替人！」〉，或談自己對胡適的認識及自己與胡適的交往，如〈懷念胡適先生〉，等等。但，不管談胡適的什麼，也不管是否談與胡適的交往，字裡行間都充滿了梁實秋對胡適的尊重與愛戴。如在〈懷念胡適先生〉這篇文章中，梁實秋說：「胡先生長我十一歲，所以我從未說過『我的朋友胡適之』，我提起他的時候

---

[115] 梁實秋：〈清華八年〉，《梁實秋散文》第一集，中國廣播電視出版社 1989年，第215頁。

必稱先生，晤面的時候亦必稱先生，但並不完全是由於年齡的差異。」[116]梁實秋對胡適如此敬重，固然有年齡這個客觀的原因在其中起作用，但誠如梁實秋自述，並不完全是這個客觀的原因，那麼還有什麼原因呢？按照尋找問題答案的一般路徑，既然客觀原因不是全部的原因，當然也就應該從對象的主觀方面找原因，這個主觀原因就是胡適的修養，即胡適的修養不能不讓梁實秋敬重。那麼，胡適哪些方面的修養最讓梁實秋敬重呢？如果要進行概括，在我看來，胡適兩個方面的修養最讓梁實秋敬重，一個是胡適的學識；一個是胡適的道德。前者屬於智力範圍，後者屬於人品範圍，也就是說，梁實秋敬重胡適主要是由於胡適的「為文」與「為人」兩方面的修養。

對胡適學識的評說，可以說從胡適張揚起文學革命的旗幟就已經開始了，見仁見智眾說紛紜，有高度讚賞的，也有不屑一顧的，還有認為十分一般的。但不管別人如何評價胡適的學識，梁實秋對胡適的學識卻是畢生敬仰的，他不僅敬仰胡適在中外文化研究等大的方面的學識，即使是胡適早年日記中所表現出的學識，也讓他肅然起敬。他在〈懷念胡適先生〉一文中曾說：「胡先生早年有一部《留學日記》，後來改名為《藏暉室日記》，內容很大一部分是他的讀書箚記，以及他的評論。小部分是他私人生活，以及友朋交遊的記載。我讀過他的日記之後，深感自愧弗如，我在他的那個年齡，還不知道讀書的重要，而且思想也尚未成熟。如果我當年也寫過一部留學日記，其內容的貧乏與幼稚是可以想見的。所以，以學識的豐儉，見解的深淺而論，胡先生不只是長我十一歲可以說長我二十一歲、三十一歲，以至於四十一歲。」[117]梁實秋對胡適的日

---

[116] 梁實秋：〈懷念胡適先生〉，《梁實秋散文》第三集，中國廣播電視出版社1989年版，第339頁。

[117] 梁實秋：〈懷念胡適先生〉，《梁實秋散文》第三集，中國廣播電視出版

記，而且是早期的日記，也就是胡適20多歲的時候寫的日記中所表現的學識都如此讚賞，並「深感自愧弗如」，那麼，對胡適在中外文化研究方面的成就及表現的學識的敬佩，還有胡適宣導文學革命功績的敬佩，也就可想而知了，非「頂禮膜拜」不能形容。

事實也的確是如此。梁實秋認為，胡適先生在中國的地位是沒有人能替代的，他說：「胡先生的位置之所以不易找到替人，是因為那位置的性質不簡單。第一是他的學問。胡先生曾經屢次都謙虛地說，自己不知專攻的是哪一門學問，勉強地說可以算是研究歷史的。實則他接觸的範圍極廣，對中國的文化與西洋的文化都有真知灼見。」[118]不過，梁實秋儘管敬佩胡適的學識，但他似乎只是敬仰，但並不怎麼學習和仿效，相反，對胡適先生的一些學問或研究，他有時還「不無疑問」，如，胡適花了很多精力研究考證一個和尚的墓碑，當梁實秋問胡適為什麼花這麼大精力做這種研究時，胡適說：「我花了這麼多力氣，如果能為後人指示一個作學問的方法，不算白費。」梁實秋聽了胡適的解釋後，是這麼想的：「我私下裡想，功夫固然不算白費，但是像胡先生這樣一個人，用這麼多功夫，做這樣的工作，對於預期可能得到的效果，是否成比例，似不無疑問。」[119]所以，敬佩歸敬佩，梁實秋在做學問方面仍走自己的路，基本沒有受到胡適的影響。

如果說，對胡適的學識，梁實秋除了敬仰之外，並不被敬佩所左右的話，那麼，梁實秋對胡適的道德，則除了贊許、欣賞之外，還將其作為自己做人的楷範，並將胡適宣導和身體力行的道德原

社1989年版，第339頁。

[118] 梁實秋：〈「但恨不見替人！」〉，梁實秋散文》第一集，中國廣播電視出版社1989年版，第328頁。

[119] 梁實秋：〈懷念胡適先生〉，《梁實秋散文》第三集，中國廣播電視出版社1989年版，第341頁。

則、風範，變成了梁實秋自己做人的原則，而這個原則，也成為了梁實秋與胡適交往最為緊密的紐帶；如果說，在學問的領域，梁實秋與胡適的關係主要是晚輩對長輩敬仰的單向關係的話，在道德領域，梁實秋與胡適則真正是一種交往的關係，梁實秋對胡適不僅仍然敬重，而且，似乎更為敬重，因為，在梁實秋看來，「胡先生的人品，比他的才學，更令人欽佩。」[120]，所以，他不僅敬重胡適，而且還踐行胡適提出的道德原則，這種道德原則就是「嚴肅的作人」。梁實秋終其一生都將胡適提出的這一作人的原則當作自己生活的理想，在現實生活中切實依此而行。梁實秋曾感慨，胡適提出的二十字格言「大膽的假設，小心的求證，認真的作事，嚴肅的作人」，一般人只注意前十個字的內容，而少有人注意後十個字的內容，也許正是認識到了這種傾向，所以，梁實秋則更注意後十個字的內容，特別對「嚴肅的作人」五個字的內容，不僅爛熟於心，而且認真地實踐。

胡適的「嚴肅的作人」表現在許多方面，首先是婚姻方面。梁實秋在〈懷念胡適先生〉中寫道：「胡先生的婚姻常是許多人談論的題目，其實這是他的私事，不幹他人。他結婚的經過，在他《四十自述》裡已經說得明白。他重母命，這是偉大的孝道，他重視一個女子的畢生幸福，這是偉大的仁心。……五四以來，社會上有很多知名人士，視糟糠如敝屣，而胡先生沒有走上這條路。」[121]所以，梁實秋說：「我敬佩他的為人。」[122]正是由於胡適在自己的婚姻問題上表現了嚴肅的態度、仁義的心腸、孝順的舉動，因此，梁

---

[120] 梁實秋：〈懷念胡適先生〉，《梁實秋散文》第三集，中國廣播電視出版社1989年版，第345頁。

[121] 梁實秋：〈懷念胡適先生〉，《梁實秋散文》第三集，中國廣播電視出版社1989年版，第345頁。

[122] 梁實秋：〈懷念胡適先生〉，《梁實秋散文》第三集，中國廣播電視出版社1989年版，第345頁。

實秋不僅十分樂於與胡適交往，而且他自己也如法炮製，在婚姻問題上實踐了「嚴肅的作人」的道德信條。

胡適嚴肅的作人的第二個方面是為國盡忠，為民盡責。抗戰時期，國家民族面臨空前的危難，一向不熱衷仕途的胡適被指派為中國駐美國大使，他沒有推辭即奉命上任。在任職期間，為了爭取美國的援助，為了讓美國人民瞭解中國人民的抗戰，胡適風塵僕僕，東奔西走，在美國各地發表演說幾百次，為中國人民的抗日戰爭爭取了物質與道義上的種種援助，為中國抗戰的勝利立下了汗馬功勞。這一點，不僅使梁實秋深為感動和佩服，而且也引起了梁實秋的共鳴，因為，一向對政治沒有興趣的梁實秋，在抗戰中也為國盡了自己的一點義務，如到前線勞軍，編寫抗戰時期的學生教科書等，正是這種為國盡忠，為民盡責的信念和實際行動，成了梁實秋與胡適交遊的一個共同基礎。

胡適「嚴肅的作人」的第三個方面是熱心助人，特別對後起之秀，更是獎愛備至。梁實秋在〈懷念胡先生〉中曾有這樣兩段記載：

> 他（胡適）住在米糧庫的那段期間，每逢星期日「家庭開放」，來者不拒，經常是高朋滿座，包括許多慕名而來的後生。這表示他不僅好客，而且於舊雨今雨之外還隱隱要接納一般後起之秀。有人喜歡寫長篇大論的信給他，向他請益，果有一長可取，他必認真作答。

大約二十年前左右，由臺灣到美國去留學進修是相當困難的事，至少簽證的時候兩千美元存款的保證就很難籌措。胡先生有一筆款，前後貸給一些青年助其出國，言明希望日後歸還，以便繼續供應他人。有人問他為什麼要這樣做，他說：「這是獲利最多的一

種投資。你想，以有限的一點點的錢，幫個小忙，把一位有前途的青年送到國外進修，一旦所學有成，其貢獻無法計量，豈不最劃得來的投資？」[123]

　　而梁實秋本人也直接得到過胡適的幫助。比如，梁實秋翻譯莎士比亞全集的工作，就多方面地得到過胡適的幫助、指點。梁實秋在回憶自己三十年間堅持翻譯莎士比亞全集的情景時很動情的說，始終支持他的人有三位，而第一位就是胡適。梁實秋將胡適放在支持自己的人的第一位，這並非客氣，而是由衷的，也是符合事實的。當初梁實秋並沒有翻譯莎士比亞全集的計畫，是胡適首先鼓勵他，並在財力上支持他，使他有了翻譯莎士比亞全集的信心和經濟方面的保證，並且，他每翻譯、出版一本莎士比亞的文集，胡適總要認真閱讀，從各方面給予指點。梁實秋回憶說：「有一次他從臺灣乘飛機到美國開會，臨行前他準備帶幾本書在飛行中閱讀。那時候我譯的《亨利四世下篇》剛好由開明書店出版了不久，他就選了這本書作為他的空中讀物的一部分。他說：『我要看看你的譯本能不能令我一口氣讀下去。』胡先生是最講究文字清楚的，我的譯文是否夠清楚明白，我不敢說，因為莎士比亞的文字有時候也夠艱澀的。以後我沒有機會就這件事向胡先生請教。」[124]十分可惜的是，等梁實秋翻譯完莎士比亞全部作品，勝利完成這項由胡適倡議的輝煌工作的時候，胡適先生已經駕鶴仙逝了，這不能不讓梁實秋深為惋惜，但是，在這件事上，梁實秋與胡適的交往、友情也隨著莎士比亞全集漢語譯本的面世而永遠地留在了世上。

---

[123] 梁實秋：〈懷念胡適先生〉，《梁實秋散文》第三集，中國廣播電視出版社1989年版，第346頁。

[124] 梁實秋：〈懷念胡適先生〉，《梁實秋散文》第三集，中國廣播電視出版社1989年版，第349頁。

在梁實秋的「忘年之交」中還應特別提到的另一位文化名流是周作人。梁實秋與周作人的交往開始得較早，當年梁實秋與清華的同學組織了一個清華文學社，想邀請一些文學名人來作演講，一天，梁實秋未事先約定就直接找到了座落在北京西城八道灣周作人的住宅。聽完梁實秋道明來意，周作人「用最簡單的一句話」就答應了梁實秋他們的邀請，講演的題目是〈日本的小詩〉。從此兩人開始了交往。

1934年，梁實秋受胡適之邀任教北京大學，與周作人成了同事，儘管梁實秋強調，由於彼此都忙，而且，兩人的住所一個在城東一個在城西相距較遠，因此，兩人的交往不多，但梁實秋對周作人不僅感覺很好，而且也很敬重周作人。梁實秋曾自述：「我很敬重他，也很愛他的淡雅的風度。」[125]周作人對梁實秋也頗為支持，當梁實秋主編週刊《自由評論》的時候，周作人出於對後輩的支持，曾幾次給梁實秋的這個小小刊物寫稿。周作人不僅在文交中支持梁實秋，而且也常邀請梁實秋到家裡做客，梁實秋也就「在『苦雨齋』作過好幾次的座上客」。而周作人也屢次托梁實秋辦事，如，周作人自己有一些存書，適逢梁實秋與學校圖書館有關係，就委託梁實秋將這些存書賣給圖書館，梁實秋「照辦了」；周作人也曾托梁實秋照拂周作人在北京大學外文系讀書的兒子周豐一，梁實秋「當然義不容辭」。這種密切的交往持續到抗戰爆發，周作人成為漢奸才結束。梁實秋之所以與周作人有如此密切的交往，甚至在周作人投敵後還多次為他這種所謂「不得以」的行為辯護，認為「他所以出此下策，也有其遠因近因可察」[126]，除了友情之外，還

---

[125] 梁實秋：〈憶周作人先生〉，《梁實秋散文》第三集，中國廣播電視出版社1989年版，第355頁。
[126] 梁實秋：〈憶周作人先生〉，《梁實秋散文》第三集，中國廣播電視出版社1989年版，第355頁。

有著性格上的相通。梁實秋在〈憶周作人先生〉中曾說：周作人是
「一位高雅的與世無爭的讀書人」，不僅十分敬重周作人的風度，
也十分敬仰周作人「表面上淡泊，內心裡卻是冷峭」[127]的性格。這
種「敬重」本身就說明兩人性情的相投，事實上，當我們將他們兩
人放在一起進行比較時，無論從「風度」，還是從「性格」上看，
他們都十分相近。正是這種性相近、習相似的特點，使梁實秋與周
作人建立了密切的「忘年之交」。

　　當然，梁實秋交往的文化名流，還有一些人也應該一提，如楊
振聲、余上沅、郭沫若、郁達夫等；梁實秋與文化名流的交往還有
許多事情也值得關注，他與文化名流們交往的形式也不僅僅包括我
已經論到的文交、同窗之交與忘年之交三種，但從上面所列舉的一
些交往事件中，我們也大致可以窺見梁實秋交遊的一些特點與意
義了。

　　梁實秋正是在與這些文化名流的交往中，獲得了眾多的智慧與
實惠，為他塑造自身，開創文學、文化事業，實現理想，開闢了道
路、積累了資本、創造了相應的條件，從一定意義上講，沒有他在
這方面成功的交往，也許就不會有他在文學創作、翻譯筆耕等方面
的巨大成就。這是他的幸運。

　　但是，梁實秋與文化名流的交往也給他帶來了終生的缺憾，
這就是，正由於他總是在文化人圈子裡尋找同仁、結交朋友，而
且，所尋找的同仁、朋友，尤其是那些交往時間較長，甚至終生
視為朋友的人，大多都是自由知識份子，在骨子裡總有著中國文
人的「清高」，因此，也就極大地限制了他對生活的多方面體驗，
限制了他的思想與生活的視野，使他難以更全面地審視時代的思
想潮流，審視大眾的心理與生活狀況；他身上飄逸的紳士風度和

<hr>

[127] 梁實秋：〈憶周作人先生〉，《梁實秋散文》第三集，中國廣播電視出版
社1989年版，第356頁。

文人士大夫的氣息，固然為他進出名流之門印製了一張特別通行證，但也無情地阻隔了他走向大眾的道路，這也就在主觀上決定了他只能成為一位文化名流，而不能，也不可能像他的同窗好友聞一多等一樣，成為一名傑出的時代主角。這也許就是他的最大不幸吧。

<h2 style="text-align:center">第三節　愛情：傳統倫理規範
與現代意識的統一</h2>

在梁實秋的生活中，愛情生活可以說是他整個生活中最富色彩、最有情趣的內容。無論在什麼情況下，只要談到自己的愛情生活，梁實秋總是充滿了難以抑制的興奮，並從這種興奮中將愛情的甜蜜與芬芳撒播於書信、文章以及各種各樣的場合，讓所有接觸他的人，讓所有展讀他的書信、文章的人都一起分享他愛情生活的幸福與快樂。

他的愛情生活的確是讓人羨慕的。他一生經歷過兩次婚姻，也經歷過兩次愛情的滋潤，雖然兩次愛情的時間有長短，但幸福與快樂的情趣卻始終如一。

1922年還在清華學校學習的梁實秋經友人介紹，結識了程季淑小姐，1927年，梁實秋從美國留學歸來的第二年，兩人走進了婚姻的殿堂，結為伉儷，隨後兩人轉徙南北，奔走東西，相濡以沫，情篤意深，從戀愛到結婚，從團聚到分離，又從分離到團聚，幾十年間，從來沒有產生過離齟，更沒有任何傷感情的事情發生，直到1974年，程季淑在美國因意外事故不幸身亡。

1975年，已過古稀之年的梁實秋在臺灣與韓菁清女士結婚，他那因老年喪妻銘刻下的深深的心靈創傷，在這第二次婚姻中得到了

舒心的撫慰，梁實秋又一次地迎來了充滿甜蜜和情趣的愛情生活，
愛情的花蕾在他的老境中又一次以幸福的方式散發出馥鬱的清香，
這清香伴隨他度過了十三個春秋，直到他1987年與世長辭。韓菁清
後來回憶說：「教授認識我時已七十三歲，仙逝時是八十六歲，十
三年的恩愛歲月，雖然短了些，但留下了可歌可泣不可磨滅的回憶
及一頁留傳的佳話和歷史。我此生沒有白活，直到如今我仍沐浴於
愛河中，因為他永在我的心底。」[128]切切的愛意、深情的思念躍然
紙上。

　　梁實秋的兩次婚姻均得善果，他終生都陶醉在愛的溫馨與甜
美之中，充分享受了兩性相愛賦予的歡愉與幸福，儘管生活中的種
種心酸曾侵蝕過他的身心，儘管人世間的諸多不快曾攪擾過他的
靈魂，但是，他都榮幸地在愛情的和風暖意中撫平了生活帶給他
的傷痛與鬱悶，將愛情賦予的溫馨、歡愉、甜蜜，化作人生奮鬥
的靈氣，輕裝上陣，繼續不斷地為著自己的理想而創造、耕耘，
不斷地採摘事業的串串果實，繼續描繪最新、最美的人生圖畫，
讓自己的聰明才智，在事業的園地盡情揮灑，編織五彩繽紛的花
籃，將自己熱愛的生活妝點得燦爛美好。所以，每當人們談論起
梁實秋的愛情生活都無不流露出羨慕的神情，梁實秋自己每每談
起自己的愛情生活，也不禁得意之色溢於言表。梁實秋的確是幸
福的，他的愛情生活也實實在在值得他驕傲，也的的確確值得人
們羨慕。

　　梁實秋的愛情生活為什麼會如此愜意呢？是老天爺特別的眷顧
嗎？這顯然不能簡單的否定，但，即使有老天的垂青，如果梁實秋
不善處理，他也無法使愛情生活愜意；他的兩次愛情生活為什麼都
能獲得善果呢？如果非要追溯其中的原因，在我看來，都是梁實秋

---

[128] 韓菁清：〈代序〉，葉永烈：《傾城之戀——梁實秋與韓菁清》中國青年
　　 出版社1995年，第1頁。

主觀努力的結果，其中，他在兩個方面的主觀努力，又是導致他能得享甜蜜的愛情之果的主要原因。這兩個方面努力就是：第一，梁實秋善於從現實與理想相結合方面選擇配偶，如，他的第一位妻子程季淑，無論在現實的層面，還是在理想的層面，都完好地滿足了他的愛情需求；第二，梁實秋自己善於以智者的慧心，精心調劑愛的生活，時時注意塗抹情的色彩，使得到的愛情青春長在，使平常的生活情趣盎然。梁實秋在這兩個方面的努力，既是使他的愛情之花結出「善果」的內在根據，也是人們羨慕他的愛情生活的深層原因，它們分別從客觀與主觀兩個方面，顯示了梁實秋愛情生活的基本面貌以及梁實秋構造愛情之舟使自己順利到達幸福彼岸的基本方法。

　　具有雙重智慧的梁實秋，對女性的選擇標準也是雙重的，他既青睞中國傳統文化塑造出來的、具有溫良恭儉讓德行的女子，又追求懂生活，有主見，受過現代教育的新型女性。他曾說，男女相悅，人之常情。這當然是對的，但相悅的基礎是什麼呢？很顯然是生活，不可想像，一對不願在一個鍋裡吃飯的男女，還會有什麼浪漫的情趣；同樣，我們也不能想像，一對只在一個鍋裡吃飯，卻沒有思想、情感、興趣甚至價值觀念交流的男女，能做到兩情相悅。那麼，怎樣的女子才能夠營造男女相悅的基礎呢？梁實秋認為，只有具備中國傳統美德的女子，才能給你需要的衣食住行等家庭必須的生活，因為，只有她們最清楚自己在家庭中的角色，也最願意擔負起主婦的責任；那麼，怎樣的女子才能營造溫馨的家庭情趣呢？梁實秋認為，只有具備現代意識的女子，才可能有這個能力和智慧，因為，只有她們才明白男女的結合，並不僅僅是為了生兒育女，也不僅僅是為了「老婆孩子熱炕頭」的家庭生活，還為了愛，而只有懂得愛的女子，也才能成為伴侶。魯迅先生曾經指出：「覺醒的人，應該先洗淨了東方固有的不淨思想，再純淨明白一些，瞭

解夫婦是伴侶，是共同勞動者」[129]。梁實秋正是這種「覺醒的人」，所以，他選擇配偶，既具有傳統的意識，也具有覺醒的人的意識。

　　老天爺也似乎對梁實秋特別寵愛，當梁實秋帶著傳統的倫理規範與現代意識的尺度第一次涉足愛情之河的時候，就幸運地遇上了與他的愛情理想十分契合的女子程季淑。

　　程季淑，祖籍安徽績溪，1901年出生在一個家道已然衰落的官宦人家，祖父曾通過苦讀得以金榜題名，後實授直隸省大名府知府，父親曾經營筆墨店，後因科舉廢止，筆墨店生意一落千丈，只得隻身走關外，不幸客死異鄉，當時程季淑年僅九歲。在家境破落的背景下，程季淑靠自己的努力讀完小學、中學，於1921年畢業於北京女子高等師範本科。程季淑共有兄弟姐妹五個，二姐仲淑，兄長道立，兄弟道寬均於青春有為之年死於肺病，大姐孟淑又早早遠嫁，只有程季淑一人始終與母親相依為命。程季淑的母親是一位典型的中國婦女，她勤勞善良，傳統的倫理規範，塑造了她修身、為人的種種品德，而這一切又都幾乎完好地傳給了他的愛女程季淑。長大成人的程季淑，雖然受的是新型的教育，但是，卻全面地繼承了母親的品德、修養，她舉止有度，心地善良，守婦道，善操勞，傳統倫理規範的溫良恭儉讓，在她身上一應俱全，在與梁實秋成婚後，她身上的傳統美德有如五彩的畫筆，鮮明地勾勒出她「賢妻良母」的形象，並隨著歲月的流逝，不斷地將她的「賢良」形象洗滌得閃閃發光，給梁實秋的家庭生活增添一層又一層無比溫馨、和諧的色彩。

　　家庭生活是極為平常又極為複雜的，尤其對上有老下有小的出嫁的女人來說，更是如此。她除了要像一般人那樣處理自己小家的事務之外，她還得面對新的社會關係，處理新的日常家務。因為從

---

[129] 魯迅：〈我們現在怎樣做父親〉，《魯迅全集》第一卷，人民文學出版社2005年版，第143頁。

娘家出嫁到夫家,她的身份變了,社會關係也發生了巨大的變化,對丈夫,她是妻子,對公婆,她是兒媳婦,對夫兄,她是弟妹,對小姑小叔,她是嫂子……這眾多身份及社會關係,使她要處理眾多的日常事務,面對眾多的社會關係。程季淑的公公有自己的飲食起居習慣,且頗為講究,程季淑對公公可謂是竭盡孝順之能。梁實秋在〈槐園夢憶〉中曾生動具體地記敘過這樣一件事:「這一年我父親游杭州,路過上海也來住了幾天。季淑知道我父親的日常生活習慣和飲食的偏好,侍候唯恐不周,他洗臉要用大盆,直徑要在二尺以上,季淑就真物色到那樣大的洋瓷盆。他喝茶要用蓋碗,水要滾、茶葉要好,泡的時間要不長不短,要守候著在正合宜的時候捧獻上去,這一點季淑也做到了,我父親說除了我的母親之外只有季淑泡的茶可以喝。父親喜歡冷飲,季淑自己製做各種各樣的飲料……每餐菜肴,她盡其所能的去調配,自更不在話下。」[130]後來,梁實秋回到北京任教,全家人住在一起,程季淑除了每天早晨盡心為公公沏蓋碗茶,中午、下午侍候公公的飲食起居外,「每天晚上季淑還要侍候父親一頓宵夜。」正由於程季淑對公公如此恭順,因此,這位從不稱讚人的老翁由衷地讚揚兒媳是一位賢德的女性,梁實秋也因此十分地感謝他。事實上,程季淑不僅有一顆善良的孝心,而且會持家,能吃苦。

　　1937年以後,北平陷入日寇的鐵蹄之下,梁實秋拋家別妻,一個人隨大批文化人輾轉到了當時的陪都重慶,程季淑因為她的母親行動不便,故留在了北平,一留就是六年。在這六年中,北平在日寇的統治下暗無天日,程季淑擔負起了家庭的全部責任,侍奉公婆,照顧母親,養育孩子,主持家事,承受了種種難挨的心酸和痛苦。梁實秋在〈槐園夢憶〉中有這樣一段記載:

---

[130] 梁實秋:〈槐園夢憶〉,《梁實秋散文》第二集,中國廣播電視出版社1989年版,第161—162頁。

維時敵偽物資漸缺，糧食供應困難，白米白麵成為珍品，
居恒以糠麩花生皮屑羼入雜糧混合而成之物充饑，美其名
曰文化麵。兒輩羸瘦，呼母索食。季淑無以為應，肝腸為
之寸斷。她自己刻苦，但常給孩子雞蛋佐餐，孩子久而厭
之。有時蒸製絲糕（即小米粉略加白麵白糖蒸成之糕餅）
做為充饑之物，亦難得引起大家的食欲。此際季淑年在
四十以上，可能是由於憂鬱，更年期提早到來，百病叢
生，以至於精神崩潰。[131]

　　所以，梁實秋在回憶這段往事時，用十分真誠的筆調感慨地寫
下了這麼一句大實話：「在這六年之中，我固顛沛流離貧病交加，
季淑在家侍奉公婆老母，養育孩提，主持家事，其艱苦之狀乃更有
甚於我者。」[132]對於程季淑來說，辛勞、困苦倒沒什麼，家庭日常
生活本來就是這樣繁瑣而累人的，可是，操勞之後卻常常因一些小
事，甚至是為大家做的小事，也會受到家庭某些成員的白眼，這對
程季淑來說卻是頗為尷尬的。每逢此事，程季淑則往往夷然處之。
梁實秋曾回憶說：「每日兩餐是大家共用的，雖有廚工專理其事，
調配設計仍需季淑負責，亦大費周章。家庭瑣事永遠沒完沒結，所
謂家庭生活就是永無休止的修繕補苴。縫縫補補的事，會使用縫紉
機的人就責無旁貸（程季淑正是會使用縫紉機的人——引者注）。
對外的採辦或交涉，當然也是能者多勞。最難堪的是於辛勞之餘還
不能全免於怨懟，有一回已經日上三竿，季淑督促工人撿煤球，擾

---

[131] 梁實秋：〈槐園夢憶〉，《梁實秋散文》第二集，中國廣播電視出版社
1989年版，第174頁。
[132] 梁實秋：〈槐園夢憶〉，《梁實秋散文》第二集，中國廣播電視出版社
1989年版，第174頁。

及貪睡者的清眠，招致很大的不快。有人憤憤難平，季淑反倒怡然
處之，她愛說的一句話是：『唐張公藝九世同居，得力於百忍，
我們只有三世，何事不可忍？」[133]程季淑正是憑藉自己保有的中國
傳統的美德，忍辱負重，成功地化解了一般中國市民家庭，尤其是
大家庭中常有的各種矛盾，解決了許許多多來自長輩、族人以及三
姑四姨等親戚這樣與那樣的問題，並以自己的勤勞和自我犧牲的精
神，支撐起了一片家庭生活的藍天，從而使梁實秋在程季淑傳統美
德營造的和諧氛圍中，幸福地乘坐愛情之舟，航行於茫茫的人生之
海，享受了傳統中國家庭能享受的各種美好、溫馨的生活情調。

梁實秋得這樣的妻子，的確是幸運的。

然而，如果僅僅說程季淑具有中國傳統道德文化薰陶出的美
德，那還不足以顯示程季淑個人品行的全貌，也不足以說明梁實秋
愛情生活的幸福境界。事實上，接受過現代教育，身處新時代的程
季淑，不僅從母親那裡繼承了中國「賢妻良母」的品行，而且也從
時代的思潮中，接受了嶄新的思想意識，如個性主義，並在這種
新的意識指引下，形成了相應的行為規範，從而賦予梁實秋的愛情
生活以鮮明的現代色彩與意味。這正是梁實秋愛情生活最具現實意
義、最具魅力，也最令人羨慕的地方。

現代中國宛如汪洋中的一條船，歐風美雨不斷地沖刷著它斑
駁陸離的政治體制，經濟格局和文化色彩，又不斷地用西方現代文
明彙聚的強風狂潮，推著它從封建主義的汪洋大海，駛向現代文明
的彼岸。經歷過五四新文化運動洗禮的程季淑，在新時代浪潮的衝
擊下，從五四時期最激動人心的思想意識──個性解放中吸取了人
生的第一口現代乳汁，經過自己的努力讀完了高等師範的課程，畢
業後即離開程氏大家庭，開始了自己獨立的生活。從獨立開始自己

---

[133] 梁實秋：〈槐園夢憶〉，《梁實秋散文》第二集，中國廣播電視出版社
1989年版，第169頁。

人生歷程的第一天起，程季淑就堅定地沿著個性解放的路向前走。隨著生活的變化，個性解放的意識不僅沒有被淡化，相反，卻在新的時期被逐步凝聚成了更為豐厚、更有實際意義的個性品質：有主見、能決斷。在她與梁實秋結為伉儷後，這種具有強烈的現代意味的個性品質，就成了他們愛情生活的導航系統，不僅在家庭瑣事方面有效地引導他們滑向清風和煦的水面，享受荷葉田田，鳥語花香的甜美情調，而且在為人處事等重大事務中，多次使梁實秋擺脫了疑惑與困擾，使他們的愛情之舟平穩地駛向幸福的境地。梁實秋在〈槐園夢憶〉中記載了兩件事，十分細緻地表現了程季淑有主見、能決斷的個性品質。

第一件事是抗戰前夕，梁實秋寫道：

> 我對政治並無野心，但對於國事不能不問。所以我辦了一個週刊，以鼓吹愛國提倡民主為原則，朋友們如謝冰心、李長之等等都常寫稿給我，周作人也寫過稿子。因此我對於各方面的人物常有廣泛的接觸。季淑看見來訪的客人魚龍混雜就為我擔心。她偶爾隔著窗子窺探出入的來客，事後問我：「那個獐頭鼠目的是誰？那個垂首蛇行的又是誰？他們找你做什麼？」這使我提高了警覺。果然，就有某些方面的人來做說客，「願以若干金為先生壽。」人們有一種錯覺，以為凡屬議論，都是一些待價而沽的東西。我當即予以拒絕，季淑知道此事之後，完全支持我的決定，她說：「我願意省吃儉用和你過一生寧靜的日子，我不羨慕那些有辦法的人之昂首上驤。」[134]

---

[134] 梁實秋：〈槐園夢憶〉，《梁實秋散文》第二集，中國廣播電視出版社1989年版，第171頁。

就這樣，程季淑以自己的主見，擦亮了梁實秋的慧眼，使梁實秋處魚龍混雜之中而能辨析善惡，維持節操，並以自己對梁實秋的支持，安撫了梁實秋的心。程季淑的這種主見在擦亮梁實秋慧眼的同時，也擦亮了梁實秋的愛心，程季淑對梁實秋的支持，則又以「潤物細無聲」的形式，在無形中滋潤了梁實秋的愛心，以後幾十年梁實秋感情專一，忠誠地愛著程季淑，從不旁騖，正是對程季淑這種有主見、能決斷，善解梁實秋之心的個性品質和善良情懷的最友好的報答。

第二件事是赴臺灣後。當時，梁實秋任國立編譯館的代理館長，手中有了權就難免有人出於感情「投資」的目的或其他目的折簡邀宴，也會有人出於各種心理對梁實秋說一些難辨臧否的真真假假的話，或者，乾脆說一些讓梁實秋難受的話。一次，一位與梁實秋相處多年的朋友拍著梁實秋的肩膀半開玩笑半認真的地對梁實秋說「你現在是部長身邊的紅人」，其潛臺詞很明顯：你如不是部長的紅人，怎麼會指定你當編譯館的代理館長呢？梁實秋聽了這話，彷彿感到自己吞了一隻蒼蠅一樣噁心。於是，回到家，向妻子程季淑講了這件事。程季淑聽了梁實秋講的這件事後對梁實秋說：「你忘記在四川時你的一位朋友蔣子奇給你相面說：『一身傲骨，斷難仕進？』」[135]於是勸梁實秋不如辭掉這代理館長一職，並以自己祖父當年在官場多年的經驗來啟發梁實秋。當年，程季淑的祖父對官場的險惡和齷齪有精闢的總結：你做官清廉兩袖清風，別人則會孤立你，讓你成為孤家寡人；你做官貪贓枉法，與那些劣紳同流合污，又會成為千夫所指。程季淑直言不諱地對梁實秋說：「假設有一天，朋比為奸坐地分贓的機會到了，你大概可以分到大股，你接受不？受則不但自己良心所不許，而且授人以柄，以後永遠被制

---

[135] 梁實秋：〈槐園夢憶〉，《梁實秋散文》第二集，中國廣播電視出版社1989年版，第188頁。

於人。不受則同僚猜忌，惟恐被你檢舉，因不敢放手胡為而心生怨望，必將從此千方百計陷你於不義而後快。」[136]程季淑的一番話，讓梁實秋有醍醐灌頂的感覺，他不能不佩服妻子對人生、官場的洞見，對自己身處官場可能遭遇的兩難境地的明察。於是，梁實秋借助政府改組的機會，乘機辭去了代理館長一職，一心一意地當自己的教授去了。可以這麼說，程季淑在處理梁實秋「去官」這件事上，淋漓盡致地體現了自己有主見，能決斷的個性品質。這也就難怪梁實秋每每談到自己的妻子，總是一往情深地說，如果沒有程季淑，也就沒有他自己的今天，無論人生的道路是平坦還是曲折，無論自己是健康還是疾病，也不管是在大陸還是在臺灣或者在美國，他都堅信：「有季淑陪我，我當然能混得下去！」[137]這是梁實秋從心底發出的由衷之言，也是完全符合歷史事實的。

程季淑作為一位具有現代品格的女性，不僅有主見、能決斷，而且有慧心、通情理，她幾十年來全力支持梁實秋的文學事業，已成為了她與梁實秋愛情生活的重要內容，這內容，我們無論從哪方面看都是讓人羨慕的。

俗話說，一個成功的男人背後，都有一個同樣成功的女人。程季淑對梁實秋文學事業的支援，可以說是生動而又具體地詮釋了這句俗話所揭示的人生道理。翻譯莎士比亞全集，是梁實秋文學事業中最輝煌的一頁，而這輝煌的業績上也無處不凝聚著程季淑的慧心，無處不滲透這程季淑濃濃的愛意。梁實秋在〈槐園夢憶〉中曾說：「青島四年之中，我們的家庭是很快樂的。我的莎士比亞翻譯在這時候開始，若不是季淑的決斷與支援，我是不敢輕易接受這一

---

[136] 梁實秋：〈槐園夢憶〉，《梁實秋散文》第二集，中國廣播電視出版社1989年版，第188頁。
[137] 梁實秋：〈槐園夢憶〉，《梁實秋散文》第二集，中國廣播電視出版社1989年版，第186頁。

份工作。」[138]在梁實秋雄心勃勃地開始翻譯莎士比亞全集以後，程季淑不僅承擔了家庭內外的一切事務，給了梁實秋從事工作所需要的寶貴時間，為梁實秋的工作創造了一個舒適、安靜的環境，而且以妻子的慧心督促梁實秋堅持不懈地努力下去。梁實秋有具體生動的敘述：

> 家事全由季淑處理，上下翕然，我遂安心做我的工作，教書之餘就是翻譯寫稿。我在西院南房，每到午後四時，季淑必定給我送茶一盞，我有時停下筆來拉她小坐，她總是把我推開，說：「別鬧，別鬧，喝完茶趕快繼續工作。」然後她抽空跑了。我隔著窗子看她的背影。我的翻譯工作進行順利，晚上她常問我這一天寫了多少字，我若是告訴她寫了三千多字，她就一聲不響的翹她的大拇指。我譯的稿子她不要看，但是她願意知道我譯的是什麼東西。所以，莎士比亞的幾部名劇裡的故事，她都相當熟悉。[139]

我們知道，時間和環境有如事物存在的兩個基本形式時間與空間一樣，是人從事任何工作，尤其是寫作和翻譯這樣的精神性工作的基礎性條件。經濟學家說：時間是人最大的成本，同樣也是每個人的資本和財富。這是不錯的，也是深刻的，它以簡單的判斷句揭示了時間與人的活動的內在關係以及時間對人的重要意義。從絕對的意義上，任何工作都需要付出時間的成本，梁實秋在翻譯莎士比亞全集的過程中，如果沒有程季淑給他時間，他也就當然沒

---

[138] 梁實秋：〈槐園夢憶〉，《梁實秋散文》第二集，中國廣播電視出版社1989年版，第166—167頁。
[139] 梁實秋：〈槐園夢憶〉，《梁實秋散文》第二集，中國廣播電視出版社1989年版，第170頁。

有了工作的一個重要成本，而如果他沒有了這個成本，即使他才高八斗，即使他文思泉湧，即使他的中文、英文水準再好，他也沒有辦法將他的翻譯才能發揮出來，將他的文思物態化，他也就當然難以取得今天那麼一大堆可見可感的文化成果；而沒有環境，即沒有安靜、舒適的環境，也就無法使梁實秋有一個從容、平穩的寫作或翻譯的心境，其結果就是，梁實秋的寫作也好，翻譯也罷，這些工作都無法展開，更不可能順利地展開。魯迅先生在小說〈幸福的家庭〉中曾具體地展示了環境對寫作的直接作用。小說中的男主人公在構思、寫作的時候，他面臨的環境是：一會兒妻子走進他的工作間找他要錢買菜，一會兒妻子在外面大聲地與小商販討價還價，聲音直透門簾傳到男主人公的耳朵，讓男主人公寫下一個字都困難，最後的結果是，男主人公構思的小說終於沒有一個字留在稿紙上。我們固然可以嘲笑男主人公本來肚裡沒貨，卻偏要「為賦新詞強說愁」，但我們也不能不正視這樣的現實：男主人公即使肚裡有貨，身處這樣的雜亂環境中，要讓他寫出作品，也的確是難為他了。所以，程季淑為梁實秋寫作和翻譯莎士比亞全集提供了時間，創造了良好的環境，這無疑是為梁實秋從事精神勞動並最終收穫勞動的成果，打下了堅實的基礎，給予了他完成翻譯莎士比亞全集不可或缺的寶貴成本，這也是讓人羨慕的。

　　當然，有了充裕的時間和良好的環境，具備了大量的成本——時間，擁有了良好的空間環境，那麼梁實秋就一定能在有生之年獨立地完成莎士比亞全集的翻譯工作嗎？在我看來，即使梁實秋自己有能力，也有決心、有恒心獨立地完成這項偉大的工程，他也不可能在1968年這個時間裡取得最後的成果，說不定到他離開這個世界，他也沒能最終完成這項工作。因為，人都有惰性，人性中天然就保有趨利避害的願望，這也許是梁實秋所說的「普遍的人性」之一。梁實秋翻譯莎士比亞全集，不僅沒有什麼報酬，而且這項工

作的難度也是非常大的，其中所涉及的政治、經濟、文化、科學以及英語的方言土語等等，都不是輕易即可從英語翻譯為漢語的。當初確定翻譯莎士比亞全集工作的時候，本來是除了梁實秋外還有四個人，但，那四個人不久就都退出了，或者，更實際的說是放棄了。他們退出或放棄的原因多種多樣，梁實秋出於「為賢者諱」的仁心，只說這四個人是因為工作的關係等具體的原因而放棄的，其實，莎士比亞全集翻譯的困難度太高，才是他們放棄這項工作的最根本原因，是他們面對這高度的困難，人性中「趨利避害」傾向作用的一種必然結果。難到梁實秋不想放棄嗎？我們不能隨便猜測，但從人性「趨利避害」的天性來看，梁實秋即使有過放棄的想法也可以理解，但是，他卻沒有放棄，他之所以沒有放棄，一方面當然是自己有恒心，但也不能否定，是因為在他翻譯莎士比亞全集的過程中，一致有人鼓勵他、督促他。人雖然有「趨利避害」的天然本性，但人作為社會的存在物，也需要督促和鼓勵來克服「趨利避害」的人性弱點，從一定意義上講，鼓勵與督促恰恰就是人「趨利避害」的剋星，因為，它能喚起人的鬥志，能激發人克服困難取得成功的欲望，能使人有自己的價值被認可的滿足，也能滿足人的虛榮心，而人有時候的奮鬥動力，就是來自虛榮心的。梁實秋就恰恰不斷地得到了三個人的不斷鼓勵與督促。不過，在這三個人中，胡適先生和梁實秋的父親對梁實秋翻譯莎士比亞全集只有原則性的鼓勵與關心，還談不上有督促，只有梁實秋的妻子程季淑，才不僅鼓勵梁實秋，更給予了梁實秋隨時的督促。也正是程季淑切實、合理、隨時、隨地的督促，才使梁實秋按部就班地在1968年順利地完成了翻譯莎士比亞全集的巨大、宏偉工程。

　　程季淑在督促梁實秋努力工作、不懈地翻譯的同時，又惟恐梁實秋太累了，因此，她常常充滿愛意地規定梁實秋不能過於勞累，也不能因為要儘快地完成這項翻譯工程而粗製濫造地趕時間，只讓

梁實秋在一年的時間裡，最多翻譯兩本莎士比亞文集。有時候梁實
秋的翻譯工作進展得順利，一坐下來就忘了時間，每當看到這樣的
情形，程季淑就適時地打斷梁實秋的工作，叫梁實秋陪她出去散
步。梁實秋曾這樣回憶：「我伏在案頭輒不知時刻，季淑不時的喊
我：『起來！起來！陪我到院子裡走走。』她是要我休息，於是相
偕出門賞玩她手栽的一草一木。我翻譯莎氏，沒有什麼報酬可言，
窮年累月，兀兀不休，其間也很少得到鼓舞，漫漫途中陪伴我體貼
我的只有季淑一人。」[140]

　　三十幾年來，程季淑就是這樣用慧心，用愛意，全力支持梁
實秋翻譯莎士比亞全集，以一個妻子所能奉獻的一切，為梁實秋最
終完成莎士比亞全集的翻譯工作，創造了讓梁實秋身心都愉快的客
觀環境與心理環境。所以，當梁實秋順利完成了莎士比亞全集的翻
譯工作，莎士比亞全集的中譯本也順利出齊後，在慶功會上，謝冰
瑩女士在致辭中大聲疾呼：「莎氏全集的翻譯之完成，應該一半歸
功於梁夫人。」謝冰瑩的疾呼，實實在在地道出了梁實秋的心聲，
道出了梁實秋對妻子程季淑的無限感激與傾情之愛。梁實秋在〈厭
惡女性者〉一文中曾經說過：「一個人在事業上有所成就，很大部
分是因為家有賢妻，一個人一生中不闖大禍，也很大部分是因為家
有賢妻。」[141]這可以說是梁實秋從自己的愛情生活中，從自己妻子
身上感悟到的人生的真諦。他正是在妻子程季淑這位既有中國傳統
文化薰陶出的美德，又有現代意識和豐富情感的「賢妻」的幫助下
取得他在事業上的一個個成就的，正是他的賢妻給予他的愛情生活
以無限的快樂，他才在人生的道路上，有效地抵禦了來自方方面面

[140] 梁實秋：〈槐園夢憶〉，《梁實秋散文》第二集，中國廣播電視出版社
1989年版，第199頁。
[141] 梁實秋：〈厭惡女性者〉，《梁實秋散文》第三集，中國廣播電視出版社
1989年版，第240頁。

的煩惱、鬱悶甚至打擊，因為，家庭是人生最後，也是最溫暖的港灣，而愛情則是這港灣中的碼頭和空氣。

當然，僅僅有機遇和老天爺的寵愛，梁實秋的愛情生活還不可能如此美滿、如此讓人羨慕，因為，愛情作為兩個心靈的相通、相融的結晶，除了凝聚著夫妻雙方的品質、性情之外，還凝聚著夫妻雙方的智慧，要使愛情的結晶始終晶瑩剔透，夫妻雙方除了要投入自己無私的情感之外，在很大程度上還有賴於兩個人的細心呵護和打磨。正如魯迅先生在小說〈傷逝〉中所指出的一樣，「這是真的，愛情必須時時更新，生長，創造。」[142]沒有兩個人的細心呵護，愛情的結晶也許會變色，沒有兩人的精心打磨，愛情的結晶也許會變形甚至會破裂，愛情如果不時時更新，即使不破裂也會變得全無情趣，失去愛情原有的浪漫、溫馨、美好，這也許就是愛情的規律。古人曾說，要做成一件事，天時地利人和，三個條件缺一不可，對愛情來說，也是如此。如果說，梁實秋初涉愛河在芸芸眾生中遇到了程季淑這個集傳統美德與現代意識於一身的紅顏知己，從而為自己享受甜蜜的愛情奠定了基礎，這是天時地利的話，那麼，梁實秋愛情的結晶之所以一直通體透亮，不染一絲、一粒雜質，則得益於人和，也就是梁實秋能以智者的慧心，青春的熱情，不斷地呵護、打磨愛情的結晶，不斷地充實、調劑愛的情趣，從而使愛情結晶的色彩始終透亮奪目，使愛的情趣始終擁有飽滿、豐富的內容，讓晶瑩之光，籠罩生命之樹，讓愛情的亮色照亮生命的路途，使自己能年復一年，日復一日地欣賞愛的結晶、情的趣味，並始終帶著這樣的愛情，在人生的道路上跋山涉水，開心地到達生命的彼岸，將無限的意趣留在人間，將片片心香，撒向四方。所以，他的愛情生活才如此的美輪美奐，才如此地讓人羨慕甚至嫉妒。

---

[142] 魯迅：〈傷逝〉，《魯迅全集》第二卷，人民文學出版社2005年版，第120頁。

　　具有雙重智慧的梁實秋，在呵護、打磨愛情的結晶的過程中，所採用的手法是多種多樣的，既有物質方面的實用的手法，也有精神感化的手法；既有大事中的情感投入，也有生活瑣事中的心靈的感應。他似乎天生就是一個諳熟使用丘比特神箭的才子，他能以自己的智慧使那些讓芸芸眾生常感厭倦的日常生活變得豐富多彩，使自己與妻子的感情交流變得那麼順暢、和諧。無論是安居樂業的時期，還是顛沛流離的年代，不管是青春如火的年華，還是耄耄垂暮的歲月，無論是與第一個妻子程季淑，還是與第二任妻子韓菁清，梁實秋都極善於為他的愛情生活調配其樂融融的色彩，構造溫馨如夢的氣氛，充實豐富多姿的內容。中國傳統的倫理所規範的婚姻模式、責任範圍、家庭格局、擇妻標準，梁實秋在現實的境地無不遵規而行；西方文化孕育出的兩性結合的原則、情趣、風範，梁實秋從熱戀到第一次婚姻，又從第一次婚姻到第二次婚姻，總是將其作為追求理想生活的明燈並在這盞明燈的指引下尋找、構造愛的溫馨。正是沐浴著中西文化的恩澤，在中西文化鋪就的人生軌道上不斷地追求，梁實秋採摘了甜蜜的愛情之果，並在不同的時期，飽嚐了這種果實的不同滋味，當然都是沁人心脾的甜味。

　　青年時代本就是浪漫、溫馨的時代，青春期的梁實秋的愛情生活也粉紅、鮮亮的。初涉愛河的梁實秋年僅19歲，他那顆純淨如玉的心一旦沐浴於愛的聖光中立即閃爍出令人陶醉的光芒。在〈清華八年〉中梁實秋曾細緻地描述了他初戀時的情景與心態：

　　　　青春初戀期間誰都會神魂顛倒，睡時，醒時，行時，坐時無時不有一個倩影盤踞在心頭，無時不感覺熱血在沸騰，坐臥不寧，寢饋難安，如何能沉下心讀書？「一日不見，如三秋兮！」更何況要等到星期日才能進得城去謀片刻的歡會？清華的學生有異性朋友的很少，我是極少數特殊的

幸運的一個。因為我們每星期日都風雨無阻地進城去會女
友，李迪俊曾譏笑我們為「主日派」。[143]

　　正是這種前所未有的愛的體驗與幸福感，使梁實秋認識到了愛
情的力量和意義，從而義無反顧地開始了自己愛的追求。此時的梁
實秋對愛的追求，主要地是一種精神的追求，他構造愛情生活的資
本也主要是他那純潔的感情，他完全依循著西方人的兩性結合的原
則行事，把感情的投入與培養作為建構愛情大廈的基礎，以心靈的
交流作為獲得愛情享受的最佳紐帶，從而形成了他愛的追求的現代
格局。這種現代格局的形成，一方面來源於他在清華學校讀書期間
所接受的西方文化的影響，另一方面則是由於時代槓桿的作用。此
時正值五四新文化運動時期，伴隨著民主意識而來的個性解放、婚
姻自由的熱浪鼓蕩起了他青春的熱望，使他在對愛的追求中，自然
而然地順應於時代的潮流，將西方文化孕育的愛情理想作為自己愛
的追求的路標。正因為梁實秋將自己愛的追求納入到了現代文明的
軌道，正因為五四新文化運動為他打開了通向理想愛情的大門，所
以，中國傳統封建禮教所設置的倫理藩籬，所製造的那種壓抑的氣
氛，沒有影響他的愛的追求，他暢快地享受著愛的甜美，近乎顫慄
地在令他神魂顛倒的一次次約會中將愛情的色彩塗抹得溫馨備至。
不到一年的「初戀」，就使梁實秋再也無法逃脫愛的吸引了，他也
在欣然接受愛的同時，以自己的整個心靈來陶冶愛的礦石，將自己
的情感忠誠地奉獻給了戀人。現代意義上的婚姻自主、戀愛自由，
被梁實秋具體化為了心靈的溝通，情感的交流和真誠的愛的投入，
他也因此而贏得了戀人的芳心與愛心，他未來生活幸福的基礎在此
時也已牢固地奠定了。這正是梁實秋立足於現代意識基礎上的愛的

---

[143] 梁實秋：〈清華八年〉，《梁實秋散文》第一集，中國廣播電視出版社，
　　　第233頁。

追求的最初成果和令人羨慕之處。

　　1923年，梁實秋從清華學校畢業赴美國留學，茫茫的太平洋雖然無情地隔開了他與戀人的約會與見面傾談的機會，然而卻為他們的感情交流搭起了一座新的橋樑，也為梁實秋的感情投資提供了新的方式，這就是寫信，寫情書。西方人認為，書信是人間最溫柔的藝術，而情書則是溫柔藝術中的溫柔藝術。梁實秋就借助這「最溫柔的藝術」，將自己的愛、自己的情，自己對戀人的思念，從太平洋彼岸一次次輸入戀人的心靈。他幾乎是每三天就從美國寄出一封包容著他對愛人無限深情的信，在信中，他幾乎是喋喋不休地訴說他對戀人的思念，他的一腔柔情，還有一些他看到的事，他想發的議論，他日常的學習生活，他在美國各地遇見的各種人，發現的新風景等等。投桃報李，他也因此每三天能收到一封寄自故鄉的戀人的回信。浩瀚的太平洋並沒有沖斷他們的情絲，更沒有沖淡他們的情意，兩顆青春的慧心反而越系越緊，兩個人的蜜意反而越聚越濃，甚至到了「化不開的地步」，愛情的火焰也隨著空間的拓展而越燒越旺，從太平洋的東岸，燒到西岸，又從西岸，隨著風力飄向東岸。就這樣的鴻雁傳書，整整傳了三個年頭，如果按一封信從美國到中國的距離算，他們的通信一個來回就等於繞著地球轉了一圈，三年來，他們到底繞地球多少圈呢？只有他們最清楚。梁實秋在〈槐園夢憶〉中寫道：「我們通信全靠船運，需要二十餘日方能到達，但不必嫌慢，因為如果每天寫信隔數日付郵，差不多每隔三兩天都可以收到信。我們是每天寫一點，積一星期可以得三數頁，一張信箋兩面寫，用蠅頭細楷寫，這樣的信收到一封可以看老大半天。三年來我們各積得一大包。信的內容有記事，有抒情，有議論，無體不備。」[144]這些信就像一根根的愛情的彩帶，將兩顆年輕

---

[144] 梁實秋：〈槐園夢憶〉，《梁實秋散文》第二集，中國廣播電視出版社1989年版，第143頁。

的心纏繞了一層又一層；又像一支支彩筆，將他們的愛意塗抹了一遍又一遍。

　　大量的精神投資，終於換來了甜美的果實。1926年6月，梁實秋學成回國，兩人即刻投入到了成家的各項準備工作，經過半年多的忙碌，1927年2月11日，梁實秋終於與熱戀了五年的程季淑走進了婚姻的殿堂，結為了伉儷。理想的追求終於成為了現實，但愛的追求和情感的投入卻並未停止，相反，變得愈為濃烈，愈為實在，兩人相濡以沫地開始了新的生活。恰在此時，當他們新婚的蜜月剛剛度完，還來不及靜靜地享受其中的甜美時，中國的政局又一次出現了大動盪，新軍閥又一次將善良的人們捲進了不安之中，這種不安也直接地影響了梁實秋一家。為了遠離這種不安，梁實秋在父親的關心和安排下，帶著新婚不久的妻子，離開故鄉北京，輾轉來到了上海。

　　老天爺似乎又一次地要考驗他們，兩個年輕人剛剛結束了遠隔千山萬水的三年分離的生活，上天又給了他們一個新的三年，這就是上海三年，儘管這一次他們不是天各一方，但從家鄉來到上海這個新的地方，總不可避免地會遭遇一些生活上的不便與困難。常言道，在家千日好，出門處處難，這個時候的梁實秋與程季淑，正面臨著這樣的處境，他們不僅遭遇了生活上的一些困難，而且，在與「左翼」文藝界的論爭中，梁實秋還被披上了「資本家走狗」的外衣。梁實秋曾回憶說：「上海三年的生活是艱苦的，情形當然是相當狼狽的。」[145]不過，狼狽儘管狼狽，困難儘管困難，但是，有兩顆心心相印的心在一起，什麼狼狽、困難都可以克服。所以梁實秋說：「但是我們並無埋怨之意。我們雖然就居窮巷，住在裡面卻是

---

[145] 梁實秋：〈槐園夢憶〉，《梁實秋散文》第二集，中國廣播電視出版社1989年版，第158頁。

很幸福的。」[146]要說幸福，當然不能說是物質生活方面的幸福，也不是由事業的成功所帶來的幸福，而是夫妻恩愛營造的幸福。

　　為了營造這種幸福，梁實秋即使在小細節方面也很注意。當時，梁實秋在《時事新報》編一個副刊《青光》，每天工作的時間是在晚上，為了不讓妻子單獨一人在家孤獨，也為了免除妻子對自己的擔心，晚上上班後他總是抓緊時間，高效率地完成發稿工作，工作一做完，他即刻動身回家，其回家的動作甚至有點誇張，「我的確是恨不得一步就跨進我的房屋。」[147]如果按照他的想法，「我根本不想離開我的房屋。吾愛吾廬。」而與梁實秋一樣注意細節的是程季淑。每當聽到梁實秋回家的腳步，程季淑早就放下靠在床上看的書，走到門口為梁實秋開門，她幾乎沒有讓梁實秋回家時一步步摸著鑰匙開門，冷清清地跨入家門的時候，更沒有讓梁實秋回到家自己收拾自己，然後一個人躺下的時候。兩個人，一個在外時「恨不得一步就跨進」家門，一個在家時無論多晚都等著，兩顆心，就這樣彷彿被一根線牽著似的，不需要任何海誓山盟，也不需要分手時你抱我擁，回家時我抱你擁這些表面的動作，就這樣一個「跨」步回家，一個等你回家，這樣的行為一做就是三年，兩個人的感情也就在這一「跨」一等的具體行動中，步步接近，最後融為一體。

　　1930年，梁實秋攜妻小離開上海赴青島大學任教，這期間，梁實秋不僅在妻子的支持下努力工作、寫稿、譯書，而且十分注意將感情的投資更實際化。由於這個時期梁實秋仍然是在漂泊時期，還沒有真正的將自己的事業固定在什麼地方發展，所以，這一個時期

---

[146] 梁實秋：〈槐園夢憶〉，《梁實秋散文》第二集，中國廣播電視出版社1989年版，第160頁。

[147] 梁實秋：〈槐園夢憶〉，《梁實秋散文》第二集，中國廣播電視出版社1989年版，第158—159頁。

感情的實際投資也仍然是從小事、從細節方面展開的。儘管這種小的投資是那麼微不足道，但所產生的實際效果卻是非常的好，完全達到了增進夫妻情感的目的。梁實秋在〈槐園夢憶〉中記載了這一次他的這種在小的方面的投資以及所產生的良好效果：「我為學校圖書館購書赴滬一行，順便給季淑買了一件黑絨鑲紅邊的背心，可以穿在旗袍外面，她很喜歡，尤其是因為可以和她的一雙黑漆皮鑲紅邊的高跟鞋相配合。」[148]事情雖小，卻既表明了梁實秋對「整日價育兒持家的妻子」的關心，也反映出梁實秋的「有心」。正是因為梁實秋瞭解妻子，平時也很注意妻子喜歡什麼，所以也才買到了這麼一件花錢不多，也不張揚，卻讓妻子滿意的禮物，如果梁實秋平時沒有注意妻子有什麼衣服，缺什麼衣服，喜歡什麼顏色的皮鞋等等具體的事情，那麼，梁實秋即使有關心妻子的心，給妻子買禮物時，也不會用很少的錢買到如此恰到好處的禮物，更不可能讓程季淑這位一向節儉的當家人「很喜歡」。正是梁實秋的這種關心和「有心」，即使是一件很小的禮物，也猶如和煦的春風吹進了程季淑的心田，即使程季淑嘴上沒有什麼表示，但從「她很喜歡」的態度來看，她是很享受丈夫的這種關愛、關心的，梁實秋溫馨的愛情生活也就在這樣細小的行為中得到了鞏固，也得到了無聲的強化。

正當梁實秋與程季淑享受這愛情甜蜜的時候，也正是他們的婚姻進入西方人所認為的「錫婚」的時候，1937年，新的災難降臨了，而且，這次的災難，較之以前的任何災難都要嚴重，時間也最長。這一年，日本帝國主義發動了旨在滅亡中國的全面侵華戰爭，中華民族的全面抗戰也由此展開。正在北京大學任教的梁實秋在日寇的鐵蹄踐踏上北平的時候，別妻拋雛隻身隨國民政府到了重慶，

---

[148] 梁實秋：〈槐園夢憶〉，《梁實秋散文》第二集，中國廣播電視出版社1989年版，第165頁。

與妻子開始了長達六年的兩地分居的生活。這六年中間，面對民族的災難與困苦，梁實秋的心中無時不記掛因要照顧老母親而留在北平的妻子還有家人。此時，他對妻子的愛和情，完全化作了思念和實際的行動，只要可能，他每個月一定按時將自己在重慶掙得的工資，按時寄給妻子，並一封信又一封信的問候妻子，將實利與溫暖在國事維艱，災難重重的時刻，衝破日本帝國主義的封鎖，源源不斷地送到妻子手中，送到妻子心中，使愛情的鮮花，即使在腥風血雨的年代也蓬勃怒放。梁實秋也就在這愛的付出中，在與妻子的相濡以沫中，度過了自己的青年時代，跨入了中年。1947年，也就是中國人民的抗日戰爭取得勝利後的第二年，梁實秋迎來了自己二十年的「瓷器婚」時節。但由於種種原因，這次他們沒有任何表示，甚至也沒有在什麼地方提及，此次的二十周年的結婚紀念也就在默默中過去了。

　　1952年，梁實秋在臺灣迎來了自己的「銀婚」紀念日。此時的梁實秋已年過半百，也許正因為自己已經進入了「銀婚」時代，所以，梁實秋那種立足於現代意識基礎上的愛情投資，又有了新的規格。在這一個時期，梁實秋固然仍然注意精神、情感的投入，但更注意以物的形式直接表達自己對妻子的愛心，用可見、可感的物資實利昇華精神的愉悅與愛情的境界。儘管之前，他早已如此做過，但是，因為情況特殊，事業的發展沒有固定空間，自己與家人又一直生活在動盪的歲月，大的物資投入既不現實，也完全沒有必要，所以，那個時候，所有的物資方面的投資，都是小打小鬧，只要達到讓妻子喜歡就可以了，只要能收穫「禮輕人意重」的效果也就行了。但，這個時期，梁實秋的生活已經基本穩定了，事業的發展的空間也基本確定了，生活的環境也不再動盪不寧了，再加上，作為臺灣的名教授、著名散文家、傑出的翻譯家，這個時候的梁實秋，雖不能說是腰纏萬貫的大亨，但也畢竟已經具備了相當的經濟

實力，所以，他為自己構造大規模的物質的愛情之巢的條件已經具備了，他也有餘裕為自己安排相應愜意的生活環境了。於是，1958年，他在臺北市安東街309巷買下了一塊地皮，建造了一座一百三十餘坪的新居。這就是他與原配夫人程季淑最後十幾年生活的愛巢。這一新居的建造，是他一生中最大的物資投入，這種投入雖是物資的，但其目的卻是雙重的：既是為了居住的目的，也是為了愛情的需要。梁實秋在〈槐園夢憶〉中談到造此新居時說：「只因季淑病軀需要調養，故乃罄其所有，營此小築。」因此，這「小築」是梁實秋體貼妻子行為的具體標誌，它凝聚了幾十年來梁實秋對妻子的一片深情，這片深情與青年時代相比，不僅更為成熟，也更為現實，它以有形的物資形態，在為梁實秋的愛情生活提供了實實在在的客體環境的同時，又有如粘貼劑，將夫妻的恩愛之情粘貼得更為牢固了，更何況，在「小築」的內部空間設計上，梁實秋不僅完全按照妻子的要求行事，而且，也賦予自己的居室以強烈的愛情格調，這就使這種物資的形式，具有了濃濃的情感內容。梁實秋曾說，在建造這座「小築」的時候，他首先考慮房子只是為自己和妻子安度晚年設計的（因為此時唯一跟在他們身邊的二女兒文薔已經長大，步乃父親之後塵，赴美國留學去了，家裡只有夫妻兩人相依為命），兩個人的世界，不需要太大的室內空間，於是，設計的第一個基本原則是「房求其小」；又考慮到妻子程季淑喜歡栽種花木，於是設計的第二個原則是「院求其大」。如此的結果既滿足了兩人世界的居住需求，又滿足了妻子愛好栽種花木的需求。而在室內空間的設計上，始終堅持的是兩個人無論各自處在什麼位置，都要隨時能相互看得見的格局，所以，從其設計的基本原則和最終的格局來看，這梁實秋與其說是建設了一座生活的房子，不如說是建造了一座浪漫的「愛巢」。1959年1月，這座愛巢落成了，梁實秋也就與妻子一起從雲和街的舊居搬進了安東街的這座新居，此時的

梁實秋也與夫人一起，徹底告別了中年的歲月，踏上了晚年的人生路途。

常言道，青年人熱愛春天，喜歡泛舟於理想的境地，善於在浪漫的春天裡譜寫人生的詩篇，而一個富於智慧的老人，則更懂得秋黃的意味，更善於調劑現實的生活，更善於經營愛情。1973年，剛剛跨過古稀之年的梁實秋，隨著年事已高，各種疾患逐漸染身，不知什麼時候染上了糖尿病，且日見嚴重，妻子程季淑，早年操勞過度，身體本來就不太好，而兒女們又都各自東西，不在身邊。在這種情況下，兩位古稀老人經過商量，接受了在美國的小女兒和女婿的邀請，賣掉了在臺灣的所有家產，移民到了美國西雅圖，與小女兒一家共同生活。此時的梁實秋，除了一顆愛心之外，似乎已經沒有別的資本了，他與妻子相濡以沫五十多年，愛情之根已深入骨髓了，按說，老夫老妻不需要什麼「投資」了，然而，梁實秋卻仍然一如既往，不僅與妻子的精神交流從來沒有間斷過，而且，在新的環境裡，在新的時期，他也採取了新的方式來對自己與妻子的生活進行「投資」，這個「投資」的基本形式就是在行動上「妻唱夫隨」。

以前，梁實秋因為要掙錢養家糊口，工作一直較忙，即使想為妻子分擔一點家務，也因為沒有「投資」的重要條件時間而作罷，現在，他有了「投資」所需的重要條件時間，於是，他就充分地利用這個有利條件，自覺地為妻子分擔了一些力所能及的家務，儘管妻子對他做的家務並不怎麼滿意，他自己也因為幾十年都很少進行家務實踐，其笨手笨腳是可以想像的，妻子不滿意他所做的家務，也是再正常不過的，但是，他仍然樂此不疲。為了進一步利用「有時間」這個條件進行「投資」，他還自覺地成了妻子的跟班，妻子上街買菜，他陪著，妻子買了菜，他自覺地提著；妻子上商店購物，他既當參謀又當保鏢。總之，妻子走到哪裡，他跟到哪裡，與

妻子形影不離。他不僅努力地做好一個跟班應該做好的事情，他還採用了一個「小動作」拉近與妻子的距離，這就是他不僅在精神上與妻子手牽手，而且在現實生活中也與妻子手牽手地在街上走。早上出門買菜，他男子漢的身軀在朝陽的照射下，將妻子的整個身子都籠罩了，兩人完全融為了一體；黃昏中，妻子小巧的身影投入他的身影中，構成一幅美妙的「晚景圖」。此時的生活，在梁實秋的面前依然如青年時的一樣浪漫、溫馨、美好，依然如中年時的一樣踏實、雋永、多彩，在人生的暮色中，他與妻子似乎仍然生活在青年、中年時代，又似乎進入到了一個新的境界。但是，梁實秋怎麼都沒有預料到，在美國的這些日子，他與妻子一起欣賞的是他們夕陽中最後美好的晚景，一起品味的是生活中最後的一道美味佳餚。

　　1974年4月30日這一天，對梁實秋來說，是時間定格的一天，是刻骨銘心的一天，也是天塌下來的一天。這一天上午十點，梁實秋像往常一樣與妻子「手拉著手到附近市場去買一些午餐的食物」，不料，市場門前的一架梯子忽然倒了下來，正好擊中了程季淑。老天爺曾經垂青過梁實秋，毫不吝嗇地給了他這麼好的一位妻子，可是，這一次，老天爺卻沒有眷顧梁實秋，程季淑被緊急送進醫院搶救，儘管在被推進手術室之前，程季淑的意識還是清醒的，並對梁實秋說「你不要急！」「你不要急！」，但是，手術後卻一直未能甦醒，最後因為傷勢過重不治身亡。妻子的突然去世，帶走了梁實秋的全部感情投資，也引發了他積蓄了五十多年的心聲，他把對妻子的愛，對妻子的片片深情，凝聚於筆端，寫出了情意纏綿的長文〈槐園夢憶〉。在文章的後面，他悲痛欲絕地寫道：

　　　　人世間時常沒有公道，沒有報應，只有命運，盲目的命
　　　運！我像一課樹，突然一聲霹靂，電火殛毀了半劈的樹
　　　幹，還剩下半株，有枝有葉，還活著，但是生意盡矣。兩

個人手把手的走下山，一個突然倒下去，另一個只好踉踉
蹌蹌的獨自繼續他的旅程。[149]

　　梁實秋悼念妻子的輓聯是：「形影不離，五十年來成夢幻；音
容宛在，八千里外吊亡魂。」[150]其中的「形影不離」，可謂是梁實
秋與妻子愛情生活的高度概括。

　　梁實秋五十多年培育的愛情之樹雖然轟毀了，但卻將情趣留在
了人間。當我們靜靜地品味梁實秋愛情生活的情趣時，我們發現，
他不僅善於在現代意識的基礎上培育愛情之樹，也十分注意遵循傳
統的倫理規範培植與收穫愛情之果。這主要表現在兩個方面：一是
擇妻標準；一是家庭格局。

　　就擇妻標準看，梁實秋的標準是頗為傳統也是頗為穩固的。
也許是因為從小就受到過傳統文化薰陶的緣故，身處20世紀大變革
時代的梁實秋，在選擇終身伴侶的時候，一方面固然熱衷於戀愛自
由的形式，另一方面又自覺與不自覺地遵循著傳統倫理的規範尋找
理想的女性，將中國傳統的美德標準，作為衡量理想女性的尺度，
這個尺度就是「賢淑」。所謂「賢淑」，在梁實秋的意識中包含多
層內容，既有在家庭生活中能勤奮操勞、體貼丈夫、孝敬長輩、和
睦鄰裏、養育下輩的內容，也包括女性個人的風範與氣質。在一篇
〈到廚房去〉的短文中，梁實秋既從人性論的角度批評了那種視廚
房為男人的禁地，等著飯來張口的「大男子主義」，又善意地指
出：「有學問有本領有職業的婦女，如果有時間，如果有興趣，不

[149] 梁實秋：〈槐園夢憶〉，《梁實秋散文》第二集，中國廣播電視出版社
　　　1989年版，第209頁。
[150] 梁實秋：〈槐園夢憶〉，《梁實秋散文》第二集，中國廣播電視出版社
　　　1989年版，第210頁。

妨到廚房去。」[151]梁實秋之所以鼓動婦女,尤其是有學問有職業的婦女到廚房去,是因為在他看來,「賢淑」作為對婦女的一種道德評價,它是抽象的,要讓婦女的「賢淑」具體化,就不妨讓婦女到她最適宜去的地方工作,做她最應該做的工作,而廚房,就是婦女最適宜去的地方,也是最能表現婦女「賢淑」的地方;而最能直接表現婦女賢淑的工作就是為家人提供可口的飯菜。一個婦女如果能為家人提供可口的食物,那麼,她不僅可以直接獲得自己丈夫的心,而且也能贏得全家人的歡迎,因為,「通過男人心的最近捷徑是經過他的胃。」[152]推而廣之,一個婦女能贏得全家人歡迎的最便捷的途徑,也是全家人的「胃」,即為全家人提供可口的飯菜。一個獲得了男人的讚賞和全家人歡迎的婦女,她也就當之無愧的是「賢淑」的。而一個賢淑的婦人,通過在廚房裡的辛勤操勞不僅可以顯示自己的本領,而且更能密切夫妻感情,調劑婆媳等關係。正是從這一標準出發,梁實秋將自己的愛情理想置於完全實用的境地,賦予自己那現代的愛情生活以濃厚的傳統色彩。

不僅如此,在梁實秋看來,女性的「賢淑」除了由她那顆善良的心形成的勤勉、能幹的操作內容外,還應具備傳統中國女性的那種文靜、溫柔的風範與氣質。梁實秋當年對程季淑一見鍾情,很重要的一點就是程季淑表現出來的風範與氣質吸引了他。程季淑的舉止是優雅的,「有如風擺荷葉」,裝束是樸素而清美的,有如出水芙蓉,甚至她那標準的京腔也充滿了磁性。梁實秋在〈槐園夢憶〉中記敘他與程季淑第一次電話通話時,曾作了細緻的描述:

---

[151] 梁實秋:〈到廚房去〉,《梁實秋散文》第二集,中國廣播電視出版社1989年版,第55頁。

[152] 梁實秋:〈到廚房去〉,《梁實秋散文》第二集,中國廣播電視出版社1989年版,第55頁。

我遵照指示大膽的撥了一個電話給一位素未謀面的小姐。
季淑接了電話，我報了姓名之後，她一驚，半晌沒說出話
來，我直截了當的要求去見面一談，她支支吾吾的總算是
答應我了。她生長在北京，當然說的是地道的北京話，但
是她說話的聲音之柔和清脆是我所從未聽到過的。形容歌
聲之美往往用「珠圓玉潤」四字，實在是非常恰當。我受
了刺激，受了震驚，我在未見季淑之前先已得到無比的喜
悅。[153]

　　見面後，出現在梁實秋面前的程季淑「她的臉上沒有一點脂
粉，完全本來面目，她若和一些濃妝豔抹的人出現在一起會另人有
異樣的感覺。我最不喜歡上帝給你一張臉而你自己另造一張。季淑
穿的是一件灰藍色的棉襖，一條黑裙子，長抵膝頭。我偷眼往桌下
看，發現她穿著一雙黑絨面的棉毛窩，上面鑿了許多孔，繫著黑
帶子，又暖和又舒服的樣。衣服、裙子、毛窩，顯然全是自己縫製
的。」[154]好一個「窈窕淑女」，初次見面，程季淑的魅力、風範、
氣質以及外在的服裝就吸引住了梁實秋這位「君子」的整個心。很
顯然，程季淑的美透示著最濃厚的中國傳統女性的風範，正是這種
傳統的「淑女」之美，契合了梁實秋建立在傳統倫理規範上的擇妻
標準，從而奠定了梁實秋愛情的基礎。加之，在以後的生活中，程
季淑表現出的勤勉、孝順、體貼、寬容、堅韌的性格，更使梁實秋
充分享受了自己這一擇妻理想帶來的實惠與幸福，因此，也就更堅

---

[153] 梁實秋：〈槐園夢憶〉，《梁實秋散文》第二集，中國廣播電視出版社
　　　1989年版，第126頁。
[154] 梁實秋：〈槐園夢憶〉，《梁實秋散文》第二集，中國廣播電視出版社
　　　1989年版，第157頁。

定了梁實秋培育愛情之樹的傳統意識。這種傳統意識，在他與程季淑結合後，就體現得更為明顯，也更有意味了。

我們知道，中國傳統的倫理規範，是以男性為中心、以女性為對象的道德律令，因此，中國傳統的倫理規範，對男人是相對寬容的，對女人卻是十分苛刻的，男子可以三妻四妾，尋花問柳，女人卻要三從四德，從一而終。這些顯而易見的弊端，對於深諳中國傳統文化的梁實秋來說，他不會不懂它的不合理性，也不會看不到它的危害性，但是，恪守傳統倫理規範的他，卻實實在在地是按照傳統意識維繫自己的家庭格局的。從與程季淑結合的第一天起，「從一而終」就成了他對妻子的內在要求，他希望妻子與自己共患難、同生死，要求妻子守婦道、遵婦規。不過，具有現代意識的梁實秋，在以傳統意識治家的過程中，不僅十分善於用現代婚姻家庭的種種規格精心地調劑愛情的情調，而且，也坦然地對「從一而終」的傳統古訓進行了合理的改造，將單向的對妻子的要求，改造成了雙向的夫妻相互的要求，從而賦予傳統的「從一而終」的倫理規範以新的外延與內涵，這正是梁實秋愛情生活極有意味，極有情趣的地方。

梁實秋要求妻子對自己「從一而終」，而他自己對妻子也忠貞不二，這就使得家庭格局形成了「夫為妻綱」和「妻為夫綱」的平行格局。不過，在這一格局中，「夫為妻綱」作為家庭格局的一維，僅僅只是以觀念的形式存在於梁實秋與妻子的意識中，並沒有什麼實際意義，更沒有產生什麼約束性的效果；相反，「妻為夫綱」作為家庭格局的另一維，卻在梁實秋的家庭與愛情生活中實實在在地發揮了作用，而且是一直在發揮作用，直到一方生命結束。這似乎有點英國似的幽默，但恰恰就是在這種「幽默」中，梁實秋以這種被自己篡改了的傳統倫理意識為自己溫馨、甜美的愛情生活，建立了一個自己時時遵守的原則，保證了自己在今後的人生道

路上穩健地前行，也為自己的家庭生活增添了不少的快樂與情趣。

　　梁實秋固然說過，如果一個人家裡有一個賢慧的妻子，那麼這個人一生一般是不會出什麼大問題的，無論是在社會工作中，還是在一般的人情交往中，賢慧的妻子，都是男人不出「大問題」的重要的保證，但是，在現實生活中，我們也知道，一個家庭裡光有「賢妻」也只是能在一定意義上避免一個男人出大問題，卻無法在客觀上完全保證或者說決定一個男人一生不闖大禍，更無法保證一個男人在家庭生活中的幸福、美滿，因為，「賢妻」只是家庭格局中的一維，是家庭中的一根支柱，她的能量再強也只是一個人的能量，她一個人再賢慧，也只能保證她自己獨善其身，卻無法保證整個家庭的美好、和諧。我們中國人有兩句俗話說得很精闢：一個巴掌是拍不響當的；獨木是難支的。那也就是說，只有夫妻雙方都「賢慧」，才能形成有效的溝通，達成共識；只有夫妻兩人都努力，一個家庭才能幸福美滿。如果一個男人不聽一位賢慧妻子的「賢言善語」，更不理會一個賢慧妻子的一片苦心，這個賢慧的妻子也只能盡「賢」之責，而不可能得「賢」之果；即使這個賢慧的妻子運用自己的聰明才智，讓一個有大男子主義的丈夫避免了什麼大禍，那也只能幫助這個丈夫避免一時之禍，難以達到讓這個丈夫避免一世不闖大禍的效果。而梁實秋的「妻為夫綱」，卻恰恰在這方面顯示了自己的合理和可貴之處，因為，在這樣的「綱」下建構的家庭關係，是雙向的關係，妻子是一個賢妻，而丈夫對賢妻又言聽計從，如此的結果是不僅使梁實秋的賢妻程季淑得到了「賢果」——梁實秋一生沒有闖大禍，而且也使梁實秋自己得到了「甜果」——妻子對自己一生的愛。事實也的確是這樣的。

　　在現實生活中，梁實秋對妻子的所有合理建議都是有言必從、絕對照辦的，這不僅表現在一些重大事情方面，也表現在一些生活小事方面。例如，當年在臺灣梁實秋擔任編譯館的代理館長的時

候，妻子就曾建議他脫離仕途專職教書和學問，他照辦了，辭去了代理館長之職；梁實秋曾很喜歡抽煙，隨著年齡的增長，吸煙對他身體的害處就顯示出來了，在這種時候，妻子勸他戒掉嗜煙的習慣，他也照辦了；妻子勸他注意身體，不要工作起來就忘了時間，忘了休息，應該經常出去走走，散散心，提提神，他也做到了。可以這麼說，正是這種「妻為夫綱」的家庭格局，在使梁實秋擺脫生活中大小困擾的同時，也使他的愛情生活變得更為其樂融融。這正是梁實秋培育愛情之樹的智慧之所在，也是梁實秋愛情生活的魅力之所在。

第三章　洋溢著詩與畫的意趣
──散文欣賞

　　梁實秋的魅力集中表現在他的散文創作中。他曾在〈論散文〉中說：「一個人的人格思想，在散文裡絕無隱飾的可能，提起筆來便能把作者的整個的性格纖微畢現的表現出來。」[1]事實上，散文何止「畢現」了梁實秋的人格思想，他的學識、風度、才華、情趣也無不以藝術的形式凝聚於散文作品中，在五彩繽紛的散文藝術世界裡升騰起朵朵祥雲，將心中的真、善、美的芬芳灑向四面八方，也將自己心靈深處種種複雜的情緒宣洩而出。

　　當我們面對梁實秋的散文世界的時候，無論視線向哪一方面展開，我們都不能不被他構造的藝術的殿堂所吸引。在這座藝術的殿堂了，不僅結構繁複、精巧，色彩絢麗奪目，而且品種考究、多樣，中式的雜感、寓言、回憶錄，西式的小品、隨筆一應俱全，且均有佳構。他以學者的謹嚴和睿智，在社會人生和平凡生活中搜尋人性的美醜善惡，將世態炎涼聚合成深邃、精闢的哲理和警言，勾畫出社會與人生的種種形狀；他以才子的纖細和敏感，將感性的觸角伸向現實、歷史、自然、人文，在紛紜複雜的對象中尋覓詩的情趣和畫的意境，流瀉心靈的感應，描繪人間的真情。他筆下龍蛇飛舞，千姿百態，寫自然風光，儀態俊爽；談飲食文化，如數家珍；析民情風俗，入木三分；摹世態百相，精微練達；嘲諷古今現象，

---

[1]　梁實秋：〈論散文〉，《新月》第一卷第八號，1928年10月10日。

詼諧風趣；緬懷親朋好友，情真意切。有時，他像紳士一樣和藹謙遜，有時，又如名士一樣灑脫超然，古今典籍隨手拈來皆成佳構，中外掌故興筆鋪成錦繡文章。他依憑豐厚的中西文化的素養，在洋洋灑灑的鋪敘和朗暢悠然的點染中，構造了自己散文藝術的獨特風貌：洋溢著詩與畫的意趣。

　　詩，作為語言藝術的百靈鳥，高爾基說，它唱出的是詩人「靈魂的歌」[2]，雪萊說，它是詩人「想像的表現」[3]，無論是古典詩歌，還是現代詩歌，也不管是中國詩歌，還是外國詩歌，儘管存在著時代與民族的差異，更存在著涇渭分明的審美追求上的差異，涉物取象形形色色，話語的構造也千差萬別，但，詩歌最基本的特點就是將詩人的幻想與情思用形象、生動、簡潔而又陌生的語言「表現」出來。梁實秋曾在談詩歌的時候說：「詩之極致究竟別有所在，其重點在於人的概念與情感。所謂詩意、詩趣、詩境，雖然多少有些抽象，究竟是以語言文字來表達最為適宜。」[4]梁實秋的散文，在一定意義上正是遵循著詩的這種美學原則構造的。在〈論散文〉一文中，梁實秋曾說：「散文的美，不在乎你能寫出多少旁徵博引的穿插鋪敘，亦不在辭句的典麗，而在能把心中的情思乾乾淨淨直截了當的表現出來。」[5]他的散文，特別是那些慨歎人生、緬懷親朋好友的散文，正是在「把心中的情思乾乾淨淨直截了當的表現出來」的藝術追求中，顯示了像詩一樣俊逸、恬適的美境、美意、美趣。

2　〔俄〕高爾基：《文學書簡》（上卷）人民文學出版社1962年版，第482頁。
3　〔英〕雪萊：《詩辯》，伍蠡甫等編：《西方文論選》（下卷）上海譯文出版社1979年版，第51頁。
4　梁實秋：〈讀畫〉，《梁實秋散文》第二集，中國廣播電視出版社1989年版，第226頁。
5　梁實秋：〈論散文〉，《新月》第一卷第八號，1928年10月10日。

　　畫，作為空間性的藝術，它利用形體、色彩、線條和點等自然符號，形象地再現自然與人生。它的特點就是「賦形」，它的長處也是「賦形」，中國西晉文學家陸機在《文賦》中曾客觀地指出：「宣物莫大於言，存形莫善於畫」[6]。梁實秋也曾指出：「畫的主要的功用是在描繪一個意象」[7]。正是因為畫只能「存形」、只能描繪「意象」，只能捕捉對象運動中的一個瞬間或對象靜止的狀態，並將這瞬間或靜止的狀態凝聚成不再變動的藝術圖景，所以，在中國和西方傳統的繪畫實踐中，藝術家們為了實現藝術的旨趣，往往根據繪畫自身的特點，尤其是繪畫「存形」的特點，側重在繪畫中表現美與壯的意境，描繪美的形象和事物，盡可能地避免描繪醜的事物與形象，甚至也儘量地避免描繪人物激烈的表情。於是，在中西方傳統的繪畫理論與繪畫批評中，理論家們也側重從「美」的角度批評繪畫，認為繪畫應以表現美為主，而應該儘量避免將醜的形象納入繪畫之中。德國傑出的美學家萊辛在《拉奧孔》第二章中曾經指出，畫之所以應避免描繪人物激烈的表情，是因為，人物激烈的表情不可避免地「會使面孔扭曲，令人噁心」[8]，由此，萊辛提出了畫描繪人物形象的「沖淡」原則，在他看來，正是這種「沖淡」的意境與形象，才顯示了畫的美趣。

　　梁實秋大多數散文的風格，正保有傳統繪畫的這種生動意趣。儘管他的散文中也有用較為激烈的言辭抨擊時弊的作品，這些作品也反映了梁實秋散文的另一方面的特色，但，他在大多數散文中，都呈現出這樣的特色：不大喜歡用激烈的文調描寫人情世態，也不大喜歡在人生的醜惡與自身的感慨上塗抹過於濃郁的色彩，而往往

---

[6]　汪流等編：《藝術特徵論》，文化藝術出版社1986年版，第7—8頁。

[7]　梁實秋：〈讀畫〉，《梁實秋散文》第二集，中國廣播電視出版社1989年版，第226頁。

[8]　〔德〕萊辛：《拉奧孔》，朱光潛譯，人民文學出版社1979年版，第16頁。

將激情化為清泉，把哀憤變為歎息，用輕煙似的氤氳代替燃燒的火焰，平淡、恬適地抒情，幽默、輕靈地達意。在他大多數散文的底蘊裡，雖然流淌著豐厚的情思，甚或滾燙的熱情，而呈現在藝術世界表面的，卻往往只有清雅、悠然的畫趣。正是這種自然、雋永的畫趣，最生動地顯示了他爐火純青的散文藝術修養。

當然，繪畫有傳統繪畫也有現代繪畫，兩者的藝術價值的追求和理念都是不一樣的，如果要進行總體性的區別，那麼可以這樣說，傳統繪畫更追求美，而現代繪畫，特別是以現代派繪畫為代表的現代繪畫，則更追求「以醜為美」；傳統繪畫講究形似與神似的統一，其基本的價值追求是在如實描繪對象的同時，表達情思與情趣；現代繪畫的價值則「不在對於事物的如實描寫……而必須首先要畫出他對事物的認識。」[9]梁實秋的散文雖然主要是具有傳統繪畫意境與風格的散文，但也有非傳統繪畫意境與風格的散文，也就是說，梁實秋的那些抨擊時弊的散文與現代繪畫「以醜為美」的藝術追求有異曲同工之妙，而他的絕大多數散文，則與傳統繪畫對純美的追求一致。兩類散文各有自己的價值，我這裡著重分析的是梁實秋的多數散文，即充滿傳統繪畫趣味的散文，當然，也適時對那些具有現代派藝術風範的「以醜為美」的散文進行必要的分析。

梁實秋雖不是詩人，但青年時代卻寫過詩，而且是很好的詩，不僅青年時期寫詩，到了晚年，也寫詩，而且是「情詩」；梁實秋不是畫家，但小的時候，卻也很喜歡畫畫，不僅小的時候喜歡畫畫，耄耋之年也畫畫。也許正是這些方面的修養，為他營造自己的散文世界提供了源源不絕的營養。

還在清華學校讀書期間，梁實秋就和他的同窗聞一多一起寫過詩，而且還是很不錯的新詩。人們一般都知道聞一多年輕時代創作

9　畢卡索語，引自汪流等編：《藝術特徵論》，文化藝術出版社1986年版，第101頁。

過影響巨大的《紅燭》與《死水》兩部詩集，但卻很少有人瞭解梁實秋也是足以與之相頡頏的優秀詩人。我這裡說梁實秋年輕時代也是一位優秀詩人，並非隨意為之，更不是由於對自己研究的對象的一種偏愛而任意的拔高，而是基於兩個有案可稽的事實。一個是，梁實秋1922年發表在《創造季刊》上的幾首詩，如〈答一多〉、〈荷花池畔〉、〈懷〉、〈增──〉等；一個是聞一多對梁實秋詩歌的評價。梁實秋發表於《創造季刊》上的幾首詩，尤其是〈荷花池畔〉，「實在是芳草蓊鬱、清荷飄香的荷花池水孕育出來的佳作，連聞一多讀了也大加讚賞。」[10]「聞一多後來論自己的詩，承認受兩個人影響最大。一是梁實秋：『從前受梁實秋的影響，專求秀麗』；一是郭沫若：『現在則漸趨雄渾、沉勁，有些像沫若。』[11]」聞一多評價這一個時期梁實秋創作的新詩的特點是「秀麗」，固然揭示了梁實秋新詩創作的一個方面的特點，但卻還不足以概括梁實秋新詩的其他特點，似還應加上雅潔、沉著，而雅潔、沉著的基本特徵是「氣清」、「語佳」。如果我們以梁實秋這一時期的代表作〈荷花池畔〉為例，則可以看得很清楚。該詩共十二節，茲撮錄第一節和第二節，以饗讀者：

　　宇宙底一切，裹在昏茫茫的夜幕裡，
　　在黑暗底深邃裡氤氳著他底秘密。
　　人間落伍的我啊，乘大眾睡眠的時候，
　　獨在荷花池腋下的一座亭裡，運思遊意。

　　對岸傘形的孤松──被人間逼迫
　　到藝術家底山水畫裡去的孤松──

---

[10] 徐靜波：《梁實秋──傳統的復歸》復旦大學出版社1992年版，第15頁。
[11] 宋益喬：《梁實秋傳》百花文藝出版社2005年版，第88頁。

 聳入天際；雖在黑暗裡失去了他底輪廓，
 但也盡夠樹叢頂線的參差錯落。

　　這一時期，梁實秋創作了三十多首新詩，原準備集成一本出版，但因各種原因終於沒有面世，所以，研究中國現代文學的人，也就基本不將梁實秋當作一個詩人來看。儘管如此，在這些詩中，已經顯示了梁實秋駕馭文字，構造意境，表達情思的秀麗、雅潔、沉著的風格特徵，他後來致力於散文創作，秀麗的詩歌風格雖然放棄了，但雅潔、沉著的風格卻一致保持著。到了晚年，當梁實秋開始自己第二次愛的歷程，也就是與韓菁清結合的當年，他也寫過〈愛別離歌〉等情詩，儘管這些詩沒有發表，即使發表了也已經不重要了，重要的是梁實秋在耄耋之年仍寫詩，而且還寫的是情詩，這就直觀地說明，梁實秋到了晚年，仍然保有一顆詩心，正是這顆詩心，使他不僅在成年後創作的散文充滿了詩意，而且，也在很大的程度上保證了他晚年所創作的那些隨筆，那些小品，還有那些雜感的詩趣、詩情、詩風。

　　梁實秋不僅寫過詩，而且，也喜歡畫畫。他曾自敘：「我本來喜歡圖畫」，讀小學的時候就學過繪畫，並由於繪畫成績不錯，而得到過「一張褒獎狀，一部成親王的巾箱帖，一個墨水匣，一幅筆架及筆墨之類的」[12]獎勵。「成年以後，能寫一手漂亮流暢的字。在臺灣，他寫的不少條幅，後來都成為了墨寶被人珍藏起來。他欣賞水準也很高，常常歎息：『右軍的字實在無法學得到。』他的畫也饒有奇趣，一如他膾炙人口的文章，自然雋永，情理橫生。」[13]他不僅少年時代畫畫，成年後畫畫，年過古稀也畫畫。特別是與韓

---

[12] 梁實秋：〈我的小學〉，《梁實秋散文》第二集，中國廣播電視出版社1989年版，第13頁。
[13] 宋益喬：《梁實秋傳》，百花文藝出版社2005年版，第33頁。

菁清結婚後，每當韓菁清赴香港處理事務不在身邊時，他就把對妻子的思念寄於畫筆，為妻子畫水墨小品，並將這些畫裝入一隻錦緞裱糊的匣子裡，匣子上題字〈清秋戲墨〉。「他畫曇花，那是在她離家時，家中的曇花開了，曇花一現，等不得她歸來，他用筆描下了曇花，讓曇花在宣紙上永開不敗，讓妻子能夠賞畫觀花。」「他畫魚蝦」，「他畫石斛蘭」，「他畫臘梅」，「他畫水仙」，「他還畫青菜、蘿蔔、香菇」……「他的這些水墨小品，精巧雋永，耐人尋味。」[14]梁實秋雖然不是畫家，但中國大陸兩位研究他的專家都不約而同地對他的畫作給予很不錯的評價，一個認為「饒有奇趣」；一個認為「精巧雋永」。我沒有機會直接欣賞梁實秋留下的畫作，當然不能隨意想像而妄下判斷，但從這兩位專門研究者的評價中，我卻完全可以得出一個結論：梁實秋的繪畫水準，即使沒有達到專業畫家的程度，至少也是不俗的，其藝術技巧和情思、情意的表達，也一定是十分順暢的。

　　梁實秋不僅創作過詩歌，也不僅喜歡畫畫，他對詩歌與繪畫的藝術規律還相當地諳熟，對兩種藝術不同的規範及之間的「跨」藝術的關係，也有自己較為精闢的見解。在〈讀畫〉一文中，他曾指出：「詩與畫是兩個類型，在對象、工具、手法，各方面均不相同。但是類型的混淆，古已有之。在西洋，所謂Ut picture poesis，『詩既如此，畫亦同然』，早已成為藝術批評上的一句名言。我們中國也特別稱道王摩詰的『畫中有詩，詩中有畫』。」[15]由此，梁實秋提醒人們，在欣賞畫的時候，與其說是「看畫」，不如說是「讀畫」；與其說是讀畫，不如說是「在畫裡尋詩」。特別是中國

14　葉永烈：《梁實秋與韓菁清傾城之戀》，中國青年出版社1995年版，第164頁。
15　梁實秋：〈讀畫〉，《梁實秋散文》第二集，中國廣播電視出版社1989年版，第226頁。

畫，梁實秋認為，「中國畫裡的詩意較多一點。」也就是說，他對詩中有畫，畫中有詩的這種「跨藝術」現象，也是很在行的。也許正是因為他對這些藝術都很在行，所以，讀他的散文而能得詩意，能賞畫意，也就不奇怪了，因為，梁實秋已經在有意識或無意識中，將自己在詩與畫方面的修養都沉澱為了自己的智慧，並不經意間從自己創作的散文中發散出來。

本章將主要從三個方面來描述梁實秋散文的詩意與畫趣，同時，在具體的分析中也適當地指出他散文意趣的一些複雜內容，以期盡可能全面或多方面地呈現梁實秋散文世界的客觀面貌。

第一節　文本：歐式美文與中式的意蘊融成的「雅品」

梁實秋的散文的總題可以稱為「雅舍小品」。這不僅因為他自己的十餘種散文集就有一半被他冠以「雅舍」之名，如《雅舍小品》、《雅舍雜文》、《雅舍談吃》、《雅舍小品續集》、《雅舍散文》、《雅舍散文二集》等，而且，從他散文創作的歷程和散文的藝術成就看，「雅舍」類的小品、隨感、雜文的出現，標誌著他散文創作的成熟，也最鮮明地顯示了他散文創作的藝術成就。正是從這個意義上，我認為，梁實秋的散文文本屬於「雅品」，即主要以小品、隨筆、雜感等形式構成的藝術世界。

「雅舍」一名的由來十分偶然，也本並無深意，它是抗戰時期梁實秋為自己所居住的一棟平房取的名字。當時，梁實秋與朋友吳景超、龔業雅夫婦合資在重慶北碚購置了一棟平房，為了便於朋友尋訪和郵差送信，梁實秋特意在路口立了一塊木牌，順便用龔業雅名字中的一字為題，上書「雅舍」。可誰也沒有想到，可能連梁實

秋自己都沒有想到，幾十年後，這「雅舍」卻被梁實秋那長江大河一樣的文筆，塗抹成了一個繽紛絢麗的藝術世界，由最初作為一個並不起眼，也沒有任何詩情畫意地點的名稱，變為了一種滿蓄藝術韻味，指稱梁實秋散文範式的代名詞，從實際的生活名稱，變為了梁實秋建構的藝術世界的專有名詞。

　　從1939年住進「雅舍」開始，梁實秋似乎在天籟的啟迪下找到了藝術的靈感，也似乎於長期的文學積累中找到了發揮自己文學才能的突破口和突破的方式，寫出了一篇篇膾炙人口的「雅舍小品」。其後，抗戰勝利，一年後梁實秋「懷著一種複雜的心情告別四川鼓輪而下」[16]，離開重慶到了南京，不久又由南京經上海回到闊別了整整八年的故鄉北平，1948年離開故鄉北平到了廣州，1949年離開大陸到了臺灣。期間，他斷斷續續又寫出了不少同類型的散文小品，儘管寫作的地點已經不在雅舍了，但雅舍的神韻仍在，於是，梁實秋將離開重慶後所創作的這些散文小品，仍以「雅舍小品」名之，分為「續集」、「三集」、「四集」。到了晚年，20世紀80年代，在他即將離開這個世界的前夕，他將幾十年所創作的散文小品合在一起，統名仍為《雅舍小品》，似乎有意識地要為自己的散文創作作一歸納與總結，其仍用「雅舍」之名並非如當初為自己的「蝸居」取名那樣的隨意為之，其藝術匠心了了分明，「雅舍」已成為了他創作的所有散文小品神韻和範式的象徵，是他創作的散文小品的基調和一般模式。

　　「雅舍」的神韻和範式是什麼呢？從文本的角度來看，那就是融歐式的美文與中式的意蘊於一體，在中西散文提供的藝術經驗的基礎上構造的具有梁實秋自己獨特風格的藝術。20世紀80年代，已入耄耋之年的梁實秋，在接受臺灣一些媒體採訪時曾說過這樣一段

---

[16] 梁實秋：〈槐園夢憶〉，《梁實秋散文》第二集，中國廣播電視出版社1989年版，第179頁。

話：「我的散文在思想方面形式方面受英文文學影響不少，但是文字方面如何遣詞造句等等是受中國文學影響。」[17]對於具有雙重智慧的梁實秋來說，融通中西文學的神韻和範式，自是他藝術追求的必然起點，從「雅舍」時期開始，這種追求就鮮明地體現出來了，而且，這種追求還不是僅側重於某一方面，而是較為全面的。就對西方文學的神韻與範式的追求來看，梁實秋在上面一段話中已經表述得十分明確了，他的散文小品不僅在思想方面受了「英文文學」的影響，而且在形式方面也受了「英文文學」的影響，所以，我用「歐式的美文」這一概念來概括梁實秋散文的文本與西方文學的關係。就對中國文學傳統的繼承來看，梁實秋在上面那段話中僅僅點明瞭自己的散文小品在文字方面與中國文學的關係，而將他的散文文本與民族文學更深的血脈關係隱匿了，這對評價他的散文來說是很大的遺憾。事實上，梁實秋的散文，不僅文字上清晰地印著民族文學傳統的烙印，而且更為重要的是，他的散文的字裡行間無處不閃射著民族文學的智慧、生趣與意境，其筆調無時不帶著儒、道、釋的道義、靈光、聖氣。正是從這一認識與判斷出發，我用「中式的意蘊」來概括梁實秋的散文與中國文學的關係以及梁實秋散文文本的基本風貌。

梁實秋的「雅舍小品」，正是借助歐式的美文與中式的意蘊構成的神韻與範式，顯示了自己在繼承、發揚中西文學藝術經驗基礎上獨立創造的散文文本的價值，也正是在這樣的文本中，他陶冶出了自己散文的詩意與畫趣。

歐式的美文

梁實秋散文所具有的「歐式美文」的特點，主要表現在兩個方面：一是思想傾向，一是藝術筆調。兩個方面的結合，較為得體地

---

[17] 季季：〈訪談梁實秋先生〉，臺灣《中國時報》1986年11月20日。

顯示了梁實秋散文世界的建構，既受歐式美文之三味的影響，又憑藉個人的智慧吸收、消化、融匯再創造的特點。

　　就思想傾向來看，注重人性是梁實秋思想的基本內容，他從高舉人性論旗幟之日起，就始終抱定這樣的信念：「偉大的文學乃是基於固定的普遍的人性」，「人性是測量文學的唯一標準」[18]。也許正是為了踐行自己的這種信念，所以，他在自己的散文創作中也孜孜不倦地追求表達這種自己認可的「固定的普遍的人性」，人性，也就成為了他散文創作所要表達的總體思想傾向，他的「雅舍小品」，從一定意義上說，就是他認可的人性的放歌與反思。

　　為了張揚人性的聖潔與美妙，梁實秋用感情與理智作材料構造了兩類散文文體，一類是緬懷親朋故友的回憶性散文；一類是講道論理、說是道非的隨筆小品。兩類散文取材不同，情趣也各異，從兩個不同的方面顯示了梁實秋「歐式的美文」的特點。

　　第一類散文主要有〈談徐志摩〉、〈談聞一多〉、〈憶冰心〉、〈憶老舍〉、〈憶沈從文〉、〈悼念余上沅〉、〈憶李長之〉等。其中最能代表梁實秋弘揚「喜怒哀樂」的普遍人性的作品，當首推他為悼念結髮妻子程季淑寫的〈槐園夢憶〉。

　　〈槐園夢憶〉是梁實秋為悼念髮妻撰寫的回憶文章。全文洋洋灑灑近六萬字，娓娓追述了半個多世紀以來梁實秋與妻子同甘共苦的生活與心心相印的恩愛情懷。梁實秋以情感為紐帶，以愛情生活為線索，通過具體的生活事件以及由種種生活事件形成的情感波瀾，表現了人性的至善、至美以及人性所具有的普遍偉力。愛，是整篇〈槐園夢憶〉結構的紐結與中心，它就像古希臘神話中的人物阿里阿德涅手中的彩線一樣，引導著梁實秋的文筆，從幾十年的生活情趣，人生遭際中，挑開紛紜複雜糾葛，走上感情的聖壇，去歌

---

[18]　梁實秋：〈文學與革命〉，《文學運動史料選》第三冊，上海教育出版社1979年版，第13頁。

頌愛——這種被梁實秋成為普遍人性的情感內容。正是因為愛，風華正茂的梁實秋與豆蔻之年的程季淑一見鍾情，頂住了來自社會習俗和家庭成員，尤其是程季淑家族成員方面的種種刁難、阻礙，經受了兩相分離，天各一方的頻繁考驗，最終結為伉儷；正是有了愛，在社會交際與工作中受過種種挫折的梁實秋，沒有沮喪，也沒有退卻，更沒有放棄自己鍾愛的藝術追求，而是從愛中吸取了不斷追求的勇氣和力量；正是執著於愛，梁實秋積三十年之功獨自翻譯完成了四十卷莎士比亞全集；正是追求愛，梁實秋與結髮之妻相依為命四十八載，充分享受了人世間最溫馨的家庭生活，也充分領略了人性的美妙與聖潔。正是從自身的愛的體驗中，梁實秋窺見了人性的永恆和生生不息，因此，終其一生，梁實秋也沒有放棄自己的「人性論」，並在自己的散文中時時刻刻將這種從西方文明中得到的思想，盡性的揮灑，盡情地抒發。

不過，梁實秋在〈槐園夢憶〉中所傾心表現的「愛」，只是一個典型的例子，而且，這個例子還有特殊性，因為他僅僅只涉及了人性中的一個方面的內容——愛，並且是梁實秋式的愛，一種特殊的愛，這種愛，與賈寶玉對林黛玉的愛不同，與張生對崔鶯鶯的愛也不同，與少年維特的愛也不同，至於與一般凡夫俗子的愛，更是天遙地遠，還不具有梁實秋所認可的人性的「普遍」的性質。

梁實秋對於人性的張揚更為直接的散文作品，是他的第二類散文作品，即講道說理、說是道非的小品、隨筆。在這一類隨筆、小品中。梁實秋往往以理性的堤壩，圈定人性的內容，在引經據典的過程中，率性地釋放人性泉流，澆灌人生的苗圃。其中，最有代表性的作品是〈中年〉、〈老年〉、〈退休〉、〈閒暇〉、〈談友誼〉等。這幾篇散文包容了梁實秋所認可的普遍人性的幾個主要方面的內容。在〈文學是有階級性的嗎？〉一文中，梁實秋認為，

處於階級社會中的人，儘管「遺傳不同，教育不同，經濟的環境不同，因之生活狀態也不同，但是他們還有同的地方。他們的人性【註：重點號原有】並沒有兩樣，他們都感到生老病死【註：重點號原有】的無常，他們都有愛的要求，他們都有憐憫與恐懼的情緒，他們都有倫常的觀念，他們都企求身心的愉快。」[19]在這裡，梁實秋列舉了人的五種「共同的人性」，這五個方面的「共同人性」，梁實秋在自己的散文小品中都作了淋漓盡致的宣揚，其中，「愛的要求」我已在分析〈槐園夢憶〉中進行了簡單的闡述，這裡主要分析梁實秋對其餘四種「共同人性」的表達。這四種人性內容與「愛的要求」一樣也是「人之常情」，這些「常情」，有的顯示了人的積極本性，如「倫常的觀念」，「憐憫的情緒」，「企求身心愉快」的願望等等，有的則反映了人的軟弱天性，如「恐怖」，「老」、「病」、「死」的無可奈何。對於人的積極本性，梁實秋在談古說今中，以感性經驗為基礎，在生動的事實和寓意豐厚的中外典籍的相互映襯中，弘揚了這些「普遍人性」的聖潔與美妙，構造了一種理想的人性的境界。不過，這種理想的人性的境界，梁實秋固然談論得十分精彩，但由於其「人性論」觀點本身的局限，也使他在論述人性的這種理想境界的過程中，不可避免地在邏輯與事實上留下一些缺憾。如，〈談友誼〉這篇文章中所涉及的內容，就是如此。

　　〈談友誼〉是宣揚「倫常觀念」的隨筆，開首梁實秋即寫道：「朋友居五倫之末，其實朋友是極重要的一倫。」[20]簡明扼要地提出了自己的觀點，也簡明扼要地點明瞭朋友這一倫關係隸屬人性的

---

[19] 梁實秋：〈文學是有階級性的嗎？〉，《文學運動史料選》第三冊，上海教育出版社1979年版，第49頁。
[20] 梁實秋：〈談友誼〉，《梁實秋散文》第一集，中國廣播電視出版社1989年版，第282頁。

五倫關係的事實，為自己在人性論基礎上論述朋友這一倫關係設定
好了前提。在論證自己觀點的過程中，也許是出於對隨筆這種文體
特點的考慮，梁實秋沒有採取純粹邏輯推理的方式，而是以「我們
的古聖賢對於交友一端是甚為注重的」[21]事實作為論證的依據，根
據自己廣泛的閱讀所積累的知識，梁實秋旁徵博引，隨手拈來，分
別列舉了中國孔子《論語》中的材料以及羅馬的西塞羅、法國的蒙
田、英國的培根、美國的愛默生「論友誼」的實例，以此來說明交
友作為人的積極本性，不僅客觀存在，而且對人自身的塑造、發展
還有著十分重要的價值與意義。文章列舉實例從容舒緩，論證觀點
有理有據，敘述原由娓娓動聽，不僅很有效地說明瞭這一倫關係的
重要性，而且也由此證明瞭這種人倫關係作為人性的一個方面的內
容，它與人性一起也是普遍的、永久的。作為對這種人倫關係普遍
性質的論證，是文章匠心別具地列舉中國的《論語》和外國眾多名
流對這一人倫關係關注的實例，也就是從「空間」上證明瞭這種人
倫關係，不僅中國有，外國也有，不僅中國人重視，外國人也同
樣重視，其內在的邏輯是：既然中外之人都有朋友且都重視這種人
倫關係，正說明瞭這種人倫關係不是特別的，而是「普遍的」；在
論證這種人倫關係「永久性」的時候，其藝術的匠心更為隱蔽，梁
實秋沒有直接合盤托出自己的結論，而是巧妙地在時間的鏈條上分
別列舉了古代聖賢與現代哲人重視朋友這一倫關係的言論，在從
「古」到「今」（近代現代）的時間的自然連接中含蓄地證明瞭這
種人倫關係不僅是普遍的，也是「固定」的、永久的，是從古到今
都存在的，沒有變化的，而且也都是受人重視的。同時，在梁實秋
看來，人性中的這種積極的「倫常」不僅重要，而且也極為神聖與
美妙，神聖表現在「友誼不可透支」，且「淡如水」，絕不牽涉到

---

[21] 梁實秋：〈談友誼〉，《梁實秋散文》第一集，中國廣播電視出版社1989
年版，第282頁。

錢財等阿堵之物，「一牽涉到錢，恩怨便很難算得清楚，多少成長中的友誼都被這阿堵物所戕害！」其美妙在於：「一旦真鑄成了友誼，便會金石同堅，永不退轉。」正因為友誼這種人之常情具有如此美妙、神聖的特點與意義，所以梁實秋十分自信地認定：「只有神仙與野獸才喜歡孤獨，人是要朋友的。」[22]這句收束精闢而有力，擲地有聲，凝聚了全文的中心思想，也凸顯了人與人之間的朋友關係作為人性一個方面內容的普遍性、永久性。

梁實秋關於普遍的人倫關係中朋友一倫關係的論述不可謂不精彩，也不可謂不精粹，其警句比比皆是，論據豐富多彩，文筆老到，匠心昭然，但他的論述卻也有明顯的漏洞，其漏洞主要表現在三個方面：

第一個方面是他完全忽略了「友誼」成立的前提，即，他所認為的這種具有積極意義的人倫關係是在什麼條件下才有的？他完全抽空了這種人倫關係的具體的歷史規定性和階段性以及人與人的差異性特徵，從而使自己的論述雖然不乏精彩，但卻經不起質疑。如，他與創造社同仁的友誼，在早期很穩固，但等他1926年從美國回來後，特別是當創造社的同仁開始提倡「革命文學」之後，他與創造社同仁的友誼即解構了，不僅友誼不存在了，而且還成為了文藝問題上的「冤家對頭」。很顯然，他自己與創造社同仁的友誼，本身就有歷史的規定性，是某一階段所形成的友誼，而越過這個階段，則不再存在。

第二，他引用了眾多西方名流的資料論證朋友的重要，但他卻恰恰忽視了十九世紀英國首相帕麥斯頓的一句更為經典的名言：沒有永遠的朋友，只有永遠的利益。這句名言透徹地揭示了朋友這一人倫關係的實質並已經在歷史的發展中被眾多的事實證明是真理，

---

[22] 梁實秋：〈談友誼〉，《梁實秋散文》第一集，中國廣播電視出版社1989年版，第285頁。

也是迄今仍在被證明是正確的真理。這一真理，無論大到國與國的關係，還是小到個人與個人的關係，都是適用的，可梁實秋卻恰恰忽視了這一點，以他學貫中西的學識而論，他不應該疏忽，可事實上他又確實是忽視了，這不能不讓人懷疑，他是不是有意為之？

第三，他武斷地認為友誼一旦鑄成就「永不退轉」，更與事物發展的規律相違背，也與人與人之間實際的關係的發展不吻合。他自己與老友兼同學聞一多的朋友關係，早已建立，可到最後卻並沒有「不退轉」就已經以最有力的事實說明瞭他推論的武斷性及非現實性。即使說，他的這一觀點是基於一種理想的前提，即「真鑄成了友誼」，那麼，問題又出來了，用什麼標準來衡量是「真」鑄成了友誼呢？還是「假」鑄成了友誼？如，梁實秋與聞一多的友誼，這到底是「真」的友誼還是「假」的友誼？如果是「真」的，那麼，抗戰之後，為什麼兩人的來往就基本停止了，也就是說「友誼」停止了，「退轉」了呢？如果說兩人的友誼是「假」的，按梁實秋自己的觀點，「假」友誼又根本不是「友誼」。總之，無論按照什麼邏輯，也不管基於什麼事實，梁實秋關於友誼「永不退轉」的判斷，都是經不起推敲的。

作為一位智慧豐富的學者、作家，梁實秋為什麼會在自己的隨筆中出現這樣一些漏洞呢？在我看來，主要不是隨筆這種文體制約的結果，而是與他對人性「固定不變」的認識有直接關係，或者說，正是他的人性「固定不變」的觀點，導致了他這篇隨筆散文的漏洞。從邏輯上講，正是由於他懸定了人性是不變的、固定的前提，因此，在談論人性中「友情」時，也當然只能認為友情也是不變的，儘管他更多地強調的是人類的友情對人作為社會存在物的積極作用，而所強調的這種積極作用也的確符合人在現實中生存的一般規律，以藝術的形式詮釋了我們中國人常說的一句走江湖的話「在家靠父母，出門靠朋友」的意思，但，漏洞的存在，特別是邏

輯漏洞的存在，也在一定的意義上銷蝕了他散文的思想力量。這也許就是他這篇隨筆的美中不足吧。

與之相比，〈閒暇〉與〈退休〉兩篇小品中就不存在這種明顯的邏輯漏洞，儘管這兩篇小品也是基於一種「理想」的境界來論「閒暇」問題與「退休」問題的。

這兩篇小品是宣揚「企求身心愉快」的人之常情的作品。對於這種普遍的人性，梁實秋是感同身受的，從來到這個世界上，他與一般人一樣，按照社會為他規定好的軌道開始人生的歷程，少年與青年時代十年寒窗，難得有閑窺看外面的世界，爾後為社會服務，為家庭奔忙，也難得鬆懈開顏，因此，他十分渴求能有「閒暇」，徹底擺脫世間的種種俗累，享受人生的「愉快」。在他看來，人追求「閒暇」不僅是人在現實生活中人性的必然要求——企求身心愉快，而且是人的本質的反映，因為，「人在有閒的時候才最像是一個人」，才能真正做「人的工作」[23]。所以，他不遺餘力地宣揚這種人之常情的偉大，並將其作為人類的最高理想。在〈閒暇〉中他指出：「人類最高理想應該是人人能有閒暇，於必須的工作之餘還能有閒暇去做人，有閒暇去做人的工作，去享受人的生活。」[24]

那麼，如何來達到這種「人類最高理想」呢？從現實的情況出發，梁實秋找到了實現這種理想的途徑，那就是「退休」，而且是名副其實的「徹底退休」。在他看來，「退休」既是解放自我的最現實的方法，也是達到人性之理想境界的最佳方法，因為，退休後人就可以「完全擺脫賴以糊口的職務，作自己衷心所願意作的

---

[23] 梁實秋：〈閒暇〉，《梁實秋讀書札記》中國廣播電視出版社1990年版，第180頁。
[24] 梁實秋：〈閒暇〉，《梁實秋讀書札記》中國廣播電視出版社1990年版，第180頁。

事。」[25]身心的愉快，也就可以輕鬆自由地在這種隨心所欲中獲得。

不過，梁實秋也清醒地意識到，這只是自己的一廂情願，或者說，是梁實秋自己對「退休」意義的積極解讀，實際情況則完全不是如此的。儘管他梁實秋認為退休可以享受「閒暇」，所以認為退休好，但也不是所有人都願意進入這種「退休」的「閒暇」之境的。所以，他就在文章中對各種「不願」退休的人的心理和社會景況進行了描述。其實，這些不願退休的人，無非就是放不下「名」與「利」，「捨不得放棄那五斗米，千鍾祿，萬石食」，捨不得那「一呼百諾的煊赫的聲勢」[26]。不過，儘管這些不願意退休的人是為了名與利，但在梁實秋看來，這也是一種「企求身心愉快」的人之常情，同樣是符合人性的，當然也是不應該指責的。因為，從實際情況看，做官的人如果退休了，固然是無官一身輕了，但，「身輕」的同時，「荷包」也自然「輕」了，身心當然也就難以真正的「愉快」了；不是做官的人退休了，固然是有了「閒暇」，但離開了昔日工作的同事和熱鬧場面，心理也自然會有「失落」之感，同樣難以使身心愉快。梁實秋就這樣，圍繞「退休」問題，從各個方面生動地展示了「企求身心愉快」是一種普遍的人性的事實。

至於他對「生老病死」等人之常情的張揚，就更有意味了。這類人之常情，對人來說，一般是消極的情緒，特別是「老」、「病」、「死」本身就具有悲劇意味，自然就難以引起人的興奮情緒，除了歎息外，似乎別無它法。然而，終生張揚人性論的梁實秋，卻在西方文化的啟示下，對這類消極的人性給予了嶄新的闡釋，灌注了勃勃生機，將人性的光芒再一次展現在了人的面前。

---

25 梁實秋：〈退休〉，《梁實秋散文》第二集，中國廣播電視出版社1989年，第272頁。

26 梁實秋：〈退休〉，《梁實秋散文》第二集，中國廣播電視出版社1989年，第270頁。

　　〈中年〉一文，描述的是人到中年的種種心態，主要就是對於「老之漸致」的感歎心態。梁實秋從中年人的生理變化的角度入手，一層層剝析出中年人心中的酸楚與沮喪，又以幾分的幽默和幾分的善意，彈奏出了中年人心中的幽怨之曲：

> 鐘錶上是時針是在慢慢地移動，人的年紀也是這樣的，一年又一年，總有一天會驀然一驚，已經到了中年，到這時候，大概有兩件事使你不能不注意。訃聞不斷的來，有些性急的朋友已經先走一步，很煞風景，同時，又會忽然覺得一大批一大批的青年小夥子在眼前出現，從前也不知是在什麼地方藏著的，如今一齊在你眼前搖晃，磕頭碰腦的盡是些昂然闊步滿面春風的角色，都像是要吃喜酒的樣子。[27]

　　再看看自己「突然發現額上刻了橫紋，那線條是明顯而有力，像是吳道子的『蓴菜描』，心想那是抬頭紋，可是低頭也還是那樣。再一細看頭頂上的頭髮有搬家到腮旁頷下的趨勢，而最令人怵目驚心的是，鬢角上發現幾根白髮，這一驚非同小可，平夙一毛不拔的人到這時候也不免要狠心地把它拔去，拔毛連茹，頭髮根上還許帶著一顆鮮亮的肉珠。但是沒有用，歲月不饒人！」[28]身處其時，一般人，尤其是受中國傳統觀念束縛的中國人，就往往油然而生「生命力已經蒸發殆盡」的悲涼感，所謂「人到中年萬事休」的觀念，可謂是中國人這種悲涼感的集中表達。從情理上講，梁實秋

---

27 梁實秋：〈中年〉，《梁實秋散文》第一集，中國廣播電視出版社1989年，第100頁。
28 梁實秋：〈中年〉，《梁實秋散文》第一集，中國廣播電視出版社1989年，第101頁。

認為，這種悲涼感是合人性的，是人對於「生老病死」的「恐懼」心態的自然流露。但是，深受西方文化影響的梁實秋，一方面固然肯定了這種普遍人性的合理性，另一方面卻從批判中國人傳統的「中年觀」中，闡述了一種具有現代意味的「中年觀」。在〈中年〉一文中他說：「施耐庵《水滸・序》云：『人生三十未娶，不應再娶；四十未仕，不應再仕。』其實『娶』『仕』都是小事，不娶不仕也罷，只是這種說法有點中途棄權的味道，西諺云：『人的生活在四十才開始』，好像四十以前，不過是幾齣配戲，好戲都在後面。」[29]在梁實秋看來，中年自有中年的優勢，中年自有中年的情趣，「中年的妙趣，在於相當的認識人生，認識自己，從而作自己所能作的事，享受自己所能享受的生活。」「譬如登臨，人到中年像是攀躋到了最高峰」。所以，梁實秋指出：「別以為人到中年，就算完事。」就這樣，梁實秋以他的靈性和智慧，在人性的光芒中，為人生描繪了一幅「中年無限好，無需多煩惱」的畫卷，在這幅畫卷中，各種深邃的人生哲理都蘊含在了娓娓道來的敘述中，使人回味，促人深省。

至於〈老年〉一文也是如此。梁實秋一反中國傳統的「夕陽無限好，只是近黃昏」的感慨，以大度而樂觀的筆調寫道：「老不必歎，更不必諱」，「年輕的男男女女攜著手兒徙彼高岡，沿途有無限的賞心樂事，興會淋漓，也可能遇到一些挫沮，歧路彷徨，不過等到日雲暮矣，互相扶持著走下山岡，卻正別有一番情趣。」[30]從人性中又一次剖析出新的意蘊與情趣，而且，這種意蘊與情趣，還明顯地具有積極意義。

[29] 梁實秋：〈中年〉，《梁實秋散文》第一集，中國廣播電視出版社1989年，第102頁。
[30] 梁實秋：〈老年〉，《梁實秋散文》第二集，中國廣播電視出版社1989年，第258頁。

　　與梁實秋自己張揚人性的散文相比，梁實秋反思人性的散文不僅數量很多，而且其思想價值與藝術價值也似乎很高。這種對人性的反思，自然也是受到西方哲學與文學影響的結果，因為，西方哲學與文學在宣揚人性的過程中，往往是肯定與否定並舉的，一方面張揚人性的聖潔與美妙，另一方面則揭示人性的陰暗與醜陋，很中肯地認為，人，一半是天使，一半是野獸。梁實秋對人性的宣揚，在散文創作中也是遵循著這種方法向兩個方面行進的：既揭示了人性中善的一面，也揭示了人性中惡的一面。

　　從梁實秋散文的文本看，他對人性的反思多集中於短小精悍的一些隨筆、雜感和小品等文體中，而在一些回憶性散文中，無論篇幅長或短，卻很少有此傾向。從內容看，梁實秋對人性的反思往往有較為明確的對象，那就是主要針對中國人身上的「人性」展開反思。他通過對一些表面上看來似乎並不絕對普遍的人性內容的反思，顯示了在西方思想影響下對人性弊端的較為深刻的認識與較為明達的智慧。

　　梁實秋反思人性的隨筆、小品，在他的散文中占的比重頗大，隨手即可列出一長串，諸如〈男人〉、〈女人〉、〈孩子〉、〈臉譜〉、〈送禮〉、〈狗〉、〈吃相〉、〈下棋〉、〈理髮〉、〈謙讓〉、〈排隊〉、〈請客〉、〈洗澡〉等等。這些隨筆、小品，記錄的大多是中國人的生活瑣事（當然其中也在需要的情況下引用外國的例子），梁實秋將其集中起來，略略曝光，猶如用一張張膠片，顯示了人性的弊端或醜態。這些弊端和醜態五花八門，如對孩子的「嬌寵」之性（〈孩子〉），懶惰之性（〈男人〉），善變之性（〈女人〉），好鬥之性、幸災樂禍之性（〈下棋〉）等。對於各種劣性和人性的各種缺陷，梁實秋的反思是較為充分的，而其揭露則常常是入木三分且意味深長的。這裡僅舉幾例即可見一斑。

　　〈狗〉（此篇收入《雅舍小品》，另一篇同名小品收入《雅舍

小品續集》）揭示的是一種幸災樂禍的人之惡性。梁實秋寫得十分
精彩，揭示得也頗為深刻。通篇似乎是在寫狗，但梁實秋並沒有把
主要視角對著那幾條狗，而是對著它們的主子和遭受狗害的人，寫
這些人各自的心態。狗的主人見到有人受到狗的驚嚇而狼狽不堪，
每每拊掌大笑，臉上也禁不住「泛出一層得意之色」，一種幸災樂
禍的人之惡性自然而然地表露出來了。面對人性的這種弊端，梁實
秋寫道：「我頓有所悟，別人的狼狽永遠是一件可笑的事，被狗所
困的人和踏在香蕉皮上面跌跤的人同樣的可笑」，「使我最難堪的
還不是狗，而是它的主人的態度。」[31]梁實秋以並不激烈的筆調，
生動地揭示了潛藏於人的潛意識中的惡性，砭斥了這種人之惡性的
行為方式與心態。

　　與〈狗〉相比，〈下棋〉中對於幸災樂禍的人之惡性的反思更
為嚴峻與生動。梁實秋在文章中首先描繪了這樣一幅畫：

> 兩人下棋，當你給對方一個嚴重威脅的時候，對方的頭上
> 青筋暴露，黃豆般的汗珠一顆顆地在額上陳列出來，或哭
> 喪著臉作慘笑，或咕嘟著嘴作吃屎狀，或抓耳撓腮，或大
> 叫一聲，或長吁短歎，或自怨自艾口中念念有詞，或一串
> 串地噎嗝打個不休，或紅頭漲臉如關公，種種現象，不一
> 而足，這時節你「行有餘力」便可以點起一支煙，或啜一
> 碗茶，靜靜地欣賞對方的苦悶的象徵。[32]

　　這與其說是對下棋中勝利者幸災樂禍神態的寫照，不如說是對

31　梁實秋：〈狗〉，《梁實秋散文》第一集，中國廣播電視出版社1989年
　　版，第78頁。
32　梁實秋：〈下棋〉，《梁實秋散文》第一集，中國廣播電視出版社1989年
　　版，第87頁。

社會競爭中人類欣賞失敗者的本性的曝光，梁實秋以生動、鮮明的形象圖畫，揭示了一個嚴峻的社會現實，在社會競爭中，勝利者的快樂與得意是建立在失敗者的痛苦之上的，人類就是在這種欣賞別人的痛苦中，顯示自己的價值的，這正是人性醜陋的地方。在梁實秋勾畫的畫面中，輕鬆的筆調挑開的是沉甸甸的人性面紗，似乎沒有物質利害衝突的勝利與失敗的下棋，顯示的卻是人生嚴酷的鬥爭景象，留給人的是回味無窮的象徵意味。

〈謙讓〉一文是對人的虛偽本性進行尖刻諷刺的小品。梁實秋寫得從容裕如，諷刺得同樣入木三分。這篇小品先從「指事」切入，淋漓盡致地活畫出一群「謙謙君子」在客廳「讓座」的情景以及這些人的姿態、心態：

> 誰也不肯先座，誰也不肯坐首座，好像「常常登上首座，漸漸入祠堂」的道理是人人所不能忘的。於是你推我讓，人聲鼎沸。輩份小的，官職低的，垂著手遠遠立在屋角，聽候調遣。自以為有占首座或次座資格的人，無不攘臂而前，拉拉扯扯，不肯放過他們表現謙讓的美德的機會。有的說：「我們敘齒，你年長！」有的說：「我常來，你是稀客！」有的說：「今天非你上座不可！」事實固然是為讓座，但是當時聲浪和唾沫星子卻都表示像在爭座。主人腆著一張笑臉，偶然插一兩句嘴，作鷺鷥笑。這場紛擾，要直到大家的興致均已低落，該說的話差不多都已說完，然後急轉直下，突然平息，本就該坐上座的人便去就了上座，並無苦惱之相，而往往是顯得躊躇滿志顧盼自雄的樣子。[33]

---

[33] 梁實秋：〈謙讓〉，《梁實秋散文》第一集，中國廣播電視出版社1989年版，第54—55頁。

在淋漓盡致地活畫出「謙謙君子」們的姿態、心態之後,梁實秋調侃地點出:「所讓者是個虛榮,本來無關宏旨,凡是半徑都是一般長,所以坐在任何位置(假如是圓桌)都可以享受同樣的利益。」再說:「讓來讓去,每人總有一個位置」。行文至此,更有神來之筆,梁實秋通過「類比」更進一步地揭示了所謂「謙讓」後面的人性。「我從不曾看見,在長途公共汽車站售票的地方,如果沒有木製的長柵欄,而還能夠保留一點謙讓之風!因此我發現了一般人處世的一條道理,那便是:可以無需讓的時候,則無妨謙讓一番,於人無利,於己無損;在該讓的時候,則不謙讓,以免損己;在應該不讓的時候,則必定謙讓,於己有利,於人無損。」[34]梁實秋就這樣,從一種具體的社會行為——謙讓中,剔析出了人性虛偽的劣症,並以尖刻的筆調給予了反思與批判。這種批判與反思,有如骨架一樣撐起了這篇小品的敘述與議論的空間,使所敘之事,所抒之情,所達之理,得以暢快的流瀉,構成了事與議、情與理交融的境界。

梁實秋這一些反思人性的散文、小品,雖然在路向上與張揚人性的隨筆、小品背逆而行,但是,從本質上看,仍是為了張揚人性的聖潔與美妙。正因為他認定人性應該是聖潔的,所以他才在感情上痛恨人性中的不聖潔並在理智上對這些不聖潔的人性表現給予尖銳的否定與批判;正因為他感到人性是美妙的,所以才不遺餘力地鞭撻人性中的醜。

正是這種對人性的正面張揚與反向批判的統一,賦予他宣揚與表現人性的散文以詩與畫的意趣。雖然,從文本來看,這些張揚與反思人性的散文,都不具有「抒情文體」的品格,即使是那些緬

---

[34] 梁實秋:〈謙讓〉,《梁實秋散文》第一集,中國廣播電視出版社1989年版,第55頁。

懷親朋好友的回憶體散文，大多數也泯滅了抒情的火焰，如〈談徐志摩〉、〈談聞一多〉等，盡用平穩的筆調實實在在地記敘五彩繽紛的生活，敘寫真切的印象與鮮明的感受，難得蕩起抒情的漣漪。至於那些拘囿於理性堤壩內的講道說理的隨筆、小品，夾敘夾議的反思人性的雜感，更是難得吟出或歡樂，或淒苦的調子，奏響抒情的旋律，只有警策之句敲響著人生的鐘鼎，灑播著智慧的花語。然而，這些文體又確確實實具有詩歌與繪畫的「意趣」。且不說這些文體中表達的對於親朋舊故的深切的情感本來就有詩的意趣，也不說這些文體重勾畫的人生場景（如謙讓的場景，如下棋的場景），描摹的世態風尚本來就具有畫的美趣，即使是講道說理的文體，其中那明晰流暢的邏輯紋路，自身就有畫的線條的魅力，至於它們所包容的人生哲理，哪一處又不閃爍詩式的凝煉與畫一樣的生氣呢？因此，梁實秋這些散文雖然在表面上沒有詩與畫的形式，但內蘊中卻流淌著詩與畫的神韻，這正是他散文的獨特魅力之一。

如果進一步描摹一下梁實秋在西方文學影響下的散文筆調，我們也許能更為清楚地窺見他散文的詩意與畫趣，這種筆調就是「幽默」。

幽默的筆調，是梁實秋散文在形式方面接受西方文學影響的最直觀的標誌，正是這種標誌，不僅直觀地顯示了梁實秋散文文本與西方文學的關係，也內在地決定了梁實秋散文文本的特點與魅力。

縱觀梁實秋的全部散文，可以這麼說，他那些影響最大、意味最為雋永、藝術造詣最佳的隨筆、小品、雜感，都或多或少，或隱或顯地流淌著幽默這種智慧的清泉。細細地品味並展開相應的分析，將不可避免地掛一漏萬，因此，我這裡主要只扼要歸納並分析一下梁實秋散文中的兩種最有意趣的幽默形態，這就是紳士式的幽默與學者型的幽默，儘管如此做也同樣不免掛一漏萬，但，總能幫助我們從總體上來把握梁實秋散文中幽默的總體特點。

　　首先看梁實秋散文中的紳士式的幽默。這種形態的幽默相當輕鬆，涉筆成趣而寓有善心勸誡的意味。例如在〈汽車〉一文中，梁實秋對那些以男子是否擁有汽車作為擇偶條件的女子的戲謔：「汽車本身的便利自不消說，由汽車而附帶發生的許多花樣可以決定整個的生活方式。對於她們，婚姻減去汽車而還能相當美滿是不可能的。為了汽車而犧牲其他的條件，也是值得的交易。」[35]在這貌似一本正經的敘說中，其實是包含著譏諷的。接下來寫道：「至於婚姻的對方究竟是怎樣的一塊材料，那是次要的事，一個丈夫頂多重到二百磅，一輛汽車可以重至一噸，小疵大醇，輕重判。」[36]梁實秋以涉筆成趣的幽默，善意地表明瞭自己對於那些不懂愛情，唯汽車為重的女子的諷刺，讀來不僅讓人啞然失笑，且不難領悟作者善意的勸誡。這種涉筆成趣的幽默，是高卓的機智，且具有雍容的紳士風度。它不帶火辣辣的的鋒芒，只有委婉的戲謔，既不尖酸刻薄，也不深入腠理，只是淡淡地微笑，在這種淡淡的微笑中，給人留下餘意深長的回味。

　　其次看梁實秋散文中的學者型的幽默。這類幽默博雅豐贍，理趣盎然，文氣典麗。作為一位學者的梁實秋，在他的隨筆、小品中，常常使用一個學者的敘述、描寫和說理的慣常方法：引經據典，尋章摘句。他的幽默也多以學者的手筆出之，文中經常穿插著古今中外文化史上的趣聞、軼事、掌故、俚語、人物等等。宏富的學識和機智的文筆，使梁實秋的幽默帶著很濃的書卷氣和雍容自在的韻味。例如〈孩子〉一文。在這篇散文中，梁實秋不僅形象地描寫了他所接觸到的一些處於家庭核心地位的孩子們的生活情態，

---

[35] 梁實秋：〈汽車〉，《梁實秋散文》第一集，中國廣播電視出版社1989年版，第120頁。

[36] 梁實秋：〈汽車〉，《梁實秋散文》第一集，中國廣播電視出版社1989年版，第121頁。

還講述了一個外國故事以說明嬌寵對兒童心理健康的危害。作品對孩子在家中飛揚跋扈的狀況略作勾勒，卻也相當生動；與之相輔，他引用孔子的話：「孟懿子問孝，子曰：『無違』。」藉以對那些實際上在孩子跟前處於「孝子」地位的父母作了善意的嘲諷，揭示出這是一種倒錯現象。中國民諺「樹大自直」之說以及蘭姆在《伊里亞隨筆》中所說的話，梁實秋並不贊同，哈代的小詩頗具深意，梁實秋分別加以評點，從而從不同的角度深化了作品的題旨。尤其令人叫絕的是，他對為什麼「孩子中之比較最蠢，最懶，最刁，最潑，最醜，最弱，最不討人歡喜的，往往最得父母鍾愛」這一問題和現象的解答，竟如此機巧、幽默而有說服力：「此事似頗費解，其實我們應該記得《西遊記》中唐僧為什麼偏偏喜歡豬八戒。」[37]在隨手引經據典、觸類旁通的感悟中，幽默地剔析出發人深省的哲理，其韻味不能不使人流連再三。

　　梁實秋最典型的幽默，主要就是這兩種類型的幽默。這種幽默有著詩的含蓄，也有著畫的生動與五彩繽紛。它們往往以妙語連珠似的灑脫，反射出智慧的光芒，也常常在塗抹人情世態時，澆灌出真理的花朵，在給予人審美愉悅的同時，啟迪人的思想，調節人的心態，豐富人的情趣，梁實秋的散文文本，也由此而顯示出自己特有的魅力。

中式散文的形式與情調

　　作為一位學貫中西的散文大家，梁實秋的隨筆、小品、雜感，不僅具有歐式美文的特點，也秉承了中國傳統散文的意蘊。這主要表現在散文的形式與情調方面。

　　梁實秋曾說，他的散文在「文字方面如何遣詞造句等等是受

---

[37]　梁實秋：〈孩子〉，《梁實秋散文》第一集，中國廣播電視出版社1989年版，第31頁。

中國文學影響」的，這種影響的結果是賦予他散文一種「國文的味道」，它是通過文言文的語體化，融化古今語言風格取得的，在形式上具有文白夾雜的特點。梁實秋對於這種「國文的味道」是十分推崇的，20世紀80年代，他還說：「如果語體文是繼承文言文的傳統，是使用幾千年來一直在使用的文字，如何能不文白夾雜？……現代人寫不好文言文，文言文需要語體化，以求其明白曉暢，而語體文亦需要沿用若干文言的詞句語法，以求其雅潔。」[38]梁實秋之所以提倡「文白夾雜」，是因為還在清華學校讀書的時候，他就已經領略了這種文白夾雜用語的好處。當時教他國文的老師徐先生，頗有開創精神，在當時人們對白話還不怎麼能完全接受的時候，他卻在選輯教材的時候，「有古文，有白話」[39]，這讓梁實秋十分受益，梁實秋說，他由此「對國文的興趣提高了不少」。老師如此教學的結果，是使梁實秋既欣賞到了文言的妙處，又領略了白話的趣味，當梁實秋自己自覺地在「遣詞造句」方面追求民族語體文的韻味時，就使他的散文具有了文言的那種凝煉、挺拔的古典之雅，又具有了白話的那種清俊、通脫之美。這種雅和美無處不在，隨處即可發現，例如，〈雅舍〉一文中寫景描情，文白相雜，簡練勁健，對偶嚴謹生動，鋪排熠熠生輝，所謂「有窗而無玻璃，風來則洞若涼亭；有瓦而空隙不少，雨來則滲如滴漏。縱然不能蔽風雨，『雅舍』還是自有它的個性。有個性就可愛。」[40]有散句，有對偶，有文言有白話，有敘述有議論，有寫景有表情，遣詞形象生動，既明白貼切，又不乏雅韻；造句簡約嚴明，又不乏輕鬆的幽默，文白一

[38] 季季：〈訪梁實秋先生〉，臺灣《中國時報》1986年11月20日。

[39] 梁實秋：〈我的一位國文老師〉，《梁實秋散文》第一集，中國廣播電視出版社1989年版，第321頁。

[40] 梁實秋：〈雅舍〉，《梁實秋散文》第一集，中國廣播電視出版社1989年版，第27頁。

體如行雲流水，深得白話暢朗之美，滿蓄古典韻律之妙。

　　有時，在其散文中梁實秋還不避「俗字俗語」，善於運用方言詞語來加強散文的「國文味道」。例如《職業》一文，該文主要寫自己的教書生涯並展開對世態人情的書寫，在敘述自己幾十年的教書生涯的時候，他如是寫：「我濫竽上庠，一蹭就是幾十年」[41]。一個「蹭」字，不僅道出了自身的酸甜苦辣，而且，這個北京方言的俗字用在此處，還神情畢肖地烘托了這篇小品文的輕鬆、簡勁的風格，為這篇小品那種文白相間的語體風格平添了一層地域性色彩，使其民族意味更濃了。

　　與這種文白夾雜、雅俗一體的「國文味道」相一致的另一種「國文味道」是篇幅的「簡約豐盈」。「簡約」，是指形式而言，特別是指文章篇幅的短小和使用詞語的精煉；「豐盈」，是指所記敘的內容，包括議論說理，記人寫事。一句話，簡約豐盈就是指以簡短的篇幅，記敘豐富多彩的生活內容。這是中國文學的一個重要傳統，從《詩經》到《紅樓夢》，這一傳統源遠流長，無論是精悍的詩歌，還是「汪洋恣肆」的散文，不管是簡短的寓言故事，還是鴻篇巨制如《三國演義》、《水滸傳》和《紅樓夢》等長篇小說，莫不追求以最少的詞語，表達最豐富的意思，以最簡潔的話語，傳達最豐富的資訊。詩歌我們姑且不談，因為中國詩歌文辭「簡約」而內涵「豐盈」的例子，俯拾即是，就以最不易「簡約」的長篇小說來看，也是如此。如《水滸傳》中描寫大雪紛飛的景象，只用了六個字「那雪正下得緊」，一個「緊」字盡顯雪的猛、密、大，滿地皆白的景象，也就可想而知了；《紅樓夢》寫四大家族的權勢、地位、富有，只用了八句話，且形容生動，表達深刻；《三國演義》中對關公「溫酒斬華雄」壯舉的前因後果的描繪，資訊不可為

---

[41] 梁實秋：〈職業〉，《梁實秋散文》第三集，中國廣播電視出版社1989年版，第168頁。

不豐富，介紹不可為不詳盡，幾個主要人物的言語、神情不可為不鮮明生動，場面的描繪更是有聲有色，但也只用了六百來字，其中，背景描寫與事件的敘述及其他人物言語行動的描寫占了五百多字，高潮部分關公「斬華雄」的過程只有三十多字；《西遊記》孫悟空「大鬧天宮」作為本書情節發展的第一次高潮，其書寫核心情節孫悟空與天兵天將爭鬥的文字也不過六千多字，且波雲詭譎，跌宕起伏，張弛有度，收放自如。所以，從這方面來說，梁實秋散文的「簡約豐盈」正是秉承中國文學傳統的又一內容。

在〈文學講話〉一文中，梁實秋曾說，散文「要深、要遠、要高，就是不要長。描寫要深刻，意思要遠大，格調要高雅，就是篇幅不一定長。」[42]在他看來，「簡單」二字是散文創作的「很高的理想」，並強調寫文章要懂得「割愛」，要多加剪裁，避免枝蔓，達到刪繁就簡、由博返約的境地。他的散文，大都篇幅簡約，字數多在兩千字左右，但所包容的情、事、理卻十分豐富。例如〈退休〉一文，由退休這一制度在中國歷史上的滄桑演變作為引線，援書述典，論古談今，既生動地描寫了舊時官場的世態炎涼，又細緻地刻繪了當今之人對於退休之舉的種種心態，寫得情理洋溢，生趣盎然，卻只有短短一千多字的篇幅，真可謂惜墨如金。又如〈記梁任公先生的一次演講〉，文采斐然，摹寫入繪，不僅形象生動地寫出了梁啟超先生「風神瀟灑」的面貌，也撮要擷萃地介紹了演講的內容。與此同時，還極富情致地記錄了自己聽講後的感懷，使通篇文章敘寫的人與事都活了起來，回憶的雖然是梁啟超先生的一次演講，可塑造出來的卻是一個活生生的、有個性的歷史名人。就是這樣的寫情、寫景、寫活了一個人物的散文，卻也只有一千多字的篇幅，也真可謂是金口玉言。這些散文之所以篇幅短小而內容豐富，

---

[42] 轉引自季季〈訪梁實秋先生〉，臺灣《中國時報》，1986年11月20日。

描寫、敘述、論述簡約卻言簡意賅，很重要的一個原因，是梁實秋善於把握最核心的內容，論事說理，從最本質的方面入手，如〈退休〉，無論怎樣旁徵博引，其意無非從不同方面來論證「退休」的必然性與退休對人的好處；〈記梁任公先生的一次演講〉，除了簡單的描寫之外，很注意抓住梁啟超先生自己的話語與神情來寫，如，梁啟超先生「他走上講臺，打開他的講稿，眼光向下麵一掃，然後是他極簡單的開場白，一共只有兩句，頭一句是：『啟超沒有什麼學問——，』眼睛向上一翻，輕輕點一下頭：『可是也有一點嘍！』這樣謙遜同時又這樣自負的話是很難得聽到的。」[43]等等。

　　梁實秋散文在形式方面所受中國文學的影響還有許多，我們雖然僅僅只從兩個方面進行了簡單的分析，但也可以一斑而窺全豹了。與形式方面所受的中國文學的影響相比，梁實秋散文在情調方面所受的影響其意蘊更為豐厚與深沉。

　　所謂情調，就是從作品的意境中透射出來的作者的思想與情感的個性本色，它像空氣一樣蕩漾在作品的字裡行間，賦予作品以相應的詩情畫意。梁實秋散文的情調在秉承中國文學傳統方面，有自己的個性特點，他的散文往往不是在一般的意境構造方式上承繼中國傳統文學的情調，而是將中國傳統文學的精神繼承下來，並在新時代的背景下給予了發揚光大。

　　步入晚年的梁實秋曾不無感觸地指出：「一個地道的中國人，大概就是儒道釋三教合流的產物。」[44]這可以說既是梁實秋自己性格的寫照，也是對他散文的情調與中國傳統文學關係的表述。「儒道釋」三位一體而又各顯其能，正是梁實秋散文民族性的最根本的特徵。

---

[43] 梁實秋：〈記梁任公先生的一次演講〉，《梁實秋散文》第一集，中國廣播電視出版社1989年版，第317頁。
[44] 梁實秋：《梁實秋文學回憶錄》，嶽麓書社1989年版，第92頁。

　　從人生態度來看，梁實秋對於儒家大師的學問道德雖衷心景仰，但並不欣賞儒家那刻板拘謹的禮儀和「割不正，不食；席不正，不坐」（孔子），「其飲食也，羹食行列有定位，匙箸舉措有定所」（朱熹）的生活規範。然而，對於儒家的文學思想，梁實秋卻是讚賞備至的，並自覺地在自己散文世界的構造中實踐儒家的文學觀，且直接通過散文的情調表現出來，特別是對儒家所宣導的「秉直筆」的優良傳統和影響深遠的「春秋筆法」，梁實秋更是情有獨鍾，孜孜不倦地在自己的散文中努力貫徹這兩種「筆法」的精神。

　　在梁實秋的散文中，有相當一部分是緬懷親朋故舊之作，這些作品，有的寫於人物作古之後，有的則成於人物在世之時，但不管是寫於何時的此類作品，「秉直筆」都是此類作品的一個基本原則，梁實秋往往秉承這一原則來回顧往事，評價對象，真誠地表達自己的感受，儘管歷史無法完全還原，個人的感受也會隨著時代及心境的變化而有所變化，其對人對事的評價也不可能完全客觀、中正，但梁實秋仍以最大的誠意在這些散文中努力地「秉直筆」。

　　梁實秋少年時代在清華學校讀書時的國文老師徐先生，是梁實秋十分敬重的恩師，他對梁實秋的影響與教導讓梁實秋終生難忘，尤其在寫文章方面，老師對梁實秋作文的批改可以說是直接影響了梁實秋後來寫文章的作為，因此，對老師這一方面的功力、功德，梁實秋是十分讚賞的，在〈我的一位國文老師〉一文中，梁實秋由衷地寫道：「如果我以後寫文章還能不多說廢話，還能有一點點硬朗挺拔之氣，還知道一點『割愛』的道理，就不能不歸功於我這位老師的教誨。」[45]的確，這位老師在寫作方面，真的是對梁實秋循循善誘，「徐先生教我許多作文的技巧。他告訴我：『作文忌用過

---

[45]　梁實秋：〈我的一位國文老師〉，《梁實秋散文》第一集，中國廣播電視出版社1989年版，第323頁。

多的虛字。」該轉的地方，硬轉；該接的地方，硬接。文章便顯得樸拙而有力。他告訴我，文章的起筆最難，要突兀矯健，要開門見山，要一針見血，才能引人入勝，不必要兜圈子，不必說套話。他又告訴我，說理說至難解難分處，來一個譬喻，則一切糾纏不清的論難都迎刃而解，何等經濟，何等手腕！諸如此類的心得，他傳授我不少，我至今受用。」[46]但是，對於這位恩師不修邊幅的舉止，以及動不動因為「多喝了兩盅」之後就在課堂上無理侮辱學生的行徑，也「直筆」地給予了客觀的陳述，當然也包含了對老師善意的批評，並未因是自己的老師且對自己有教誨之恩就「為賢者諱」。

　　對自己的老師能如此「秉直筆」，對自己的敵手，梁實秋也基本能一如既往。他與魯迅先生無論在思想上還是在創作方面都是敵手，甚至在翻譯主張與實踐方面也幾乎針鋒相對，他固然一生都反魯迅，並在相關的文章中總隱晦地對魯迅來一點「筆伐」，如在〈悼念陳通伯先生〉一文中就是如此（見前面的論述），但是，對於魯迅在文學方面的業績，他一生也是承認的，並給予了相應的評價。20世紀30年代，也就是他與魯迅先生論爭最激烈的時代，他卻在1934年寫的〈現代文學論〉一文中直率而較為中肯地說：「新文學運動以來，比較能寫優美的散文的，我以為首推胡適、徐志摩、周作人、魯迅、郭沫若五人。這五人各有各的好處。……魯迅的散文是惡辣，著名的『刀筆』，用於諷刺是很深刻有味的，他的六七本雜感是他的最大的收穫。」「沒有魯迅的老辣鋒利的性格，而要寫魯迅的諷刺深刻的文章，想想看，那又是多麼令人作嘔！」[47]在論及「現代的小說」時，他也如是說：「魯迅先生的二十幾篇短篇小說，較成功的是那一篇著名的阿Q正傳，亦即因為在那一篇裡較

---

[46]　梁實秋：〈我的一位國文老師〉，《梁實秋散文》第一集，中國廣播電視出版社1989年版，第323頁。
[47]　《梁實秋批評文集》，珠海出版社1998年版，第172頁。

為有寫實的手腕的表現罷了。」[48]1941年11月，魯迅去世五年後，他在重慶《中央週刊》發表〈魯迅與我〉一文中也如是說：「平心而論，魯迅先生的雜感是寫得極好，當代沒有人能及得他，老練潑辣，在這一類型中當然是應推獨步。但是做為真理的辯論看，我並不心服。」[49]到了20世紀80年代，他在自己的文學回憶錄中曾如此表示：「魯迅的作品，我以為不必列為禁書，其中有優秀的部分，有乖謬的部分，讀者自能分辨。」仍然「秉直筆」地表明瞭自己的觀點。所以，在梁實秋各類寫人記事的散文中，我們隨處都可以發現他這種「秉直筆」的情調。

當然有一種情況是例外的，那就是，在回憶與自己志同道合的同仁時，他卻很少涉及對他們否定的內容，這當然也許是為了表示對逝者的尊重，完全可以理解。同時，在這種「秉直筆」的過程中，梁實秋有時也不乏「曲線」直筆的情況，特別是在回憶自己尊敬的同仁時，即使「秉直筆」地書寫了，也常常對自己的看法及相關現象進行相應的解釋。如，對胡適先生，梁實秋十分尊重他，在〈懷念胡適先生〉一文中，他也如實地表達了自己對胡適晚年的看法，認為：「胡先生的思想好像到了晚年就停滯不進。考證《虛雲和尚譜》，研究《水經注》，自有其價值，但不是我們所期望於胡先生的領導群倫的大事業。」但隨後，他就為胡適如此「不進」的狀況進行解釋：「於此我有一點解釋。一個人在一生中有限的歲月裡，能做的事究竟不多。真富有創造性或革命性的大事，除了領導者本身才學經驗之外，還有時代環境的影響，交相激蕩，乃能觸機而發，震爍古今。……所以我們對於一個曾居於領導地位的人不可期望過奢。」[50]這固然有為賢者開脫的意思，但即使是一種開脫，

[48] 《梁實秋批評文集》，珠海出版社1998年版，第177頁。
[49] 轉引自陳子善《文人事》，浙江文藝出版社1998年版，第184—185頁。
[50] 梁實秋：〈懷念胡適先生〉，《梁實秋散文》第三集，中國廣播電視出版

從客觀上講，他也畢竟指出了自己所尊敬的人的不足，只不過他採用的是一種「曲線」直筆的方式，這種方法雖然不像「秉直筆」那樣具有透徹性與肯定性，但也仍有直筆的風範。

梁實秋固然時時不忘儒家的文學傳統與「直筆」手法，但他更為青睞的還是道家風範與莊禪情調。他喜歡道家那種閒逸恬適的生活，也嚮往禪家那種不求榮華富貴，但求心靈豐贍與適意的追求。因此，在他的散文中，就常常表現出莊禪的生活情調，顯露自己那種傳統的士大夫的趣味。

他的眾多隨筆、小品都是寫日常瑣事的，這些瑣事也都是再平常不過的，如「喝茶」、「飲酒」、「早起」、「散步」等，但梁實秋卻用莊禪情調將這些瑣事調配得有詩意，也有畫趣。一篇《早起》，悠然地抒發了清晨迎接新的一天生活的情懷。醒來聽見鳥婉轉枝頭，頓覺欣悅無比；起來遠看東方的初白，整個世界都充滿了活力，於是情不自禁呼喊出：「這是一個活的世界，這是一個人的世界，這是生活！」至於〈散步〉一文，更將佛教教義作了生動的點化。文中寫道：「散步的去處不一定要是山明水秀之區，如是風景宜人，固然覺得心曠神怡，就是荒村陌巷，也自有它的情趣。一切只要隨緣。」[51]正是這種「隨緣」的情懷，構造了本文恬淡閒適的意境，筆無論寫到散步的地方，還是看到的景象，無論這地方是鄉村，還是城市，也不管這景象是自然的，還是人為的，只要被我碰上，那就是「有緣」，有緣那就有可取之處，有緣就有詩情畫意。也正是這種「隨緣」的筆調，顯露了梁實秋對傳統文化所揭示的生活情趣的神往，也顯露了他散文所要追求的情調：一切順從自然，一切隨遇而安，喜歡怎樣的生活，就追求怎樣的生活，有什麼生活的感受，就寫什麼生活的感受。於自然、人生中追尋淡泊；在

社1989年版，第345頁。
[51] 梁實秋：〈散步〉，

神往、享受生活中豐富自己的情懷，並逐步從禪家的「物是物，我是我」的第一階段，進入「物不是物，我也不是我」的第二階段，最後達到「物還是物，我還是我」的最高階段，從而真正實現天人合一，「物」、「我」兩忘的境界。當他終於形成了自己清雅恬淡的散文情調後，他也就在實際上弘揚了莊禪的思想與文學傳統。儘管這種弘揚的內容，有時候難免有點消極，但是，藝術的境界卻是美妙絕俗的。

第二節　視角：童稚的浪漫與老者的蒼涼構成的「意向」

20世紀80年代，梁實秋在談自己及自己的散文創作時，曾說過這樣一段話：「我覺得我是『古典頭腦，浪漫心腸』……古典的美，我並未做到，浪漫的氣息仍不免隨時吐露。」[52]

事實上，梁實秋在自己的散文創作中不僅「隨時吐露」「浪漫的氣息」，也時時構造「古典的美」的意境；他不僅以「浪漫心腸」面對山水風光，人情世態，更以「古典頭腦」於自然、社會、人情、人性中透視生活的哲理，形成了他觀察生活，描摹世態，抒發情感的特有意向和具有鮮明個性的藝術視角。正是這種「浪漫」與「古典」結合的意向，賦予他散文特有的詩情畫意和睿智閃爍的魅力。

散文中的童稚的浪漫

梁實秋的「浪漫」意向，在他散文所涉獵的眾多領域都有不同程度的表現，特別是在面對自然景觀和人為景觀之時，這種浪漫

---

[52] 季季：〈訪談梁實秋先生〉，臺灣《中國時報》1986年11月20日。

意向成了他觀察對象、構造散文情韻的最主要的視角。他常常以童稚似的純真，發現自然的美，發現人為的美，以童稚似的興奮、驚奇抒發對於自然景觀的讚美之情，表達對人為景觀的暢想之意，這個時候，現實的各種煩惱與困擾，都似乎被沖刷得乾乾淨淨了，人生社會形形色色的不幸與辛苦也彷彿被自然的色調、情韻塗染成了愉悅身心的圖畫，他自己也就在這種自然或人為的美的景觀中陶醉了，昇華了，情感的心扉不由自主地開啟了，那曾經被理性所壓抑的浪漫花絮，從開啟的心扉中飄飄灑灑地飛出，幻化成五彩繽紛的圖案，把真情、善意、美趣的光輝灑向他所描繪的自然景觀之中，熔鑄於他所描繪的人為景觀裡面。〈雅舍〉一文所描寫的「雅舍月夜」之景，直接地表現了梁實秋對自然景觀的浪漫之情。「雅舍」儘管破敗不堪，但「雅舍」看月則別有一番情味，此情味梁實秋用了一個詞「幽絕」來形容。面對這「幽絕」的月夜，此時的梁實秋，似乎已經忘記了「雅舍」的破敗以及住在其中的他自己的窘境，也似乎忘記了他這一時期與文藝界一些人關於文學與抗戰關係的論爭以及這次論爭中他所遭遇到的誤解、攻擊等等不愉快的事情，也似乎完全忘記了各種煩惱，完全陶醉在「雅舍」的月色裡，盡情地享受大自然賜予的詩情畫意，他的心境被浪漫的韻味所充斥，他的情感如童稚一樣純真，他的雙眼也如月光一樣澄澈，看到的是美的世界，美的存在，美的輝煌，感受到的是說不盡的美意、畫趣。仔細展讀梁實秋描寫「雅舍月夜」的文字，破舊、簡陋的「雅舍」彷彿在月光的洗禮下褪去了往日的寒酸和羞澀，像亭亭玉立的少女出現在人的面前，是那麼神奇、聖潔、美麗。梁實秋在這種美景中超脫了自己，也在這美景中留下了讓人回味無窮的韻味，其浪漫之情播灑的馨香，浸潤出一塊藝術的園地，栩栩如生地烘托出他那顆純淨的童稚之心。儘管歲月的流逝，人世滄桑，梁實秋面對自然景觀的浪漫情懷的童稚之心卻始終如一，並且，隨著人生經

歷的增加，梁實秋這種特有的意向顯得更有詩意，他自己對這種
意向也更為珍視。特別是到臺灣後，他對留下過自己足跡的大陸
的任何自然景觀，或者說回憶起在大陸時期的所見所感的大海、
月光、星星、花草、樹木、春天、夏天、秋天、冬天等等，莫不
如此。

　　如果說，梁實秋面對自然景觀浪漫之情流露無遺的話，那麼，
面對人為的景觀，他也常常如此，不過，與之區別的是，這時，
他的浪漫之情中滲入了意識的內容，顯得更有深度，也更為氤
氳。如〈放風箏〉，就較為集中地表現了梁實秋對人為景觀的浪漫
之意。

　　〈放風箏〉是一篇回憶性的散文，回憶的內容就是昔日在北平
家中放風箏的情景，時間是少年時代，儘管梁實秋寫這篇散文時已
人過中年，地點也不是北京而是遙遠的臺灣，但他那童稚的浪漫仍
然沒有消退，不僅對昔日所放的風箏的類型、結構、特點等如數家
珍，也不僅依然沉迷在放風箏的種種情趣之中而不能自拔，並且還
以成年人的心理不斷反芻放風箏的意味，從中激發出對「飛」的感
悟和詩情畫意：「我以為放風箏是一件頗有趣的事。人生在世上，
局促在一個小的圓圈裡，大概沒有不想偶然遠走高飛一下的。出門
旅行，游山逛水，是一個辦法，然亦不可常得。放風箏時，手牽著
一根線，看風箏冉冉上升，然後停在高空，這時節彷彿自己也跟著
風箏飛起了，俯瞰塵寰，怡然自得。我想這也許是自己想飛而不可
得，一種變相的自我滿足罷。」[53]此時的梁實秋，雖人過中年，但
冉冉上升的風箏卻讓他彷彿回到了少年時代，跟著風箏一起「飛」
了起來，且「怡然自得」十分享受，彷彿又回到了故鄉，又在故鄉
的土地上參與到每年春天放風箏的隊伍中，用自己的雙手與大家一

---

[53] 梁實秋：〈放風箏〉，《梁實秋散文》第一集，中國廣播電視出版社1989
年版，第301—302頁。

起創造五彩繽紛的放風箏的人為景觀，而他自己也在這種人為的景觀中感悟人生、描繪理想、譜寫詩意，這詩意包含著他不滅的童稚的浪漫之情和思鄉之意，包含著他對過去的美好回憶，對遙遠的故鄉的愛，而且是刻骨銘心的愛。這種愛跨越時間與空間的限制，無處不在，也無處不流露出來。特別是當一道海峽隔開了他與故鄉親近的機會後，他只要回憶起故鄉的風光，故鄉的人情世故，故鄉的人為景觀，他總止不住流露出童稚的純情與詩意。在〈放風箏〉一文中是如此，在其他類似的回憶性散文中也是如此。

　　北平，是梁實秋的故鄉，他在這裡出生，在這裡求學，在這裡成家，自從1949年離開故鄉後，他再也沒有能回到過故鄉。但是，故鄉的景象卻無時無刻不在他記憶的螢幕上顯現，無時無刻不在他腦海裡縈繞，每逢此時，當他拿去筆來描繪記憶中的故鄉景象時，筆下不僅客觀地記錄了北平街道「無風三尺土，有雨一街泥」的景象，而且也情不自禁地自然而然地流瀉出如畫的文字：

　　　　北平城是方方正正的坐北朝南，除了為象徵「天塌西北地陷東南」缺了兩個角之外沒有什麼不規則形狀，因此街道也就顯著橫平豎直四平八穩。東四西四東單西單，四個牌樓把據四個中心點，巷弄櫛比鱗次，歷歷可數。到了北平不容易迷途者以此。從前皇城未拆，從東城到西城需要繞過後門，現在打通了一條大路，經北海團城而金鼇玉棟，雕欄玉砌，風景如畫。是北平城裡最漂亮的道路。向晚驅車過橋，左右目不暇給。城外還有一條極有風致的路，便是由西直門通到海淀的那條馬路，夾路是高可數丈的垂楊，一棵挨著一棵，夏秋之季，蟬鳴不已，柳絲飄拂，夕陽下，景色幽絕。我小時候讀書清華園，每星期往返這條道路上，前後八年，有時騎驢，有時乘車，這條路給我的

印象太深了。[54]

這段細膩、質樸而又柔美、俊逸的文字，生動地勾畫出了梁實秋記憶中的北平景象，這景象「如畫」，而且是一幅豐富多彩的畫，一幅美不勝收的畫，畫面中有街道、牌樓、巷弄、皇城、橋等人為的景觀，也有垂楊、綠柳、夕陽等自然景觀；有靜態的「金鼇玉棟，雕欄玉砌」的景觀，也有動態的楊「舞」柳「蹈」的景觀；這景象如一首美妙的詩，又如一首多情的歌，組成這首詩歌的有「櫛比鱗次」的「巷弄」構成的無聲、沈默的韻律，也有歌唱的「蟬」吟唱的曲調。整個景象是畫中有詩，詩中有畫，詩與畫一體，畫與詩疊加，深情滿懷而又鮮亮清晰地凸顯了故鄉的意趣以及梁實秋對故鄉的思念之情。梁實秋就借助自己勾勒的故鄉的圖畫，通過深情地吟誦的關於故鄉的詩歌，聊以慰藉自己如饑似渴的思鄉之情，讓東街、西巷，金鼇玉棟，雕欄玉砌，還有飄拂的楊柳，鳴夏的蟬，帶自己回到那已經過去了的少年時代，再一次地體驗兒時的情趣。也就在這種對故鄉的回憶中，各種歷史的誤會似乎也被一種純真的浪漫之情沖淡了，臺灣與北京千山萬水的距離與阻隔也似乎被完全超越了，過去、現在、將來也似乎沒有了清晰的刻度，只有悠悠飄蕩的情絲在記憶中自由地編織如夢的年華。他自己陶醉於其中，也陶醉了別人。

當梁實秋以童稚的眼光看待自然風光和人為景觀的時候，他不僅可以在破敗不堪的「雅舍」裡發現美，也不僅可以在回憶中從晴天滿城灰，下雨遍地泥的故鄉的街道、景觀裡找到詩情畫意，而且更可以在周而復始的生活規律和平平常常的生活現象中體會人生的喜悅與快樂，欣賞這本不具有詩情畫意的單調生活中的美意、美

---

[54] 梁實秋：〈北平的街道〉，《梁實秋散文》第一集，中國廣播電視出版社1989年版，第305頁。

趣。此時的他，即使是已入老境，也會情不自禁地從筆下噴撒出浪漫之情，塗抹出一幅多彩的畫，結構成一首多味的詩。如〈早起〉一文就是如此。

　　早起，不過是梁實秋從小就養成的一種生活規律，據他自敘「我個人是從小就喜歡早起的」[55]，他幾十年如一日的遵守著這種生活的規律，即使是新婚之時，他也沒有改變這種生活習慣。與髮妻結婚後，是如此；第二次婚姻後更是如此，即使太太習慣遲睡晚起，他也仍然一如既往。他曾說：「我們的生活過得很簡單。我習慣規律生活。我太太（此處指韓菁清）習慣過夜生活。……我睡得早，每天晚十點鐘一定上床，她習慣遲睡，摸摸弄弄，不到夜裡三、四點鐘不睡覺，我是習慣早起的，早晨也是我一天當中精神最好的一段時間，她卻因為晚上睡得晚，總要睡到早上十一、二點起身。」[56]如果說，這種早起的生活規律也是一首歌，那也不過是一首「老調重彈」的歌；如果說早起所看到的景色是一幅畫，那也不過是一幅斑駁陸離的「舊畫」，而且是內容固定甚至呆板的畫，因為，在這幅畫的畫面中，梁實秋所納入的自然景色和社會景色，是平常得不能再平常的，如，草上的露珠，磚縫隙裡的蚯蚓，男人、女人擔著剛從地裡採摘的新鮮蔬菜進城賣菜，清道夫在打掃街道，青年男女騎著自行車上班等等。有的景象不僅平常，甚至也不會讓人感到愉快，如「黎明即起，弄堂裡到處是嘩啦嘩啦地刷馬桶的聲音，滿街是穢水四溢，到處看得見橫七豎八的露宿的人」[57]等。儘管在周而復始的早起中，梁實秋看到的景象是平常又平常的，普通

---

[55]　梁實秋：〈早起〉，《梁實秋散文》第一集，中國廣播電視出版社1989年版，第244頁。

[56]　梁實秋語，轉引自葉永烈：《傾城之戀──梁實秋與韓菁清》中國青年出版社1995年版，第173頁。

[57]　梁實秋：〈早起〉，《梁實秋散文》第一集，中國廣播電視出版社1989年版，第244頁。

得不能再普通的，但他似乎並沒有感到厭倦或者麻木，相反，他卻從這些沒有什麼詩情，也沒有什麼畫意的景象、景色中，發現了美的圖畫，發現了令人興奮的詩意，草上的露珠有了生命，蚯蚓也成了圖畫中的動的因素，賣菜的人們成了撥動城市琴弦的遊走的詩人，清道夫更是成了描繪城市美景的畫家，上班的男男女女，則是城市裡譜寫詩篇，描繪畫意的主角。梁實秋的的確確有一雙發現美的眼睛，善於從生活的畫面中找到美的意蘊，有一種從平凡中發現詩情畫意的藝術智慧，善於用他的筆勾勒生動的畫面，撰寫平凡中的詩歌。更為重要的是，他還有一顆浪漫的童稚之心，正是這樣一顆純情的心，使他將眼光投向自然風光與社會景觀時，從習見的景象中發現新奇，而且始終對自然風光和社會景象保有新鮮感，從而在攝取這些景象時，總能構造清新、美妙的意境，抒發浪漫的情懷。

正因為梁實秋保有一顆純真的童稚之心，所以，當他那雙善於發現美的眼睛從自然風光和社會景觀轉向人的具體生活情景時，也能從中發現美的圖景和浪漫的情調。不過，由於人的具體生活情景比起自然風光來其形態和內容都要複雜得多，這也就決定了梁實秋觀察視角的複雜性和主觀意向的獨特性。

我已經多次談到，梁實秋不僅終生都在張揚人性，而且，在他的心目中和意識深處，人性應該是聖潔與美妙的，他也往往自覺地從人性的角度來看待人的生活，但是，讓他十分失望的是，他所認可的那些美妙、聖潔的人性內容，在他所處的那個生活圈子裡，卻往往被褻瀆，女人「喜歡說謊」、「善變」、「善哭」、「多舌」、「膽小」（女人）；男人「髒」、「懶」、「饞」、「自私」、「多嘴」（男人）。人與人之間不是爾虞我詐，就是虛情假意，誰都不願意吃虧，誰都不甘於淡泊，即使都是文化人，也都位於紳士、先生、知識份子之列，卻有眾多讓人厭惡的醜陋行徑和生

活習性。因此，當梁實秋將自己的目光對準這些人的生活時，他筆下實在難以湧出詩情畫意，有的只是嘲諷、揶揄，他眾多的幽默之文就是如此產生的。

難到人性中就沒有美嗎？難到作為「萬物之靈」的人的生活本來就是這樣陰暗、無聊、酸氣十足的嗎？當然不是。當梁實秋將自己的目光從自己生活的那個圈子裡移向另外的圈子裡時，他那雙善於發現美的眼睛，立刻就找到了人性和人的生活中蘊藏的詩情畫意。這個「另外的圈子」就是下層人的圈子，生活的詩情畫意就在這些人的生活中存在著。當梁實秋的筆觸伸向這些人的生活時，他筆下也除去了慣用的幽默與揶揄，流淌出的多是清新、純真的詩意，而且，這些詩意由於帶著濃郁的人道主義情感，因此，這些詩意往往情趣盎然而不庸俗，富有韻味而不輕佻，真誠、淳樸中還夾帶著顯而易見的「浪漫心腸」。如，〈滑竿〉一文。這是梁實秋描寫下層勞動者生活的一篇散文。在這篇散文中，曾經看不起「蠢笨如牛」的下層人的梁實秋卻一反常態，不僅表達了對他們的同情，而且也從他們的生活中，包括他們這種需要「流臭汗」的勞動中發現了美，發現了可貴的人性。

梁實秋的這篇散文，首先將目光對準了這些下層人不幸的生活遭遇，「滑竿夫太苦」，他們為了生活，每天用雙肩扛著，抬著一些「人上人」爬山、過橋，在形形色色的石子路、土路、馬路上腳踏實地地行走，加上生活艱辛，營養不良，「滑竿夫沒有不是鳩形鵠面的，他們一排靠在牆根上站著，像是風乾了的人，像是傳說中辰州趕屍的人夜晚宿店時所遺棄在路邊的貨色！」[58]一個感慨號，足以言為心聲地表達了梁實秋對他們的同情及對他們遭遇這種不幸生活的不平。

---

[58] 梁實秋：〈滑竿〉，《梁實秋散文》第二集，中國廣播電視出版社1989年版，第296頁。

　　這些像被「遺棄在路邊的貨色」一樣的人，他們的生活也會有詩情畫意嗎？在他們身上也會閃爍出浪漫的火花嗎？當我們讀到梁實秋對滑竿夫生活狀況及身體形象的描述後，我們是很難想像出詩情畫意的趣味的。然而，善於發現美的梁實秋，卻從這些窮困的下層人身上發現了美，發現了閃爍著浪漫火花的生活趣味。滑竿夫雖然大多數都是「鳩形鵠面」的，「可是他們每人一襲藍布長衫，還少不了一頂布纏頭。多半伶牙俐齒，能言善道。腰間橫系著一根褡布，斜插著一根短煙管，掛著一隻煙荷包。」他們的形象雖然沒有騎士那麼英俊，也沒有紳士那樣的氣宇軒昂，更沒有英雄那樣神武，但卻給人一種簡樸、幹練的感覺，透示著一種樸實的美。不僅如此，梁實秋還以欣賞的目光，掃描這些下層人的精神生活，發現了在他們生活中蘊藏著的一種特殊的詩意：「除了煙草之外，當然還有更能提神解乏的東西，精神興奮的時候，議論風生。」為了具體地說明這些下層人生活中的詩意和浪漫情趣，梁實秋記敘了自己親身經歷的一件事：

　　　　有一回我到四川北碚的縉雲山，一路上聽聽滑竿夫邊走邊說一些唱和的俚語：甲：「前面靠得緊！」乙：「後面擺得開。」甲：「亮光光！」乙：「水波浪。」甲：「滑得很！」乙：「踩得穩。」甲：「遠看一枝花。」乙：「走進看是她！」甲：「教我的兒喊她媽。」唱到這裡，路邊的那「一枝花」紅頭漲臉的啐他一口。滑竿夫們勝利的笑了起來，腳底下格外有力，精神抖擻，飛步上山。[59]

　　滑竿夫們的這種「提神法」，雖然粗野而又原始，但卻飛揚這

---

[59] 梁實秋：〈滑竿〉，《梁實秋散文》第二集，中國廣播電視出版社1989年版，第296頁。

一股清新、淳樸的情趣，透示著山野小民特有的那種浪漫氣息，梁實秋正是捕捉到了這股氣息，而以生趣平實的筆調給予了勾勒，將下層人中蘊藏的詩情恰樸地表現出來了。

　　此時的梁實秋不僅用如實的描繪揭示了這些「鳩形鵠面」的「苦力」特有的專門話語，以及在現實生活中的自娛自樂情景，表現了他們最為原始的情欲中的情趣，而且也於不自覺中否定了自己曾經恪守的主張。他曾在〈文學是有階級性的嗎？〉一文中用十分決斷的語氣說：「好的作品永遠是少數人的專利品，大多數人永遠是蠢的永遠是與文學無緣的。」[60]「為大多數人讀的文學必是逢迎群眾的，必是俯就的，必是淺薄的。」[61]可是，當他面對大眾的這種原始、粗野、淺薄的生活趣味時，他卻不僅將這些「蠢」人的情調攝進了自己的藝術鏡頭，而且以欣賞的筆調寫進了自己的作品，什麼「逢迎群眾」，什麼「俯就」大眾，什麼「淺薄」的文學等等，梁實秋似乎都忘記了，唯有以清泉般流瀉的筆調，如畫般地抒寫下層人充滿情趣的生活，以似乎是陶醉的文字，表達自己對這種生活的感受，譜寫了一首來自底層，來自「蠢笨如牛」的下層人生活的歌，這首歌的新鮮色彩，是他那些諷刺、否定人性醜中的散文所沒有的，顯得很特別，也顯得很有意義和價值。

　　梁實秋為什麼會形成這種自我否定的創作傾向呢？除了其他的主觀、客觀的原因外，最重要的就是他始終保有一顆童稚之心。童稚之心，本來就是純潔的、真誠的心。明代美學家李贄在著名的《童心說》中曾經指出：「夫童心者，真心也，若以童心為不可，是以真心為不可。夫童心者，絕假純真，最初一念之本心也。若失

---

[60] 梁實秋：〈文學是有階級性的嗎？〉，《文學運動史料選》第三冊，上海教育出版社1979年版，第50頁。

[61] 梁實秋：〈文學是有階級性的嗎？〉，《文學運動史料選》第三冊，上海教育出版社1979年版，第51頁。

卻童心，便失卻真心」，並認為，如果「童心既障，於是發而為言語，則言語不由衷」，反之，如果童心明，發而為言，則言由衷，所以，他認為：「天性至文，未有不出於童心焉者也。」[62]李贄從文學的本質和文學創作兩個方面揭示了「童心」的真諦，他認為，只要作家能以「童心」面對客觀對象，他就能達到文學的「真」的境界，否則就會落入「假」的泥坑，使文學失去價值。梁實秋的童稚之心，正具有李贄所認可的這種「真」的性質。當他以這種真心面對下層人的生活情趣時，他沒有囿於自己先前的主張，而是以「最初一念之本心」，直寫了下層人的生活情趣，拋棄了自己對下層人與文學關係的偏見。也正因為梁實秋保有了這種真誠的「童稚之心」，他才發現了下層人生活中的美以及這種美中所包含的情趣，他那雙審視慣了中上層人的生活的眼睛，才會驚奇地在下層人的生活中發現富有浪漫情趣的景象，他的筆下才流暢無礙地湧出了一首真實的詩，一首他很少能得到的詩。從這裡我們可以看出，也可以得出這樣的結論：與其說梁實秋有一雙善於發現美的眼睛，不如說他有一顆浪漫、純潔的童稚之心。

保有童稚之心的梁實秋，不僅能向外發現自然、社會與下層人的生活的美，而且也善於向內，發現自己生活的情趣；他不僅能將對外所發現的美結構成具有詩情畫意的散文，他更能將自己的生活情趣和浪漫情懷，結撰成優美而又情意深長的散文。

梁實秋在〈悼齊如山先生〉這篇散文中曾經這樣評價齊先生：「齊先生心胸開朗，了無執著，所以他能享受生活，把生活當作藝術來享受。」[63]對梁實秋自己來說，他也正是一個「把生活當作藝術來享受」的人。正是這種「藝術」的生活態度，使他在記敘自己

---

[62] 李贄：〈童心說〉，《焚書》中華書局1961年版，第97—98頁。

[63] 梁實秋：〈悼齊如山先生〉，《梁實秋散文》第一集，中國廣播電視出版社1989年版，第346頁。

的生活情趣時，賦予自己的散文以濃鬱的浪漫氣息和童稚似的純情。最有代表性的散文，還是他最投入情感的長文〈槐園夢憶〉。

這篇詳盡地記敘他與原配夫人程季淑生活的散文，儘管也記敘了生活中的一些酸甜苦辣，也記敘了許多挫折和顛沛流離的生活苦景，但流轉於其中的最有意味，也最吸引人的則是貫穿始終的兩個人相親相愛的真摯的情感，以及由這種真摯的情感所譜寫的平凡生活中的詩趣、美意。這種詩趣、美意，雖然隨著時光的流逝和生活環境的遷移，在總體傾向上是越積越厚實，但十分有趣的是，青年時代，本來應是感情外瀉、浪漫多情的時代，可是，梁實秋的筆調反而顯得較為實在，即令記敘他與程季淑初戀的情景，也沒有渲染多彩的風光，傾吐浪漫的氣息，編織五色的夢幻，相反，漸入老境，筆下卻漸漸止不住流露出童心的美妙，情愛的聖潔，以及在他眼中的自然的清新和神奇。這也許是由於青壯年時期，更多地生活在動盪的年月，更多的將心力和注意力傾注於社會事務和撫育子女之中，無暇「藝術」地對待生活，更沒有充分的時間來享受生活所導致的吧。而漸入老境後，社會事務少了，家務輕了，生活環境也安寧了，此時的梁實秋可以與老伴盡情地營造生活情趣，輕鬆地欣賞生活的情景，細細地品味生活的滋味，風神瀟灑地以「藝術」的眼光觀察生活中的點點滴滴了，於是，梁實秋的筆下也就自然地流瀉出了本應在青年時代流瀉的浪漫情趣。

有人說，遲開的桂花更為香醇，老境的浪漫則更有情趣。領略一下樑實秋〈槐園夢憶〉中的浪漫情調，那種夕陽下的悠然所透示的意蘊，足以讓人像飲陳年老酒一樣，品出清醇的芬芳。退休後的梁實秋與妻子程季淑一起外出旅遊，那被解放了的童心使他觀山，山有情，看水，水有意，即令是「一所破廟，一塘泥水」，他也會從中得到「一點野趣」，興致勃勃地看半天，有滋有味地逛半天。請看他記敘自己剛剛退休後與妻子程季淑的幾次野遊：

退休之後，我們無憂無慮到處遊玩了幾天。最近的地方是陽明山，我們尋幽探勝，專找那些沒有遊人肯去的地方。……有一天季淑說：「青草湖好不好？」我說：「管他好不好！去！」一所破廟，一塘泥水，但是也有一點野趣，我們的興致很高。更有時季淑備了鹵菜，我們到榮星花園去野餐，也能度過一個愉快的半天。[64]

　　梁實秋似乎從來也沒有這麼輕鬆過，山光水色似乎也只有到他從各種事務中退下後才將無限的情趣向他展示，他也似乎只有到這個時候，在「夕陽無限好」的時期，才得以能將青春時期所怠慢了的浪漫情調重新釋放，並加倍地釋放，讓這種浪漫的情調在山山水水中，在哪怕是只有一點野趣的破廟、泥水中釀製出良辰美景，讓他「也能度過一個愉快的半天」，讓他的身心愉悅無比。所以，他不惜在面對「沒有遊人肯去的地方」的時候，也寫下一段詩情。這詩情雖然沒有年輕人所寫詩情的靈秀、溫柔，也沒有年輕人表達詩情的熱烈、奔放，但是，卻細膩而厚實，既不乏「野趣」，也不乏蜜意，這野趣與蜜意猶如優良的酵母，為他的散文注進了幽幽的韻味和耐人尋味的意趣。

　　如果說，梁實秋記敘自己與妻子遊玩生活的文字所釋放的浪漫情趣耐人咀嚼的話，那麼，他記敘自己與妻子諧戲的文字所釋放的浪漫情趣，則只能讓人羨慕。

　　梁實秋與妻子程季淑相互為對方取了一個諢名。妻子因梁實秋是臘月八日出生的，而戲稱他為「寒鴉兒」；梁實秋因已入老境的妻子身體發福且總愛穿黑色的衣服而戲稱她為「黑熊」。這種戲

---

64 梁實秋：〈槐園夢憶〉，《梁實秋散文》第二集，中國廣播電視出版社1989年版，第199頁。

稱，兩個人在公開場所是從來不用的，而只在兩個人專屬於他們自己的生活空間時才相互使用。在〈槐園夢憶〉中，梁實秋記敘了這樣兩個情景，一個情景是已入老境的程季淑在家裡上樓梯：「季淑怵上樓梯，但是餐後回到室內須要登樓，她就四肢著地爬上去。她常穿一件黑毛絨線的上衣，寬寬大大的，毛毛茸茸的，在爬樓的時候我常戲言：『黑熊，爬上去！』她不以為忤，掉轉頭來對我吼一聲，做咬人狀。可是進入室內，她就倒在我的懷內，我感覺到她的心臟撲通撲通的跳。」[65]在梁實秋的描述中，一對老人那未泯的童心，通過那特有的舉動與諧戲的言語，活脫脫地呈現在讀者的面前。這些可笑、好玩的舉動出現在兩個老人的生活中，宛如呆板的畫面上被孩子塗上了幾筆稚嫩的線條，抹上了幾道隨意的色彩，幾縷生氣頓時躍然紙上。這種隨意的、諧戲的逗趣被梁實秋寫入散文，也給自己的作品增添了幾許情趣，它反映的是兩人親密無間的感情，抒發的則是那蘊藏在心中的浪漫意緒。這意緒既調劑過梁實秋的愛情生活，一旦注入作品則給梁實秋所描繪的平凡生活灌注了活潑的氣氛。人們在這種氣氛中可以感受梁實秋幸福的情緒，沒有享受過這種氣氛的人，當然不可避免地會羨慕梁實秋，除非這個人性格有問題，或者心理有問題，或者其他方面有問題，否則他是不會放棄與他人分享生活情趣的。

梁實秋與妻子程季淑，不僅用諧戲調劑老境中的生活，而且更用相互的關心來撫慰雙方的心靈。在〈槐園夢憶〉這篇散文中，梁實秋還記敘了另外一個情景，那就是妻子程季淑對他的諧戲。「我的生日在臘八那一天，所以不容易忘過。天還未明，我的耳邊就有她（妻子程季淑──引者注）的聲音：『臘七臘八兒，凍死寒鴉兒，我的寒鴉兒凍死了沒有？』我要她多睡一會兒，她不肯，匆匆

---

[65] 梁實秋：〈槐園夢憶〉，《梁實秋散文》第二集，中國廣播電視出版社1989年版，第208頁。

爬起來就往廚房跑，去熬一大鍋臘八粥。等我起身，熱呼呼的一碗粥也端到我的跟前。」[66]親切的諧戲伴隨著精心的照撫，攪和了多少情感和愛心？在梁實秋描述的這一情景中，浪漫的諧戲咬接著現實的行為，而現實的行為又昇華著浪漫的諧戲，就在這種浪漫與現實的情調中，一股蜜意柔情汩汩流出，散發著梁實秋愛情生活的情趣，將梁實秋散文的畫面薰陶得燦爛閃亮。

從以上的例子可以看出，不管是面對自然，還是面對人生、社會，當梁實秋以純真的童心審視對象時，他筆下就會自然而然地流露出美妙而個性鮮明的浪漫氣息。

散文中的老者的蒼涼

然而，當梁實秋從童稚的浪漫情緒中沉靜下來，以他智者的眼光面對歷史、現實、社會、人生的時候，那種無法排遣的老者的蒼涼之感就立刻從他的散文中不可遏止地表露出來，並一次又一次地將他的心中的情感翻動，再翻動，將他的思緒編織，再編織，直到被理智再次駕馭為止。

思戀故鄉，是梁實秋漸入老境後排遣不開的感情，那像磁石一樣吸引著他思緒的故土、古物、鄉音、舊景，有時引動他童稚的純情，但更多的時候是給他一種滄桑的意緒，這也許是一位老者固有的特徵。正如人們所說的一樣，青年人喜歡放眼未來，因為未來是青年人奮鬥的目標，在那可想而未知的前面，有他們渴求的愛情、事業、榮譽、理想；而對一個老年人來說，他已經走過了他人生輝煌的里程，經歷過了奮鬥的艱辛、困苦，遭遇過了失敗的沮喪、痛苦，也享受過了成功的歡樂與幸福，他的足跡已經成為了歷史，他的愛，他的恨，他的哀怨，他的興奮，已經凝聚成了他的業績和他

---

[66] 梁實秋：〈槐園夢憶〉，《梁實秋散文》第二集，中國廣播電視出版社1989年版，第198頁。

的記憶，所以，作為一個老者，他總喜歡回首過去，因為過去裡包容了他經受過或享受過的痛苦與樂趣，還有他的如潮的情感。他可以在回憶中撫慰心靈，也可以在回憶中寄託自己的情緒，將滄桑的年輪刻寫下的一切令他自豪、愉悅、神往或痛苦的情景、事件再來一次重溫、享受或者反省、思考。每當這時，一個老者對往事的回憶，總愛站在理性的基點，深沉地審視那已經過去了的一切，將湧動的感情，寄植於人事、物事，構成蒼涼的氛圍。梁實秋也是如此。他對故鄉風情的回憶，往往具有蒼涼的氣氛，這種氣氛賦予他的回憶性散文一種陳年老酒的韻味，於馥郁芬芳中飄灑出悠悠的情思和剪不斷的悵惘和愁緒。

〈北平年景〉，是梁實秋離開大陸到臺灣後寫的一篇回憶故鄉風情的散文。這篇散文在他一系列回憶性的散文中具有一定的代表性，特別是在蒼涼感方面，其代表性更明顯。這篇散文的起筆就帶著蒼涼的情思：「過年須要在家鄉裏才有味道。羈旅淒涼，到了年下只有長吁短歎的份兒，還能有半點歡樂的心情？而所謂家，至少要有老小二代，若是上無雙親，下無兒女，只剩下伉儷一對，大眼瞪小眼，相敬如賓，還能製造什麼過年的氣氛？北平遠在天邊，徒縈夢想，童時過年風景，尚可回憶一二。」[67]然後回憶兒時在北平過年時「祭灶」、「祭祖」、「吃」的情景。在這回憶年景的過程中，梁實秋的心緒是蒼涼的，但是，筆調卻往往是熱烈的，比如寫「祭祖」的情景：「祭祖先是過年的高潮之一。祖先的影像懸掛在廳堂之上，都是七老八十的，有的撇嘴微笑，有的金剛怒目，在香煙繚繞之中，享用蒸禋，這時節孝子賢孫叩頭搗蒜，其實亦不知所為何來，慎終追遠的意思不能說沒有，不過大家忙的是上供，拈香，點燭，磕頭，緊接著是撤供，圍桌子吃年夜飯，來不及慎終追

---

[67] 梁實秋：〈北平年景〉，《梁實秋散文》第二集，中國廣播電視出版社1989年版，第320頁。

遠。」[68]梁實秋以七分的熱烈加上三分的幽默筆調，活靈活現地將
從記憶深處翻出的昔日在北平過年的「盛況」，勾勒出來了，讀來
讓人感到十分輕鬆和快活。然而，就在這熱烈的氣氛和輕鬆的筆調
下，就在這「盛況」中，卻分明湧動這那難挨的鄉思和難以沖淡的
蒼涼，因為，這熱烈的「盛況」和快活的氣氛不是來自現在，而是
來自已經很遙遠的過去；其地點也不是在臺灣，而是在天遙地遠的
北京，而身在臺北且已入老境的梁實秋，已不可能再回到過去分享
那幾分熱烈，幾分快樂了，「逝者如斯夫」的規律，留給他的只有
回首中的神往了。所以，身處此境，梁實秋將昔日的年景寫得越熱
烈、越快活，就越襯托出他心緒的蒼涼；他將「祭祖」的景況勾勒
得越有情趣，就越發容易引起他那懷鄉的愁緒。

正是這種不可遏止的思戀故鄉的情緒，促使他寫下了一系列
回憶北平生活的散文，如，〈聽戲〉、〈清華八年〉、〈北平的街
道〉、〈北平的零食小販〉等。當這種「思鄉病」折磨得他無法
排遣後，他在〈北平的零食小販〉一文中禁不住寫下了這樣的句
子：「但願我的回憶不是永遠的成為回憶！」幾多渴求，幾多希
望，幾多淒涼，都凝聚在了這簡短的祈使句中，讀來讓人心有戚
戚焉。

可是，由於種種難以言說的原因，梁實秋的希望和渴求，始
終只是一種企盼，他也始終只能在夢中回到故鄉，在回憶與思戀中
與故鄉親近，儘管一道海峽是「淺淺的」，但卻無情地隔斷了他返
回故鄉的路，湛藍的海水和洶湧不息的波浪，最終還是沖走了他
刻骨銘心的企盼。他當然失望，但是，注重情感而又富有理性的
梁實秋，面對企盼的落空並沒有頹唐，清醒的理智使他在自己的散
文〈舊〉中寫下了這樣的句子：「我們不能永遠盤桓在美好的記憶

<hr>

[68] 梁實秋：〈北平年景〉，《梁實秋散文》第二集，中國廣播電視出版社
1989年版，第321頁。

境界裡，我們還是要回到這個現實的地面上來。」[69]當他從回憶的境地返回到現實中後，老者的蒼涼使他的藝術眼光更多地注視日常的生活，從日常的生活中看世界、看人生，寫下了大量膾炙人口的隨感、小品、雜文，如，〈拜年〉、〈書房〉、〈送禮〉、〈搬家〉、〈頭髮〉、〈平山堂記〉、〈駱駝〉、〈手杖〉、〈請客〉、〈閒暇〉、〈排隊〉、〈鞋〉、〈下棋〉、〈飲酒〉、〈喝茶〉等等。事實上，梁實秋不僅在老境中喜歡寫日常生活，就是在青年和中年時代，也很喜歡從日常生活中看世界，喜歡將筆觸伸進日常的小事甚至瑣事中，通過對小事的記敘、描繪，揭示人生、社會的某種普遍的人性或社會、人生的某種普遍現象，編撰了很多有影響的佳作。不過，梁實秋不管是在老年，還是在中年、青年時期；也不管是身處大陸，還是身在臺灣，他寫日常生活的散文都帶著一種老者的蒼涼意味，而且，這種蒼涼在他寫日常生活的散文中，還不僅僅是一種情緒、一種氣氛，更常常包含了某種深邃的人生道理甚或哲理。梁實秋往往喜歡從日常生活入手，通過對一些身邊瑣事的審視和描繪，去追尋和探索人性本原的奧秘，這是他寫日常生活散文的藝術視點和出發點，也是這類散文的宗旨。

　　人性的本原是什麼？這是一個曾吸引過無數中外智者的課題。孟子曾說：「人之初，性本善。」《聖經》上講：「上帝說，我們要照著我們的形象，按著我們的樣式造人，使他們管理海裡的魚、空中的鳥、地上的牲畜和整個大地，以及地上所爬的一切昆蟲。上帝就照著自己的形象造人，照著他的形象造男造女。」[70]並且將管理各種動物，開創世界的智慧給了人，於是，人有了理性，也有了情感。而人的祖先亞當、夏娃因受不住誘惑，偷吃了禁果，結

---

[69]　梁實秋：〈舊〉，《梁實秋散文》第二集，中國廣播電視出版社1989年版，第217頁。
[70]　《聖經·舊約》，《新舊約全集》中國基督教協會1989年版，第1頁。

果，人從他誕生的那天起就帶上了「原罪」，所以，在西方智者眼中，人既是神聖的，又是有罪的。柏拉圖在《法律》中指出：「人……是馴化的或開明的動物；不過，他得到了正確的指導和幸運的環境，因而在一切動物中，他成為最神聖、最開明的；但是倘若他受到的教育不足或不好，他會是地球上最粗野的動物。」[71]亞里斯多德在《政治學》中也認為：「人類在其完滿時，是最優良的動物，但是如果違背法律和正義，他就是一切動物中最惡劣的。」[72]

　　深受中西方文化影響的梁實秋在探索、追尋人性本原的時候，既從中國傳統文化中汲取了「性本善」的學說，也從西方文化中汲取了「性本惡」的思想。他既崇尚儒家所宣導的「禮」，張揚人性的神聖，又虔誠地從他的美國老師白璧德那裡接過了「新人文主義」的衣缽批判人性的惡。但是，當他以老者的蒼涼眼光審視人的日常生活時，他發現，人在日常生活中表現出來的本性，更多的不是善良與美好，而是醜陋與骯髒。男人們不僅在行為上表現出髒、懶、饞的特性，而且，其價值追求基本上都是「自私」的；女人們不僅「膽小」、「多舌」，而且在道德的層面還喜歡說謊、善變，沒有什麼操守。在日常生活中，人的各種行為，如握手、排隊、結婚、洗澡、退休、謙讓等，不是充滿了虛偽之情，就是散發出酸腐之氣。面對著人性的這些弱點，及其在現實生活中的種種表現，梁實秋不能不感慨，原來人活在世上是這麼無味，又是這麼累，於是，他借題發揮，借事寓意，借景表情，寫下了〈男人〉、〈女人〉、〈握手〉、〈排隊〉、〈婚禮〉、〈下棋〉、〈洗澡〉、

---

[71] 〔古希臘〕柏拉圖：《法律》，轉引自《西方思想寶庫》吉林人民出版社1989年版，第401頁。
[72] 〔古希臘〕亞里斯多德《政治學》，轉引自《西方思想寶庫》吉林人民出版社1989年版，第401頁。

〈理髮〉、〈退休〉、〈謙讓〉等一批揭示人性醜陋的散文，入木三分地嘲諷、批判了人的可惡本性，藉以抒發自己在人間生活所積澱的不快與不滿，儘管所使用的語調是平和的，但對人的本性中醜惡的分析與批判卻也是深刻的。而且，也沒有像自己的另外一些小品或雜感，如〈髒〉那樣進行「調和」，將本來痛快淋漓的批判色彩淡化，而是揭露即止。

梁實秋不僅善於揭示人性的醜陋，而且，也很善於從人性善的角度，揭示人的悲劇性本質，體味人生的悲涼，並將這種悲涼之感通過對動物的書寫很形象深刻地表現出來。〈駱駝〉一文可為代表。

這是一篇充滿了世紀末情緒的散文，寫的雖然是動物的不幸，活畫出的卻是人的悲哀性。駱駝，當牠身強體壯的時候，馳騁沙漠展示的是一派英武氣概，馱物、載人穩如大舟，邁步前進健如駿馬，在人類畏如刑場的沙漠裡，牠是人類最可靠、最忠實的朋友，在其他動物無法通過的茫茫沙海，牠如履平地從沙海中踏出條條道路，將人送到人想去的地方，為人們運來各種各樣的生活物資和生產物資，牠也因此被人們形象地稱為是「沙漠之舟」，是沙漠中最有生命活力的動物。而且，牠任勞任怨，馴服溫順，梁實秋專門描寫了這樣一種情景並發表了自己的感慨：「一根細繩穿繫著好幾隻駱駝，有時是十隻八隻的，一順地立在路邊。滿臉煤污的煤商一聲吆喝，駱駝便乖乖地跪下來給人卸貨，嘴角往往流著白沫，口裡不住地嚼——反芻。有時還跟著一隻小駱駝，幾乎用跑步在後面追隨著。面對著這樣龐大而溫馴的馱獸，我們不能不驚異的欣賞。」[73]可是，駱駝一旦落拓，或者被人們送進動物園作為觀賞動物，那麼，離開了用武之地沙漠的駱駝，其本領無以彰顯，其英姿也就不

---

[73] 梁實秋：〈駱駝〉，《梁實秋散文》第一集，中國廣播電視出版社1989年版，第247頁。

再，此時的牠也就只能扮演悲劇的「角色」。這是梁實秋描繪的他在動物園所看到的駱駝：

> 牠的檻外是冷冷清清的，沒有遊人圍繞，所謂檻也只是一根杉木橫著攔住門口。地上是爛糟糟的泥。牠臥在那裡，老遠一看，真像是大塊的毛薑。逼近一看，可真嚇人！一塊塊的毛都脫落，斑剝的皮膚上隱隱地露著血跡。嘴張著，下巴垂著，有上氣無下氣地在喘。水汪汪的兩隻眼睛好像是眼淚撲簌地盼望著能見親族一面似的。腰間的肋骨歷歷可數，頸子又細又長，尾巴像是一條破掃帚。駝峰只剩下了乾皮。像是一隻麻袋搭載背上。[74]

　　面對這落拓的、被關在動物園欄裡的昔日的「沙漠之舟」，梁實秋寫下來這樣的感想：「我想牠們看著身上的毛一塊塊地脫落，真的要變成為『有板無毛』的狀態，蕉風椰雨，晨夕對泣，心裡多麼淒涼！真不知是什麼人惡作劇，把牠們運到此間，使得牠們受這一段酸辛，使得我們也興起『人何以堪』的感歎！」[75]由對動物的感歎到對人的感歎，一種老者的蒼涼油然而生，一種對人的命運的憂戚力透紙背地表露出來。
　　梁實秋在〈酒壺〉一文中曾經指出：只闡述人生的奧秘，「用想像把一個概念加以具體的描寫」的人，他只能是「一位雅士，而非詩人。」[76]詩人闡述人生的奧秘不僅要「加以具體的描寫」，更

---

[74] 梁實秋：〈駱駝〉，《梁實秋散文》第一集，中國廣播電視出版社1989年版，第246—247頁。
[75] 梁實秋：〈駱駝〉，《梁實秋散文》第一集，中國廣播電視出版社1989年版，第247頁。
[76] 梁實秋：〈酒壺〉，《梁實秋讀書札記》中國廣播電視出版社1990年版，第189頁。

用「詩情畫意」來實現闡述人生奧秘的意圖。縱觀梁實秋追尋、探索人性本原奧秘的散文，他正是用「詩情畫意」來顯示人性的醜陋與人性的善良以及這種善良中所包含的悲劇性意義的。〈駱駝〉一文就有「詩」的意蘊，充滿了詩的淒涼、深沉的情感，本文將人生的悲哀寄予在駱駝那悲壯的經歷和被摧殘的形象身上，以老者的蒼涼情感和深層的感悟，從駱駝心酸的遭遇中，揭示出人生的無常，又從社會現代化進程的必然邏輯──新的生產力和新型的工業產品如汽車等替代駱駝的作用中，揭示了駱駝命運悲劇的必然性，也有力地表達了身處現代社會的人的悲劇的必然性。

至於〈排隊〉、〈婚禮〉、〈洗澡〉等散文，則完全是一幅幅塗滿了智慧的畫，當然不是傳統的以美為美的畫，而是現代派的「以醜為美」的畫。說這些散文是一幅幅畫，而且是現代派似的畫，是因為，它們有「畫面」──具體場景的描繪，更有智慧的洞察與感悟。畢卡索就曾說過，現代派的繪畫，不僅要描繪出形象，更要表達思想，而為了表達思想，形象的描繪完全可以「以醜為美」。梁實秋這些散文中的畫面，幾乎沒有「美」的，幾乎都是醜的，它們的目的當然不是為了表現美，而重要的是通過這些醜的畫面來表達思想。同時，在具體的藝術處理方面，梁實秋的這些散文，無論是具體場景的描繪，還是智慧的洞察與感悟，梁實秋都中外結合起來對比，或將古今放在一起論述，而其基本的落腳點則是揭示「現在中國和中國人」的問題，以期引起人們的反省，從而希望「再使風俗淳」。

在具體場景的描繪中，結婚儀式這一場景的描繪最細緻，因為「我國婚禮，自古就不簡單」。現在則更複雜，當然其畫面也就不可能雅。議論也最平和，但仍不乏機智。婚禮剛開始的時候，是這樣一幅中西結合的畫面：「新娘由兩個伴娘左右扶持也就夠排場的了，但是近來還經常有人採用西俗，由女方男性家長（或代理家

長）扶持著新娘，把她『送給』男方。而且還要按著一架破鋼琴（或答錄機）奏出的進行曲的節奏，緩緩的以蝸步走到台前。也有人不知受了什麼高人導演，一步一停，像玩偶中的機器人一樣的動作有節。」[77]這畫面就很像一幅將人物、事物扭曲了的現代派的繪畫，滿是畸形的人與事。隨後，大擺宴席，純粹的中國畫面：「席開十桌八桌乃至二三十桌，杯盤狼藉」[78]，這完全是通過畫面直陳不雅，結果是結婚的人累得一塌糊塗，參加婚禮的人也忙得不知南北。於是，到了文章的最後，梁實秋提出了建議：「然則婚禮如何才能簡單隆重？初步的建議是，作父母的退出主辦的地位，別亂發請帖，因為令郎令愛的婚事別人並不感覺興趣。在家裡靜靜的等著抱孫子就可以了。至於婚禮，讓小倆口自己瞧著辦。」[79]這建議的確平和，但切中的正是「今天」中國人婚禮的弊端——父母包辦；內容雖然簡單，卻既有西方人的意識——讓小倆口獨立辦，又照顧了中國老人「抱孫子」的企盼，可謂是中西結合。

「排隊」圖景的展示則中外有別。在外國，尤其是在西方，由於西方人從小就受到過排隊的教育，所以，「他們是不拘什麼地方都要排隊。郵件、銀行、劇院無論矣，就是到餐廳進膳，也常常要排隊聽候指引——入座。」[80]但在中國，中國人由於從小就沒有接受過這方面的教育，也沒有將西方這種良好的習慣引進並通過各種形式進行宣傳或者用規章制度的形式將其固定下來，從而，使

---

[77] 梁實秋：〈婚禮〉，《梁實秋散文》第三集，中國廣播電視出版社1989年版，第209頁。

[78] 梁實秋：〈婚禮〉，《梁實秋散文》第三集，中國廣播電視出版社1989年版，第208頁。

[79] 梁實秋：〈婚禮〉，《梁實秋散文》第三集，中國廣播電視出版社1989年版，第211頁。

[80] 梁實秋：〈排隊〉，《梁實秋散文》第三集，中國廣播電視出版社1989年版，第13頁。

中國人即使成年了，也不知道出外辦事，在人多的情況下還要「排隊」。因此，在有中國人的地方，也就從來不見排隊的長龍，更沒有像西方世界裡隨處可見的「排隊」的特殊景象，只有你推我撞，「擠」成一團的混亂場面。「我小時候，在北平有過一段經驗，過年父親帶我逛廠甸，進入海王村，裡面有舊書鋪、古玩店、玉器攤，以及臨時搭起的幾個茶座兒。我父親如入寶山，圖書，古董都是他所愛好的，盤旋許久，樂此不疲，可是人潮洶湧，越聚越多。等到我們興盡欲返的時候，大門口已經壅塞了。」[81]結果是，裡面的人要出來，卻出不來，外面的人想進去，也進不去，這場面確實「熱鬧」，但卻實在沒有任何章法，實在不利於所有在場的人輕鬆地達到「進」與「出」的目的。之所以會造成這種局面，概因中國人從來就沒有「排隊」的良好習慣。而作者描寫的唯一一次中國人的排隊，卻恰恰是一個充滿了屈辱與羞愧的場面，因為，這個場面中中國人排成的佇列，並不是中國人自覺行動的結果，而是被日本人用鞭子強行整成的「佇列」，因此，面對這種場景，梁實秋的議論也最為深沉：「不排隊的人是應該挨打，只是不應該由日本人來執行。」[82]此議論一箭雙雕，一方面直陳了日本帝國主義侵略中國後，對中國人的任意虐待，另一方面更為重要的是對中國人沒有養成良好習慣的痛徹心扉的怨憤，對中國人基本素質的低下的痛惜，兩者的疊加所構成的情感的張力，使這一議論雖然平和、雖然沒有大聲的疾呼或憤怒的斥責，但包含的意味卻十分深沉。

　　而「洗澡」場面的敘述，則古今中外結合，議論最為尖銳。洗澡雖然是人的一種基本生活的內容，也是古今中外早已存在的

[81] 梁實秋：〈排隊〉，《梁實秋散文》第三集，中國廣播電視出版社1989年版，第12頁。
[82] 梁實秋：〈排隊〉，《梁實秋散文》第三集，中國廣播電視出版社1989年版，第13頁。

生活事實，在我們中國，「我們中國人一向是把洗澡當做一件大事的。自古就有沐浴而朝，齋戒沐浴以祀上帝的說法。」[83]但是，由於時間、地點、人物的不同，而決定了洗澡場景、意味的不同。在中國，唐朝的楊貴妃洗澡與梁實秋小的時候被母親按在澡盆裡洗澡的情景和場面都不同；羅馬皇帝喀拉凱拉只廣造宏麗的公共浴池容納一萬六千人同時入浴與歐洲近代的修女的洗澡的場景也不同；舊式中國家庭用大木盆的洗澡與今天中國人用「沐浴」的形式洗澡也不同。儘管洗澡的場景是不同的，但脫光衣服的場景則是沒有什麼區別的，但在不同的場景中，對脫光衣服的要求與看法卻是不一樣的，一般人洗澡對脫衣沒有什麼規定，但中國的佛教徒和中古歐洲的基督教徒對脫衣卻又有嚴格的規定，其規定的原則就是：不能自己看自己的裸體，更不能讓別人看見自己的裸體。如此奇怪的規定，使洗澡也變成了一種儀式，寫到這裡，梁實秋就來了一段議論：「在某些情況下裸體運動是其必要的，洗澡即其一也。在短短一段時間內，在一個適當的地方，即使於洗濯之於觀賞一下原本屬於自己的肉體，亦無傷大雅。若說赤身裸體便是邪惡，那麼衣冠禽獸又好在哪裡？」[84]一個簡單的洗澡的小事，也被其用智慧點染了一番。

　　梁實秋就在他精心描繪的這一幅幅畫面中，點染出人性的種種憨態、醜態、惡態，既通過西方人的一些好習慣，如排隊，在對比中批判了我們民族固有的壞習慣，也否定了西方的一些有違人性的習慣，使自己的散文作品在充滿了情趣與機智的同時，也充滿了思想。

---

[83] 梁實秋：〈洗澡〉，《梁實秋散文》第二集，中國廣播電視出版社1989年版，第220頁。

[84] 梁實秋：〈洗澡〉，《梁實秋散文》第二集，中國廣播電視出版社1989年版，第221頁。

第三節　風格：學者的豐贍與名士的瀟灑構成的「境界」

　　德國偉大詩人歌德在《自然的單純模仿・作風・風格〉一文中曾經指出：「風格，這是藝術所能企及的最高境界，藝術可以向人類最崇高的努力相抗衡的境界。」[85]梁實秋散文的風格是梁實秋所構造的藝術世界的「最高境界」，也是他散文魅力的集中體現。它像鏡子一樣映射出梁實秋散文的文本特點，又如大海一樣一邊容納他的思想內涵、情感意向、審美情趣、人格風貌，一邊又將濃鬱的氣息伴著喧囂的海潮不停地釋放出來。人們正是從這裡認識梁實秋散文的歷史價值和美學價值的，梁實秋也正是用自己獨特的風格奠定了自己在中國文學史上的地位的。

　　風格，作為藝術所能企及的最高境界，不同的人有不同的構成方式，正是這些不同的構成方式形成了文學史上爭奇鬥豔的風格形態。梁實秋散文的風格，也有自己的構成方式，他散文藝術的「最高境界」是由他學者的豐贍與名士的瀟灑構成的，是宏富的知識、淡泊的襟懷、嫻熟的技法和雙重智慧的結晶，是詩情與畫意、感性與理智、主觀與客觀完美統一的結果。這一最高境界有自己鮮明的個性特色，這就是學者的宏博、深沉與名士的恬適、淡雅的有機結合。

豐贍的學者散文

　　「學者散文」是一種什麼散文呢？學界有各種說法，其中，最早對之進行界說的是著名詩人和學者型散文家余光中先生。1963

---

[85] 〔德〕歌德：〈自然的單純模仿・作風・風格〉，《文學風格論》上海譯文出版社1982年版，第3頁。

年，余光中在臺灣《文星》雜誌上發表文章，將當時文壇的散文分為四種類型，第一種即為「學者散文」。他認為：

> 這一型的散文限於較少數的學者。它包括抒情小品、幽默小品、遊記、傳記、序文、書評、論文等等，尤以融合情趣、智慧和學問的文章為主。它反映一個有深厚的文化背景的心靈，往往令讀者心曠神怡，既羨且敬。[86]

這似乎就是以梁實秋的散文特點為對象作出的概括！即使余光中不是以梁實秋的散文為對象概括的「學者散文」的特點，但，我們卻完全可以說，梁實秋的散文，具有「學者散文」的內容與形式，而梁實秋本人就是一個有豐贍知識和研究成果的學者。

梁實秋童年即受父母啟蒙讀詩習書，少年就讀清華學校，青年遠渡重洋攻讀英美文學，到了中年搜讀古書典籍，去臺灣前後又開始研讀佛經禪學，正是這種學富五車的經歷，奠定了他較為豐厚的中西文化的基礎，加之天性的感悟能力與堅毅的求知毅力，使他既深通中國傳統文化的道義與文學的章法，又洞悉西方文化的「人學」與文學的神韻，因而，當他面對自然與人生、歷史與現實提筆為文時，宏富的學識使他談古道今，左右逢源；描形寫意，自然成章，筆頭所指之處，無不得心應手，他的學者型的散文特色也就在這種縱橫捭闔中自然而然地形成了。

但是，豐富的知識，並沒有使梁實秋忘乎所以，他深深地懂得，知識雖說是財富，而一旦失控，則會氾濫成災，淹沒感情的靈氣；學識雖可貫通古今，而一旦信馬由韁，則會破壞藝術的美感。因此，在他創作散文時，從不下驚人之筆或作「掉書袋」之態，

---

[86] 余光中：《逍遙遊》，臺北大林出版社1977年版，第30頁。

而是從容裕如、恰到好處地廣徵博引古今中外的詩文典故、俗諺俚語、趣聞軼事、學說藝術，藉以豐富作品的內蘊和準確地表達自己收穫的真情實感，真正達到了「千錘百煉化為繞指柔」的純淨境界。長篇回憶性散文〈槐園夢憶〉就十分明顯地體現了他的這種藝術風格。單就本文的最後一節看，梁實秋隨手援引的中外古今詩篇、詩句及典籍就有英國詩人朋士的小詩〈約翰安德森我的心肝〉，哈代的長詩〈二者的輻合〉中所寫的悲慘事件；中國西晉詩人潘岳的悼亡詩句「上慚東門吳」和唐代詩人元稹的悼亡詩句，以及《金剛經》中的文字。如此博雜的內容，若非腹笥殷實之士，斷不能輕鬆而為之。而梁實秋不僅舉重若輕地隨手拈來，且用智者的慧心，將它們適時地融解在文章的意境之中，畫龍點睛地指代自己在不同時期的心境，匠心別具地抒發自己沉鬱頓挫的情感。

　　朋士的小詩是在梁實秋的結髮妻子程季淑撫摩梁實秋的頭髮時，被梁實秋觸景生情引出的。程季淑撫摩著梁實秋的頭髮說：「你的頭髮現在又細又軟，你可記得從前有一陣你不願進理髮館，我給你理髮，你的頭髮又多又粗。硬像是板刷，一剪子下去，頭髮渣迸得滿處都是。」[87]正是妻子的這幾句話，引發梁實秋想起了朋士的〈約翰安德森我的心肝〉這首小詩，這首小詩寫的正是兩個戀人，從青春年少「頭髮黑得像是烏鴉一般」到「頭髮白得像雪一般」的愛情經歷，那情篤意深的境界，感慨、哀傷的情調，還有那「手把手的走下山」的一同長眠的願望，正生動地映現了梁實秋與妻子程季淑的愛情經歷和共同心願。同時也暗示了即將到來的遭遇。就在幾天之後，當梁實秋像往常一樣與妻子「手把手」外出買東西時，不料市場門前一架梯子突然倒下，正好擊中了妻子，妻子因搶救無效而離他先去了。梁實秋的心碎了，於是又自然地引錄了

---

[87] 梁實秋：〈槐園夢憶〉，《梁實秋散文》第二集，中國廣播電視出版社1989年版，第206頁。

潘岳與元稹的悼亡詩，將自己那欲哭無淚，欲呼無聲的悲痛情感，一起寄寓在那淒涼、深邃的詩句中，讓悼念之情隨著深沉、雋永的詩句流淌出來，將散文的意境推向高潮。隨後，當悲劇已成事實，愛妻已經遠行，梁實秋一個人枯坐、獨處對孤燈的時候，他本能地口誦出《金剛經》的文句：「一切有為法，如夢、幻、泡、影，如露亦如電，應作如是觀。」一方面超度妻子的亡靈，一方面慰藉自己那仍在流血的心。縷縷悠長的思緒隨著這超然的經文飄向永遠。全文就在這餘音繚繞中結束了。

像這樣意趣深遠、水乳交融的廣征博引，似這般境界深沉、文筆穩健的處所，還可以舉出很多、很多。在眾多描繪日常生活的散文中，在一篇篇說古道今的小品裡，他更是常常引用古今中外的文句、格言、典故、傳說、故事，以學者的豐贍構造超拔、深邃的意境，用穩健、高雅的筆調，畢現爐火純青的造詣。此時，他散文的風格除了宏博、深沉之外，又錦上添花地多了幾分機智，幾分巧慧。

在〈中年〉一文中，梁實秋徵引了吳道子的繪畫技法，《聊齋志異》的故事〈畫皮〉，西洋的傳說和諺語等。為了有效地顯示作品的題旨，勾畫人生的景觀，揭示人到中年的心理，梁實秋將這些徵引的知識，作了機智、巧妙的安排，或在緊要處讓它們即顯意趣，或於題旨明朗時提綱挈領。

人到中年，隨著時間腳步的匆匆前行，生理上會不可違拗地發生顯而易見的變化，這首先在臉上表現出來：「以至於有一天偶然攬鏡，突然發現額上刻了橫紋」，這「橫紋」作為歲月的流逝打在人臉上的印記在表明一個不可回避的事實：人到了中年。然而，面對這一事實，一般人在心理上總不願意承認自己已經開始「變老」，總想以別種解釋來寬慰自己：「心想那是抬紋」，是一種早就存在於額頭上的生理形狀。面對一般人的這種普遍心理，梁實

秋適時地引了吳道子的繪畫技法，來顯示人總愛往好的方面想的心態，用「蓴菜描」這種吳道子創造的繪畫方法，來比喻進入中年後人額頭上的橫紋那「顯明而有力」的「線條」。這種順勢援引的比喻，不僅準確地揭示了人進入中年後額頭上橫紋的特徵，也機巧地調侃了人到中年後一般人惶惶然而又自我解脫的深層心理。「橫紋」作為中年人生理變化的標誌，在形象上是一種逐漸「老」的標誌，而在一般人的意識中，「老，是與醜分不開的」[88]，可是梁實秋卻偏偏用吳道子創造美的繪畫技法「蓴菜描」來比喻刻在中年人額頭上的「橫紋」這醜的形態，於嚴肅中摻進了幽默，又於幽默中顯出幾分的雅趣，生動有力地揭示了在不可抗拒的自然規律面前一般人的不安與沮喪。

面對老之將至，作為萬物之靈的人，當然不會只有沮喪與惶惶然，他們要用各種方法，包括古老的方法與現代的方法來對抗生理的變化，也要用各種方法來平衡心理的不安，特別是女人們，她們不僅對人到中年「更著急」，而且為了自己的「臉面」與「體形」，她們可謂使盡了渾身的解數，運用了種種讓男人吃驚的方法，比如，為了「減肥」，步入中年的女子不惜使用摧殘身體的方法。「聽說有許多西洋女子用擀麵杖似的一根棒子早晚渾身亂搓，希望把浮腫的肉壓得結實一點；又有些人乾脆忌食脂肪忌食澱粉，紮緊褲帶，活生生的把自己『餓』回青春去。」這裡所援引的西洋的「聽說」，既不無刻薄地嘲弄了某些中年女子的行為，又不無深沉地顯示了中年女子的悲哀。梁實秋之所以如此外露地嘲弄中年女子「減肥」的辦法，如此同情她們「亂搓」、餓腹的悲哀，從根本上說是為了否定這種不正視自然規律，違背自然規律的行為。這一目的在他所援引的《聊齋志異》的〈畫皮〉中體現得更為鮮明。他

---

[88] 梁實秋：〈老年〉，《梁實秋散文》第二集，中國廣播電視出版社1989年版，第157頁。

首先指出，步入中年後，女人那張臉開始出現皺紋，這皺紋逐漸伸展，「縱橫輻輳，疏而不漏，把臉逐漸織成了一幅鐵路線最發達的地圖，臉上的皺紋已經不是熨斗所能燙得平的」。處此之時，女子們有的就拼命化妝，企圖用胭脂粉、油彩為自己再造一張富有魅力的臉。面對這種上帝給一張自然臉，自己又再造一張臉的做法，梁實秋寫道：「在原有的一張臉上再罩上一張臉，本是最簡便的事。不過在上妝之前、下妝之後，容易令人聯想起《聊齋志異》的那一篇，〈畫皮〉而已。」[89]在這裡，梁實秋沒有用任何激烈的言辭，他學者的豐贍使他順手拈來一個典故，就機巧、形象又深刻地表達了自己對人到中年的女人過於「塗脂抹粉」行為的否定。這種於緊要處順勢引典的手法，不僅風趣、幽默，且微妙、輕捷，使人在會心地一笑中咀嚼出回味無窮的意蘊。梁實秋對形形色色違拗人到中年的生理規律的否定傾向，就這樣通過引經據典而含蓄地表露出來了，這正顯示了他大手筆的風範。

如果說梁實秋對於人們違拗生理發展規律所採取的種種抗拒的方法在否定的時候還相對含蓄的話，那麼，他對人們——特別是中國人在進入中年後所遵循的生活態度和消極心理的否定，則直截了當得多。這種否定，他所採用的方法仍是引經據典，而且是正反兩面的引經據典。在〈中年〉一文中他首先引用了反面的「典」，即中國古典長篇小說《水滸傳》的作者施耐庵在《水滸傳》的〈序〉中提出的觀點，即，一個人，如果三十歲沒有娶老婆，那麼就不應再娶；如果四十歲未爭取到功名，那麼就不要再去爭功名；然後引用了正面的「典」，即「西諺云，『人的生活在四十開始』。好像四十以前，不過是幾齣配戲，好戲都在後面。」[90]通過對正面

---

[89] 梁實秋：〈中年〉，《梁實秋散文》第一集，中國廣播電視出版社1989年版，第101頁。

[90] 梁實秋：〈中年〉，《梁實秋散文》第一集，中國廣播電視出版社1989年

之「典」──「西諺」的援引，梁實秋直截了當地表明瞭自己的觀點，對於中國人那種人到中年萬事休的生活態度和消極、「棄權」的心理傾向，給予了積極的否定。之所以說這種否定是「積極」的否定，是因為梁實秋是在首肯西諺的「人的生活在四十開始」的生活基礎上的否定，是在正視中年人的現實處境和生理特徵前提下的否定，他否定的目的不是讓人無視現實的盲目樂觀，也不是為了超脫自己（因為，在寫〈中年〉一文時，梁實秋自己也已經步入了中年），而是為了闡述一種積極的生活態度，讓人求實、正確地面對人到中年的客觀事實，並有效地領略和認識人到中年的妙趣：

> 別以為人到中年，就算完事。不，譬如登臨，人到中年像是攀躋到了最高峰：回頭看看，一串串的小夥子正在「頭也不回呀，汗也不揩」的往上爬。再仔細看看，路上有好多塊絆腳石，曾把自己磕碰得鼻青臉腫，有好多陷阱，使自己做了若干年的井底之蛙。回想從前，自己做過撲燈蛾，惹火燒身；自己做過撞窗戶紙的蒼蠅，一心想奔光明，結果落在粘蒼蠅的膠紙上！這種種景象的觀察，只有站在最高峰上才有可能。向前看，前面是下坡路，好走多了。[91]

好一幅無限風光在中年的人生圖！這裡有詩情，有畫景，還有深刻、雋永的人生哲理。這種「境界」正是梁實秋對各種消極的「中年觀」與「中年心態」否定的積極成果。在這一成果中，梁實秋散文的藝術風格不僅顯露了自己深沉、穩健的特色，而且透示出

版，第102頁。
[91] 梁實秋：〈中年〉，《梁實秋散文》第一集，中國廣播電視出版社1989年版，第102頁。

勃發、濃郁的生命氣息，不僅具有了人生的歷史感，而且具有了強烈的現實感和現代意識。這一切正構成了梁實秋散文風格引人注目的魅力之一。

　　事實上，當我們細心地品味一下樑實秋以學者的豐贍構成的風格境界時，我們就可以發現，他不僅在直接描摹人生世態，抒發主觀情感的時候，常常將歷史感與現實意識灌注在散文的意境中，而且，就是在援引古今中外典籍、故事、傳說、諺語的時候，也往往將歷史與現實貫通起來，以歷史的「典」來映照現實的「景」，以現實的「景」來昇華歷史的「典」，構成一種情景交融、情理彙聚的境界。

　　〈送行〉是一篇描繪人情世態的佳構，梁實秋生動地記敘了「我」「永遠不能忘記」的「最悲慘的一幕送行」。這幕送行是在「一個嚴寒的冬夜」進行的，送行的人來了一大堆，大家早早就恭候在火車站的月臺上，「我」也去了。被送的人只有一位，那是某人的太太。「車快開了，不見她的蹤影，原來在這一晚她還有幾處餞行的宴會。在最後一分鐘，她來了。……一見她來到大家都表現喜歡，所有惜別之意都來不及表現了。她手上抱著一個孩子，嚇得直哭，另一隻手扯著一個孩子，連跑帶拖，她的頭髮蓬鬆著，嘴裡噴著熱氣像是冬天載重的騾子，她顧不得和送行的人周旋，三步兩步的就跳上了車。這時車已蠕動。送行的人大部分都手裡提著一點東西，無法交付，可巧我站在離車門最近的地方，大家把禮物都交給了我……我好像是一個聖誕老人，抱著一大堆禮物，我一個箭步竄上了車，我來不及致辭，把東西往她身上一扔，回頭就走，從車上跳下來的時候，打了幾個轉才立定腳跟。」

　　這「悲慘」的送行結束了，但事情還沒有完。那位太太回府後給「我」來了一封信，開列了一個禮品單，因為那些東西都是為她送行的人送的，而她連名字都不知道，更不知道什麼東西是

誰送的，於是特托「我」為之打聽，這無疑是對「我」這次本來就很「悲慘」送行的雪上加霜。為了映照「我」所經歷的這次送行的「悲慘」，在記敘此段經歷之前，梁實秋在散文中敘述了唐代詩人李白遠行時，汪倫為李白送行的情景，又引述了外國作家Max Beerbohm寫的一篇〈談送行〉。梁實秋引述的中外的這兩個「典」，都是極富情趣的。汪倫送李白，「其妙處在於純樸真摯，出之以瀟灑自然。」[92]Max Beerbohm所記敘的一個送行小景，也足以讓人得到情感的安慰，雖然送行者不過是一位職業的「送行人」，是受雇於被送者的，但那份人情卻是難得的，「客人納費無多，在精神上受惠不淺。」[93]與之相比，「我」在那個嚴寒的冬天所經歷的送行，就不僅是一幕鬧劇，簡直就是悲劇，主人與客人既沒有得到相互的享受，也無絲毫情趣可言，事後還留下了一堆麻煩。在這裡，梁實秋運用歷史的「典」，活脫脫地反襯出現實中送行的弊端，將典故中的情緒，與現實中的「鬧劇」交織在一起，鮮明地表露了自己對於如此「送行」的調侃和否定的態度。現實中的那幕送行的鬧景，正是因為有了典故中情趣的映照，而顯露了自身的「無價值」，而典故中的情趣也正因為得到了現實之景的陪襯而更具有了魅力，而一種對現實批判的意識，也就在這種互照、互襯中順暢地被導引出來了。這篇散文的意境也就在這種特殊的情景交織、情理彙聚的狀態中完成了。

瀟灑的名士派散文

　　梁實秋的散文，不僅具有學者的豐贍和智慧，而且還具有名士

---

[92] 梁實秋：〈送行〉，《梁實秋散文》第一集，中國廣播電視出版社1989年版，第104頁。
[93] 梁實秋：〈送行〉，《梁實秋散文》第一集，中國廣播電視出版社1989年版，第105頁。

的瀟灑與雅趣。他在以自己豐厚的學識構成散文境界的時候，也以瀟灑的名士風度為自己散文的境界塗抹淡泊的色彩，將一種士大夫的恬適、淡雅的風格，力透筆尖地呈現在讀者面前。

梁實秋曾說：「我最嚮往六朝人的短箚，寥寥數語，意味無窮。」[94]他自己散文的恬適、淡雅的風格，也正有六朝人短札的「寥寥數語，意味無窮」的效果。我們只要接觸到他的散文，感性的觸角，就會輕而易舉地將這種風格捕捉到，並在這種風格中享受到一種輕靈、雅致的情趣。因為，這種恬適、淡雅的風格，像空氣一樣彌漫在他的散文世界裡，無論是字裡行間，還是各類情景，不管是描景摹態的隨筆、小品，還是說古道今的雜感、議論，都透示著這種氣息，所以，當讀者接觸到作品時，就會很容易地被它吸引。

這種風格有道家的風範，又有儒家的風骨，既汲取了中國傳統文筆的純潔、空靈的韻味，也融匯了西方美文的情致，因此，它雖「恬適」，但並不輕鬆，它雖「淡雅」卻難得超然。即令在品茶、談吃、憶舊中也往往難得顯出「糊塗」。〈喝茶〉是一篇為人稱道的小品，也是最能集中體現梁實秋恬適、淡雅風格的散文。

在這篇散文中，梁實秋切切實實地品出了茶的風味與情趣。他從茶葉的品種，寫到茶的喝法，從孩提時代的喝茶，寫到他老年的品茶；從盛茶的工具，談到泡茶的功夫，所謂「北平的雙窨、天津的大葉、西湖的龍井、六安的瓜片、四川的沱茶、雲南的普洱、洞庭湖的君子茶、武夷山的岩茶，甚至不登大雅之堂的茶梗與滿天星隨壺淨的高末兒，都嘗試過。」[95]孩提時代喝茶，「屋裡有一把大

---

[94] 梁實秋：〈聾〉，《梁實秋散文》第四集，中國廣播電視出版社1989年版，第149頁。

[95] 梁實秋：〈喝茶〉，《梁實秋散文》第三集，中國廣播電視出版社1989年版，第177頁。

茶壺，坐在一個有棉襯墊的藤箱裡，相當保溫，要喝茶自己斟」；長大後，「我平素喝茶，不是香片就是龍井」。「蓋碗究竟是最好的茶具」[96]……中華民族在幾千年的文明發展中所創造的茶文化的豐富內容，幾乎被他高濃縮地寫出來了，至少是寫出了最有情味的內容；中國茶的千種妙處，萬般風情，幾乎都被他「喝」出來了。然而，就在這恬然自得的談茶、品茶中，他卻不時地讓思緒從恬適中超脫出來，進入一種「黯然」的境地。例如，談到喝茶的碗，起初，他以一種神往筆調記下了自己孩提時代在家鄉喝茶的情景，以及經常用來喝茶的那種很有特點、被他稱為是「綠豆碗」的茶碗，隨後，他的筆觸轉向現實，那種怡然的情調和氛圍就漸漸淡了，寫到後來，筆下流出了這樣一節文字：「近有人回大陸，順便探視我的舊居，帶來我三十多年前天天使用的一隻瓷蓋碗，原是十二套，只剩此一套了，碗沿還有一點磕損，睹此舊物，勾起往日的心情，不禁黯然。」[97]從品茶、談茶、談茶碗中引出了舊物，由舊物「勾起往日的心情」，思鄉之情油然而生，情調也就不自覺地由「恬適」變為了深沉，名士也變成了俗人。

　　梁實秋「談吃」的一類散文也是如此。這些散文可謂雅趣十足，在這些散文中，梁實秋舉璣列珠，將中國飲食文化的精緻、品味渲染得情趣盎然，然而，這種雅趣，不僅同樣寄寓了他的思鄉之情，而且包容了他的人生哲學。在〈雅舍談吃・自序〉中，梁實秋用不多的文字就直截了當地陳述了自己的意向：「人吃，是為了活著；人活著，不是為了吃。所以孟子說：『飲食之人，則人賤之矣，為其養小以失大也。』」專恣口腹之欲，因而失大，所以被人

---

[96]　梁實秋：〈喝茶〉，《梁實秋散文》第三集，中國廣播電視出版社1989年版，第178—179頁。

[97]　梁實秋：〈喝茶〉，《梁實秋散文》第三集，中國廣播電視出版社1989年版，第178頁。

輕視。但是賢者識其大，不賢者識其小，這個『小』不是絕對不可以談的，只是不要僅僅成為『飲食之人』就好。」在這裡，梁實秋道破了他五六十篇「談吃」散文的題旨，他之所以談吃，並將這些文字集成專集《雅舍談吃》，是有所寄寓的，談吃只不過是一種表像，一種顯擺出的「不談大事」、不理世故，專注「口福」的表面姿態，從吃中透示思鄉之情，在飲食中品味人生三味，才是這些「談吃」、「談喝」文字的真正指歸。也正是有了這層隱藏在談吃文字下面的「思鄉之情」、「人生三味」，這些談吃的文字，才與一般的「菜譜」完全區別開來了，具有了人生的精神價值與意義；而文字中所表露的「情」與「味」，又不是生硬地呼喊出來的，而是在引經據典和娓娓道來的過程中，自然地流露出來的，這就使這些談吃的文字，又有了審美的價值與意義。

〈醋溜魚〉一文，談的是西湖樓外樓的名菜，短短六百來字，引典記懷，憶舊談今。引典，既點明瞭西湖醋溜魚的歷史與名氣，又自然地引出了對昔日的品嚐這一名菜時的心境、情景的回味：「七十年前侍先君游杭，在樓外樓嚐到的醋溜魚，仍驚歎其鮮美，嗣後每過西樓輒登樓一膏饞吻。」[98]一種神往，一種思鄉之情已盡流露在對此醋溜魚的思念中了。然而，這過去的「美食」，在今日已無處覓得，其情趣更是不復存在，「現時一般餐廳，多標榜西湖醋溜魚，與原來風味相去甚遠。往往是濃汁滿溢，大量加糖，無復清淡之致。」[99]一語道破真諦，梁實秋之愛吃醋溜魚，不僅在這道菜的「口味」鮮美，更在這道菜它情趣的「清淡」，而這正是梁實秋所追求的一種人生境界。所以，此文談的雖是「吃」，也終於

---

[98] 梁實秋：〈醋溜魚〉，《梁實秋散文》第四集，中國廣播電視出版社1989年版，第8頁。

[99] 梁實秋：〈醋溜魚〉，《梁實秋散文》第四集，中國廣播電視出版社1989年版，第9頁。

未忘記現實，未脫人生之味，一片四溢的清香，烘托出的是思鄉之情，是人生之理，而這些情與理又都是在引經據典、談古說今中，自然地流露出來的。

　　但是，梁實秋畢竟還是瀟灑的。儘管他一生都未怠慢儒家的人生哲學，時時都不忘世俗的人情、人事、人性，也終生信奉新人文主義的理性原則，但是，他卻能用道家的風範將這一切統一起來，風神瀟灑地構造自己的散文世界。在〈喝茶〉中，他雖時時躁動著一種懷舊的意緒，常常奏響感情的心曲，然而，他卻善於將這一切掩隱在字裡行間、景況之中，而在顯性層面上呈現一種「恬適」與「淡雅」之意，用濃濃的雅趣、閒情，將散文裝飾得儀態瀟然，意境俊逸。且看〈喝茶〉中的一段情景描繪：

> 其實，清茶最為風雅。抗戰前造訪知堂老人於苦茶庵，主客相對總是有清茶一盂，淡淡的、澀澀的、綠綠的。我曾屢侍先君遊西子湖，從不忘記品嚐當地的龍井茶，開水現沖，風味絕佳。茶後進食藕粉一碗，四美具矣。正是「穿牖而來，夏日清風冬日日；捲簾相見，前山明月後山山」。有朋自六安來，貽我瓜片少許，葉大而綠，飲之有荒野的氣息撲鼻。其中西瓜茶一種，真有西瓜風味。我曾過洞庭，舟泊岳陽樓下，購得君山茶一盒。沸水沏之，每片茶葉均如針狀直立漂浮，良久始舒展下沉，味品清香不俗。[100]

　　淡淡的清茶，濃濃的雅趣，悠悠的閒情，俊逸的格調，可謂通脫清雅之致力。此段敘寫雖也不能免俗，字裡行間每每總是「憶

---

[100] 梁實秋：〈喝茶〉，《梁實秋散文》第三集，中國廣播電視出版社1989年版，第179頁。

舊」，品茶之際也總是難忘「西湖」、「岳陽樓」、「洞庭」等故地風景，然而，梁實秋處理得又是何等灑脫、圓潤。他緊扣清茶之「風雅」，力陳這「風雅」之境界的「清香不俗」、「荒野的氣息撲鼻」，讓清茶的「雅」趣嫋嫋升騰，匯成一片氤氳，將清茶的芳香散播四面八方，把韻味輸入接觸到這段文字的每個人的心田，讓人品嚐、回味。清人許印芳在〈與李生論詩書跋〉中曾說：「功候深時，精義內含，淡語亦濃，寶光外溢，樸語亦華。既臻斯境，韻外之致，可得而言。」[101]梁實秋的此段文字，可謂真正達到了「精義內含，淡語亦濃，寶光外溢，樸語亦華」的境界。在這段文字中，梁實秋以灑脫、清俊的文字，構造了恬適、淡雅的意境，於這種意境中，輕快、瀟灑地將懷鄉、思舊之情餘餘散放，讓人生之味、之趣「寶光外溢」，沒有斧痕，不見雕飾，唯有渾然天成的意境彌漫著人生的雅趣。這正是梁實秋名士風範所構成的爐火純青的藝術境界，既有儒家的風骨，更有道家的情懷，淡泊而曠達，風雅而精醇。對於這種清俊、通脫的風格境界，我們除了讚歎外還能說什麼呢？

同樣，在梁實秋「談吃」的小品中，雖也包容了排遣不開的鄉情和時時可見的人生感悟，然而，他也以名士的瀟灑，自如地給予了藝術的處理。「醋溜魚當然是汁裡加醋，便不宜加多，可以加少許醬油，亦不能加多。汁不要多，也不要濃，更不要油，要清清淡淡，微微透明。上面可以略撒薑末，不可加蔥絲，更絕對不可加糖。如此方能保持現殺活魚之原味。」[102]這到底是在談「醋溜魚」的「清清淡淡」的「原味」呢，還是在暗示人生的「原味」？應該

---

[101] 郭紹虞主編：《中國歷代文論選》第二冊，上海古籍出版社1979年版，第202頁。

[102] 梁實秋：〈醋溜魚〉，《梁實秋散文》第四集，中國廣播電視出版社1989年版，第8頁。

說都是。人生的「原味」是寄寓在「醋溜魚」的「原味」之中的，梁實秋沒有引申，沒有刻意地道出其中的人生內蘊，也沒有進行隨意的比較，但是從「醋溜魚」的原味中，人們卻不難品味出梁實秋的情懷。這正是梁實秋藝術手段的高明之處，他將一種精神的享受和愉悅以及人生雅趣隱去，而只以閒雅的筆調敘寫「醋溜魚」的風味，筆調本身就透示了一種心態，一種情趣，所以，他在散文中越顯得超然，反而越使他的心態和情趣不言而喻，藝術的境界也越顯得清俊、通脫。

梁實秋在〈飲中八仙歌〉一文中談中國古代八位被稱為「詩仙」、「草聖」（書法之聖張旭）的文人墨客時曾談到過創作的「仙氣」，「所謂仙氣，我想大概就是借酒力之興奮與麻醉的力量而觸發靈感，然後無阻礙地發揮其天性與天才。」梁實秋散文的瀟灑，正有這種「仙氣」。他品嚐美食、清茶的小品、隨筆，固然「仙氣」十足，但是，他寫日常生活小事的散文也同樣靈氣洋溢。這種「仙氣」既表現在他「無阻礙地發揮其天性與天才」，將「觸發」的「靈感」點染成清俊的藝術畫面方面，也表現在他那「瀟灑布春風」的情調與韻味方面。他的〈下棋〉、〈洗澡〉、〈中年〉、〈老年〉、〈散步〉、〈早起〉等散文中都有這種「仙氣」，且況味各異，五彩斑斕，或妙趣橫生，雋永深遠，或機智含蓄，清新雅致，或靈光閃爍，境界超拔。但不管韻味如何，都有一種貫穿一致的風格：恬適、淡雅，都有一種顯而易見的名士的氣質：灑脫、怡然。

〈下棋〉可謂妙趣橫生、雋永之極。梁實秋在文章的開頭就來了這麼一段：「有一種人我最不喜歡和他下棋，那便是太有涵養的人。殺死他一大塊，或是抽了他一個車，他神色自若，不動火，不生氣，好像是無關痛癢，使得你覺得索然寡味。」如此看來，梁實秋似乎是不甘「淡泊」，爭強好鬥的，然而，這不過是虛晃一槍，

妙趣在後面。當他酣暢淋漓地敘說了「下棋要爭」的情景後,接著寫了「爭勝」後的神態:「這時節你『行有餘力』便可以點起一支煙,或啜一碗茶,靜靜地欣賞對方的苦悶的象徵。」原來,下棋的情趣在這裡。梁實秋並非不喜歡「神色自若」的情態,只是太忌恨失敗者的涵養,因為這涵養、這氣度有非凡的力量,它既可以化解勝利者的悠然、得意的情趣,使其勝利的喜悅化為烏有,又可平衡自己的心理,消除失敗的沮喪,還可以反過來欣賞勝利者的失望。由此,梁實秋順暢地點明瞭自己的心曲:「因此我悟出一點道理,和人下棋的時候,如果有機會使對方受窘,當然無所不用其極,如果被對方所窘,便努力作出不介意狀,因為既不能積極地給對方以苦痛,只好消極地減少對方的樂趣。」梁實秋名士的瀟灑和通脫終於畢現出來了,而散文的格調也自然地轉向了「恬適」與「淡雅」。

〈散步〉是一篇同樣境界超拔而又靈光閃爍的散文。散步的雅趣多種多樣,最重要的是兩點,一是可以吸收一天中最新鮮的空氣,「清晨走到空曠處,看東方既白,遠山如黛,空氣裡沒有太多的塵埃炊煙混雜在內,可以放心地儘量地深呼吸,這便是一天中難得的享受。」二是自由,而自由最有「仙氣」。這種「仙氣」從兩個方面透露出來,一是「隨緣」。梁實秋認為,散步,應該跟著自己的感覺走,不一定要到風景如畫的地方,也不一定要到人多的地方,更不需要到高樓大廈中間去散步,而是應該盡可能地到人少的地方,這些地方一般都沒有什麼「風景」,但卻因為少了人的干擾,而保留了更多的自然之態,哪怕是一棵枯樹,一蓬亂草,一個無人打理的水塘,其中都孕育著大自然承天地之氣的生命活力,所以,散步所到的這些地方,雖然表面上是不美的,但卻有靈氣,能給人怡然的享受。梁實秋自己就常常喜歡到這樣的一些地方,因此,在散文中,他認為,「荒郊野外」也有「趣」。「仙氣」的第二個方面是,「隨緣」的散步,可以放飛思想,接古今,承天地,

讓思想、情緒、生命的靈氣閃爍。你看：「散步不需要伴侶，東望西望沒人管，快步慢步由你說，這不但是自由，而且只有在這種時候才特別容易領略到『前不見古人，後不見來者』那種『分段苦』的味道。天覆地載，孑然一身。」[103]一種自由、隨心所欲的況味油然而生，人生的靈光熠熠閃耀，寫的是散步，體味的是人生，散步的境界是自由的，而藝術的境界卻從這種自由中超脫出來，形成一種曠遠、高潔的情韻。一股「仙氣」就在這恬適而含蓄的意境中升騰起來，既「無阻礙」地抒發了梁實秋的感受，又生動地構成了藝術之境。

不過，當我們將感性的觸角伸向梁實秋所有的散文作品時，審美的感受則告訴我們，在梁實秋的整個散文世界中，並不是所有的散文都具有這種恬適、淡雅的風格境界的，特別是他早期的散文，不是具有過於顯露的浪漫氣息，就是具有太硬的理性因素。這一點最直觀地顯示了這樣一個事實：與眾多的散文大師一樣，梁實秋的散文的風格也有一個發展過程，梁實秋散文的藝術境界曾經過了他心靈的萬般磨煉，正如參禪一樣，梁實秋的散文風格經過了「見山是山，見水是水」，「見山不是山，見水不是水」，「依然見山是山，見水是水」的三個階段。

青年時期的梁實秋，在文學上一度傾向浪漫主義。他發表在《創造月刊》上的〈拜倫與浪漫主義〉一文，非常清楚地表述了他的這一傾向。在散文創作上，1923年發表於《清華週刊》上的〈南遊雜感〉，最突出地體現了這一時期梁實秋「見山水山，見水是水」的浪漫傾向。起筆即傷感，「我由北京動身的那天正是清明節，天並沒有落雨，只是烏雲密佈，呈現一種黯淡的神情，然而

---

[103] 梁實秋：〈散步〉，《梁實秋散文》第一集，中國廣播電視出版社1989年版，第265頁。

行人已經覺得欲斷魂靈。」[104]梁實秋自己見此情景,也直覺地感到「路上可真斷魂靈。」敏感的神經,多愁善感的情調,見景即景,見景生情,正反映了青年梁實秋外露的浪漫情感和未參透人生種種事項的多元規律和多種內涵時的純情。

1924年後,梁實秋的文藝觀伴隨人生觀的轉變,開始脫離浪漫主義的軌道,進入古典主義的境界。1924年夏天,梁實秋到美國哈佛大學攻讀碩士學位,整整一年間,他被白璧德教授的新人文主義思想徹底折服了,青年早期的激情逐步消退,新人文主義思想的種子在心靈中發芽、成長,最後佔據了思想的絕大多數空間,於是,梁實秋也就從青春浪漫主義轉向了嚴肅的古典主義,由少年的熱情、感傷,轉向了成年的穩重甚至保守。標誌著這一轉變的文章是文藝論文〈王爾德的唯美主義〉。在這篇文章中,梁實秋宣告自己在精神上告別了浪漫主義,在文學藝術問題上改奉古典主義。

1927年回國後,這種轉變則直接在散文創作中反映出來。這一年的五月到八月間,梁實秋以「秋郎」的筆名在《時事新報》副刊《青光》上發表了百餘篇小品。這些小品大都取材於都市生活的一鱗半爪,諸如,乘車、購物、訪友、寓居等等。同年十月,梁實秋從這百餘篇小品中選擇了四十七篇,編成一本集子,書名就以其中的一篇《罵人的藝術》代之。此時的梁實秋已「見山不是山,見水不是水」了,在《罵人的藝術》這本集子裡,他寫的雖是小事、瑣事,但已不就事論事,而是從中剔析出某種人生哲理和情趣,如〈罵人的藝術〉中的「態度鎮靜」,「罵人最忌浮躁。一語不合,面紅筋跳,暴躁如雷,此灌夫罵座,潑婦罵街之術,不足以言罵人。善罵者必須態度鎮靜,行若無事。普通一般罵人,誰的聲音高便算誰占理,誰的來勢猛便算誰罵贏,惟真善罵人者,乃能避其

[104] 梁實秋:〈南遊雜感〉,《清華學刊》1923年第一期。

鋒而擊其惰。你等他罵得疲倦的時候，你只消輕輕的回敬他一句，讓他再狂吼一陣。在他暴躁不堪的時候，你不妨對他冷笑幾聲，包管你不費氣力，把他氣得死去活來，罵得他針針見血。」[105]我們知道，在現實生活中，在處理人與人之間的關係時，我們無論是出於什麼目的，即使是出於維護原則的目的，在一般的情況下，罵人總是不好的，因為即使「罵」勝利了，也會如戰場上「殺敵一萬，自損三千」一樣，自己也會或多或少地受到傷害，特別是精神上那種無形的傷害，很久都難得抹去，甚至會時時出現於你的感覺中，讓你終生都感到不舒服。但梁實秋認為，既然「古今中外沒有一個不罵人的人」，非要罵人，也要注意在保護自己的前提下「殺傷敵人」，這保護自己的基本方式就是「鎮靜」，人在鎮靜的時候，思維才清晰，也才能最準確地找到對方的軟肋給予一擊，而如此，自己也會將傷害減到最小，至少精神上不會太累，同時，也可以欣賞對手的「暴躁」、「狂吼」的醜態，使罵人也有了情趣。所以，從這個方面看，鎮靜，是罵人的智慧之一。梁實秋從這樣一種社會現象中，不僅發現了情趣，也發現了哲理。還有其他一些內容也是如此，如「知己知彼」、「出言典雅」、「以退為進」、「旁敲側擊」、「遠交近攻」等，都是從情趣與哲理的層面，講述了「罵人」的藝術，從而使罵人這種生活中常見的現象超越了它本身的意義，具有了指導人生的意義。

進入20世紀30年代後，特別是抗戰時期入川後，梁實秋的散文境界逐漸清晰，藝術的造詣也不斷加深，隨著《雅舍小品》的問世，梁實秋的心境逐漸趨歸於一種超脫似的恬淡寧靜，這時，他依然「見山是山，見水是水」，山水在他眼中顯露了本色，「雅舍」在他筆下充滿了興味。他以豐富的學識結構作品，以名士的瀟灑對

---

[105] 梁實秋：〈罵人的藝術〉，《梁實秋散文》第一集，中國廣播電視出版社1989年版，第21頁。

待藝術，中外文學的靈氣，開始被他有機地融匯在一起，古今文化的精神，開始流入他的散文世界，他說古道今，談人論物，寫事繪景，各種題材納入作品皆有趣味，所有瑣事一被點染即顯生氣。他幽默地挪揄人生世態，嫺雅地描摹情趣，東晉文人的遺風開始在他身上出現，晚明小品的氣息逐漸在他作品中滲透。他在中外文化的基點上，憑藉著自己的雙重智慧的強力，不斷地在散文園地播種、耕耘、澆灌藝術的新苗，他也不斷地收穫一篇篇傑作。從大陸東渡臺灣後，他仍不懈地努力創作，繼續結構「雅舍小品」，經過一個又一個日日夜夜的耕耘、奮鬥，克服了難以計數的艱難困苦，排除了形形色色的困惑、煩惱及人為的干擾，他終於登上了「藝術能企及的最高境界」，形成了自己豐贍、瀟灑、宏博、深沉，而又恬適、淡雅的風格。

他成功了。

他散文的魅力開始撒布到四面八方，留下了讓人品味無窮的意趣和芬芳。

結語　未來的選擇

　　梁實秋從歷史中走來，又回到歷史中去了。他青鞋布襪走進校園，西服革履地登上文壇，又一身長袍馬褂地入土為安，葬於中國的寶島臺灣臺北市近郊的北海墓園，墳墓面向大陸，遙對生他、養他的故鄉。

　　當我匆匆流覽完了梁實秋的人生經歷與散文世界後，一種歷史的滄桑感使我禁不住從對梁實秋的審視中抬頭看看前面。

　　西方智者和藝術大師們曾經十分肯定地說過，未來的文學史和藝術史，僅僅屬於擁有自己風格的作品和作家。那麼，梁實秋和他的作品是否也會被未來選中呢？如果說，在當今中國現代、當代大文學史中（即，包括了兩岸四地的作家、作品、文學事件和現象的文學史）梁實秋應該佔有一席之地的話，那麼，隨著時代的發展，隨著「地球村」的逐步形成，當各民族的文化交流隨著空間距離的被縮短而日益頻繁，當文學藝術作為一種精神產品，不僅僅被局限於某一時期或某一民族，而真正成為了全人類共同的精神財富之後，梁實秋和他的作品的魅力還會存在嗎？同時，在21世紀風靡全球的速食文化，速食文學和藝術不斷擠壓傳統文化、傳統文學和藝術的時代，梁實秋和他的作品還有讀者嗎？還會被人們提及並被認為是經典嗎？

　　哲學家喜歡說深刻的話，他們善於從自然、社會、物質、精神發展的普遍規律中洞悉或昭示未來，而我並非哲學家，因此，我難以在紛紜繁雜的現實基礎上，對梁實秋和他的作品的未來下一個肯定或否定的判斷。

史學家們喜歡談史明志，他們能從歷史那繁茂蕪雜的事件中發現人類社會進化、發展的動力和規律，以啟迪未來的選擇，而我又缺乏史學家的宏博、明達，難以看出社會歷史前進的未來。

我既不是哲學家，也不是歷史學家，我僅僅只是一位普普通通的文學研究者，雖經過艱苦奮鬥獲得了學士、碩士、博士學位，現在，更是忝屬教授之列，也亦步亦趨地指導本科生、碩士生、博士生們的研究工作，為他們的論文寫評語，為他們的答辯打分、簽字，但自知學無止境，術業有專攻的道理，所以，面對未來的選擇，面對梁實秋和他的藝術世界，我自然不願「說深刻的話」以顯示自己「有思想」、「有見地」，是當之無愧的「精英」，更不願以中國傳統的「春秋筆法」來昭示未來的選擇，以顯示自己的「老到」，更不願寫下文字遊戲似的話語或可以讓人進行多種解釋的話語，為自己今天的判斷留下今後迴旋的餘地，我只想依據本心談我面對梁實秋、面對他的作品、面對他的翻譯成就等的種種感受以及我的思考。這些感受和思考作為一家之言，也許很快就會被後來者超越，甚至會受到後來者激烈的否定，但我的一家之言，我可以無愧地說，它們都是我在特點歷史時期自己感受和思考的結果，而這些感受和思考，並不是從某種先驗的模型信念出發「構造」成的，而是從最基本的「原型信念」出發，在仔細地閱讀原文，認真地分析資料中自然形成的。當我面對梁實秋那學富五車的經歷時，我本能地感到佩服和羨慕，我佩服他的學識，也欣賞他的靈氣，我羨慕他趕上了中國歷史上一個不可重複，也無法複製的時代，經受了中西兩種文化較為全面的洗禮，獲得了兩種文化的栽培。正是這種心情，引導我接近梁實秋，走進他的散文世界，開始審視他的人格、風度，開始欣賞他的藝術，汲取他的學識。隨著感性認識的不斷飛躍，當眾多的感受被沉澱為一種文學的評論、文學研究的範式後，我發現，梁實秋的魅力，特別是他散文藝術的魅力具有不可抗拒的

吸引力，於是，才開始了研究，才開始了本書的撰寫，也才有了寫進本書中的諸多分析與判斷。

　　人生雖說漫漫，但也終究不過百年，歷史已成為過去，梁實秋自己也已經離開這個世界二十多年了，但是，他創造的精神財富卻留了下來；藝術雖說有歷史性，但也無法限制其對時間與空間的超越。梁實秋這個人以及他的文化創造和文學業績已經傳遍了兩岸四地，他的千秋功過，自有歷史和未來給予更為詳盡，也更為精彩的評說；他的文學創作，也一定會隨著時代的發展被人們解讀出更多豐富的內容，而這些豐富的內容，一定能更為有效地呈現梁實秋藝術世界的多面神采，並對未來的文學創作提供有益的借鑒，但，對於今天的我來說，我的這本論述梁實秋的著作的責任，則僅僅只是陳述一種事實，一種藝術的事實，並在這種事實的基礎上努力「成一家之言」。

後　記

　　本書動筆於1993年，其起因是，這一年，廣西人民出版社的編輯葉斌到我們學校來約稿。當時他選擇了中國現代文學史上的好幾位作家，其中我記得的有胡適、沈從文、梁實秋等，總之，都是一些之前被認為是「非主流」的作家。葉斌要求我們根據自己的興趣和研究的範圍自由地選擇一個作家來書寫，並要求寫得不能太學術化，也不能太世俗化，要做到「雅俗共賞」。在當時通俗文化借助市場經濟的強風大行其道的背景下，他如此的考慮我是完全理解的。我看了他提供的作家名錄後，幾乎沒有進行思考，第一感覺就選擇了梁實秋，而在當時，梁實秋這個名字，好多人都不熟悉，即使有人熟悉，比如，從事中國現代文學教學的老師，也除了熟悉教科書上介紹的內容外，對這個作家的其他情況就完全可以用「兩眼一抹黑」來形容。我自己也不例外。但是，我為什麼選擇這個作家呢？也是巧合，這巧合來自兩個方面，一個方面是，當時我正在撰寫黃曼君老師主持的《近百年中國文學理論批評史》中的「新月派的文學理論批評」，其中也涉及到梁實秋；另一方面是，當時我剛剛用學校給每個老師發的每個學期的書報費，買了一套由中國廣播電視出版社出版的《梁實秋散文》。也許就是這樣的機緣巧合，使我選擇了他——梁實秋。

　　既然選擇了梁實秋，當然就要讀他的作品並同時收集一些相關的資料。他的主要作品我基本上都有了，但有關的研究資料卻十分缺乏。我花了近一個多月的時間才勉強收集到了一些隨筆式的或簡單的談論、論述梁實秋的文章，還有幾篇欣賞他散文作品的文章。

當時在大陸，梁實秋剛剛引起人們的注意，認真地研究他和他的作品的工作似乎還沒有展開，能收集到幾篇簡短的研究資料，我已經很高興了。按一般研究的道理來講，當然是資料越豐富越有利，如果等別人有了充分的研究我再研究，那麼，有別人較為充分的研究作基礎，自己再研究的時候看問題也許更為深透一些，起點也會更高一些，但，編輯給予的交稿時間又很短，即1993年底。時間不等人，我不可能等下去，於是，我就採取了一個最簡單而又完全符合文學研究的辦法：直接讀梁實秋的作品，直接從梁實秋自己的作品中來認識這個人，來研究這個人，當然也研究他的藝術世界。用了兩個多月的時間，我讀完了我能找到的梁實秋的各種作品，特別是他的《雅舍小品》的系列作品。讀完了梁實秋的作品，我要研究的問題也似乎水到渠成似的出來了──從梁實秋的主體條件雙重智慧入手，研究他的魅力。問題清楚了，研究的基本框架也很快成型了。於是，研究也就隨之開始了。但是，開始的可以說是十分艱辛，十分困難，十分累！

在那一段時間裡，白天，我需要進課堂給學生講課，加上那個時候我是一名青年教師，剛剛評上了副教授，課時要求又多，一個星期六天（那個時候還是六天工作制）至少有三天是要站在講臺上的。同時，那個時候，我還擔任著全中國最基層的官──現當代文學教研室主任，別看這個官是最基層的，事情還真不含糊，不僅每個學期中要安排下個學期的課，要出席一些沒有什麼實質性的內容而又不能不出席的會，而且，1993年這一年，各種活動也似乎特別多，一會兒要展示學科的成果，一會兒要進行教學競賽，一會兒要填這個表，一會兒要填那個表。加上這一年是華中師範大學的九十周年校慶，我雖然沒有在華中師範大學讀過書，但現在畢竟是這裡的一名教師，自然也就不能置之度外，何況，我還是一個「教研室主任」，凡是涉及到教研室的事，如，要把老師們的成果收集起來

展覽，是我的事；教學成果的展示，是我的事；選派優秀教師上公開課，也是我的事。也就是在這一年，我們學科開始申報中國現當代文學博士點，整理材料的工作又義不容辭地落到了我這個最基層的「教研室主任」身上。那個時候，我們家裡還沒有裝電話，所有的通知，所有的收集材料的工作，只能用一雙腿跑！於是，白天，我出了課堂，就去各個老師家要他們提供申報所需要的各種材料，然後，再到學科帶頭人家商量一些事情。不過十分可喜的是，也是這一年，我們學科在學科帶頭人的率領下，順利地申請到了博士學位授予點，我儘管在這個過程中耽誤了自己這本小書寫作的進度，但也是無怨無悔的。做完了外面的事情，回到家裡，有時還要買菜做飯。總之，白天我是無法坐下來思考的，更無法拿筆進行寫作的。

於是，我的希望就是晚上了。那段時間，我對晚上似乎特別有感情，總盼望太陽能快點落山，天能夠儘快地黑下來，我也能儘快地坐下來。每當夜幕降臨，我就彷彿進入到了一個新的世界，一個屬於我的世界，一個精神可以開始遨遊的世界，一個靈感也不斷湧現的世界。我太愛這個世界了，以至於從那以後，每當我再看天上的星星和月亮的時候，我總覺得，它們都帶著詩情畫意，因為，它們是夜的使者，是夜的精靈。

經過近半年的伏案工作，準確地說，是經過近半年的晚上的伏案工作，本書的初稿完成了。按照編輯的要求，字數最好不要超過十二萬，因為，出版社也有自己的考慮，他們不僅需要社會效益，也需要經濟效益，字數多，書的成本自然就高，加上那個時候的學術著作的印數有限，要保證不賠本，字數首先就不能太多。我嚴格地按這個要求做，當寫到近十二萬字的時候，我就適時地結束了。後來又用了半個月對書稿進行了修改，然後就交稿了。

稿子交上去後大約兩個月，我收到了本書的責任編輯葉斌的

信，他在信上很高興地告訴我，我的這本書稿，一審、二審和三審都順利地通過了，已經開始付印。並且還評論說，「你的書稿很有才氣，是我接手的各種書稿中最有才氣的。」這當然是他的厚愛，也是我的不虞之譽，其實，如果說我的書稿還有一點才氣的話，那也是受到了梁實秋散文感染的一種結果，當我面對他的散文時，我那被學術話語陶冶得只知道「嚴謹」、「嚴謹」、「再嚴謹」的思維，也情不自禁地活躍起來了，當思維活躍起來後，筆下也就自然地流暢起來了，以前很少在寫學術論文或學術著作的時候使用的一些詞語，也紛紛於「指顧」間化成了有點繽紛的「花語」，所謂才氣大概就是指這而言吧。不過，當初在寫這部書的時候，我自己認為還有些新意的是對梁實秋「雙重智慧」的概括，以及以此為依託對他的一些評說。

1994年，本書面世，題名：《雙重智慧──梁實秋的魅力》。書前有〈序〉兩篇，一篇拜黃曼君先生所賜，一篇係孫中田先生所書。兩位先生都是大陸中國現代文學研究界的重量級學者，他們在為本書寫的〈序〉中對本書發表了很多鼓勵性的議論。這裡摘錄如下：

黃曼君先生在〈序〉中這樣寫道：

很欣賞祖華用「雙重智慧」的題旨來凸顯梁實秋的魅力。不同於一般的政治判斷和道德判斷，「智慧」的用語更能概括一位歷史人物富於魅力的深層內涵；將一位歷史人物的長處和局限、成就和弱點、精華和糟粕機械地分開，儘管將其成就加以羅列或相加，也無法凸現其智慧，揭示出概括其全人格的最富有魅力之處。本書的作者通過與歷史人物的神交，超越時空的對話，用自己的思想、激

情直抒心中的歷史，探求了歷史人物豐富多彩的內心世界，揭示出梁實秋貫穿一生的、飽和著情感血肉的思想線索，和他的積澱著中西文化多種因素的真誠、豐富的個性、才情。

與上述宏觀上較高的立意和開闊的視野相一致的，是本書微觀上的構思的新穎、立論的獨到和史料的宏富。本書基於雙重智慧的立意，各章各節均採取比較對照的結構方法，在東西方文化的契合點上，人物、作品矛盾的交結處展開論述，既收得攏，能從總體上緊扣「智慧」、「魅力」的題旨；又放得開，展示出人物的學識、心態和風度，生活的情趣、交遊和愛情，以及散文作品的文本、視角和風格等諸多方面和內涵。具體論析，如對梁實秋「閒暇」的情趣，「忠」「孝」的觀念，因為都從中西文化影響所得的雙重智慧的角度剖析；因而頗見新意；關於梁交友的三個層次，其散文多種境界的疊加等，也都能觸及梁本人性格氣質的深層次的內涵。還有整個著作敘述論析文采斐然，富有哲理意味的概括與形象生動的敘述融為一體，顯得既深入又感人。

總之，這本書的出版在很大程度上彌補了梁實秋研究缺乏學術專著的缺陷，全書主旨突出、內容豐富，見解新穎而又生動有趣，應該說是一部不可多得、別開生面的專題論著。

孫中田先生在〈序〉中這樣寫道：

許祖華的《雙重智慧——梁實秋的魅力》一書，或許便是這種文化語境中的產物。作者從學識、心態、風度、

情趣、交遊、愛情、文本、視角和風格，諸多方面去透視梁實秋豐富而駁雜的一生，多個層面地來尋索梁實秋的魅力和性格特徵。

就此說來，《雙重智慧》的特徵，顯然不在於它的可讀性強，它的富於文采的筆墨，而是以20世紀一顆勇於探索的心靈，在與歷史上頗有爭議的文化人進行對撞。他沒有回避重重矛盾的困擾和紛紜的文化語境，卻努力多層面地展開梁實秋作為一代文人的精神世界。對此，作者是很投入的，但卻不急於在功利是非的範式中潑墨，而是想客觀些從容地在梁實秋的人品與作品中品味出他所具有的「魅力」。……照作者的感知，梁實秋的「魅力」，既深深地刻著歷史滄桑的年輪，又融匯了他的個性、才情，還有那顆並非偉大但卻真誠、豐富的心靈……。當我解讀作者這部書稿時，曾無端地感受到，作者似乎在梁實秋的人生與作品的遨遊中，要把紛繁多重的事物，力求描述出本來的面目。

作者是一個奮發有為的青年人。他的第一本書《人的發現與新文學觀的境界》剛剛出版不久，這部《雙重智慧》又將面世了。如果前者苦於「學位」的約束，重在思辨和邏輯和運思，努力向理論的層次遊動；那麼，這一部談人論文的書，則似乎輕彩，活脫得多了。談人事，論友情，講情趣，話風格，放收縱橫之間頗顯得「瀟灑」走一回的風度。這對於一步一個腳蹤，言要有據的學者來說，不失為一種比照；對於純學術向大眾轉移化解來說，也不乏一種嘗試。這嘗試是否得當並被讀者認同，尚需時間和歷史老人做出答案。

我十分感謝這兩位恩師，他們對我這個後輩的獎掖，我當終生銘記。

後來，我送了一些書給前輩學者們指正，也送了一些給我的同學、朋友批評指正，當時，大陸研究港臺文學的專家古遠清先生讀了我的這本書後，專門寫了一篇通訊寄給了臺灣的報紙，後被批載了出來，其中的內容我大多都記不得了，只記得最後一段話是這樣寫的，「一直被大陸學術界怠慢的梁實秋，今天終於有人專門研究了；研究梁實秋缺乏專著的情況，也由大陸的青年學者許祖華突破了。」古先生在這裡稱當時的我為「學者」，實在讓我慚愧，但也正是這些前輩學者們的鼓勵，使我迄今仍樂此不疲地在中國現代文學的研究領域耕耘。本書出版後，由於當時開印時只印了五千本，所以，兩年後在書市上即難覓本書的蹤影，1996年的一天，責任編輯通知我，準備加印本書，希望我校對一下，看有沒有什麼硬傷，而當時我正準備赴美國做訪問學者，於是就對本書加印的事沒有上心，只是委託責任編輯全權處理。等我赴美國後，這件事也就不了了之了，我也將研究的興趣轉向了別處。

2013年11月，我接到香港大學教授黎活仁先生的電話，他說從網上看到我曾寫過一本梁實秋的書，問我可否願意再版。我當時很驚訝，也很感動，黎先生與我雖未謀面，但卻有「文交」，這點與我在書中寫的梁實秋的「文交」頗為相似，他是一個怎樣的教授，我雖然知道的不多，但在為他主編的《國際魯迅研究》刊物審稿的過程中，我是直接地領受了他的嚴謹，他的敏銳，他廣博的知識以及他的「仁義」舉措的，他發給我的眾多臺灣魯迅研究的資料，更是讓我感到了他作為一個學者的開闊胸懷與博愛之心，他真的是一個「活」生生的「仁」公。正是在黎先生的推薦下，臺灣的蔡登山先生給我發來了郵件，希望我能將本書修改一下，然後發給他。我想，本書最初的版權是十年，現在十年早過了，再讓別的出版社

出版，也是可以的，至少版權不存在問題了。但是，這本書畢竟是1993年寫的，到2013年也有整整二十年了，二十年來學術的發展，無論是在大陸還是在港臺，都已發生了很大的變化，即使是對梁實秋的研究，其變化也是不小的，大陸出版的關於梁實秋的專著，也已經有了好幾部，關於梁實秋的學術討論會，我也出席過好幾次，所以，即使要再版，其修訂、增補、更正等工作是必不可少的。

此次的修訂，從某種意義上說是在重寫，這種「重寫」，不僅是資料的增補，也不僅僅是評說的推敲，即使是關於梁實秋的身份，本書最初的定位是「資產階級自由知識份子」，而現在的定位則是一個「有正義感的自由知識份子」。身份定位的改變，在某種意義上也意味著研究視角的改變，也意味著相關的價值判斷的改變。

本書修訂的基本原則是，保留核心觀點，即評說梁實秋及其作品的基本依據，也保留論述的基本框架，即仍然是從三個大的方面「論」梁實秋及其散文創作。不過，在具體的論述過程中，有些自認為是過時了的內容，毫不客氣地「割愛」，有些問題，之前沒有展開只點到為止的，此次則盡可能地展開分析，特別是對梁實秋思想複雜性的問題，以前本書少有關注，有時候涉及這種複雜性的時候，也只是一筆帶過，此次修訂則進行了適當的展開。對梁實秋的散文作品的評說，在此次的修訂中也進行了適當的調整，如果說之前本書的所有關於梁實秋散文作品的論述基本上是建立在一個單一的價值判斷，即梁實秋及其散文的方方面面都應該肯定的基礎上的話，那麼，此次的修訂，則「顧及全人」，也顧及全文。在肯定的基礎上，也根據具體對象進行盡可能全面的分析，好處儘量說透，問題也不「為賢者諱」。總之，力求能更有立體感地呈現梁實秋和他的藝術世界的客觀面貌。由此，本次修訂的書稿字數，也由原來的約十二萬字，增加到了近二十萬字，字數幾乎在原來的基礎上增

加了一倍。本書之前出於種種考慮，將所有引文的注釋都拿掉了，此次修訂亦已盡數補上。

當然，由於關於梁實秋的研究，我中斷了很長一段時間，現在又將這位歷史人物拿出來重新進行審視，總不可避免地有一種隔膜，因為，我「放下」梁實秋後的這二十年，五年主要研究「五四新文學觀」，出版了《五四文學思想論》；五年研究中國現代文學思潮，主編出版了《中國現代文學思潮史》；五年研究中國20世紀家族小說，（因為赴美國做訪問學者兩年，我只完成了這個課題）成果雖還沒有出版，但書稿已經完成；五年研究魯迅小說的跨藝術問題，出版了《魯迅小說的跨藝術研究》。至於關於梁實秋，我除了應人之約寫過一點關於他的小文章，或者為了出席關於他的學術會議寫點文章外，很少再專門研究他。

不過，也許真的應證了美學家們的一句話：距離產生美。以前研究梁實秋的時候，是因為對他很喜歡、很有興趣，而我們知道，興趣固然是最好的老師，但興趣也會使我們失卻一些判斷能力，甚至遲鈍我們的思想鋒芒，使我們只看到對象「好」的東西，總喜歡將研究對象好的一面展示給人看，甚至拔高給人看，這對科學研究來說，是最容易產生偏頗的。現在，當我與對象拉開了一定的距離，又加上這些年研究魯迅，有了魯迅這個參照，再看梁實秋身上和作品中的一些問題，也就顯得更為自信了，對他的評說也顯得似乎更接近他和他的作品的本來面目了。由此，也使對梁實秋的論述顯得更周全了一些，所得出的結論，所下的判斷也似乎更經得起推敲了。這也許就是拉開距離的一點好處吧。

當然，儘管我力圖希望在修訂中能更科學、客觀地評價梁實秋，但是，對梁實秋評價的武斷，對梁實秋作品的誤讀，在本書中也許仍然存在，只是當局者迷，如果能得到大方之家的指正，一定會讓我受益匪淺。

　　最後，特別感謝蔡登山先生，本書能夠得到重新修訂，與他的慷慨接納並督促是密不可分的。如果本書能順利出版，也可以說是讓我又一次地認識了梁實秋，也讓我由此結交了一位新朋友──蔡登山先生，而像蔡先生這樣的朋友，是可遇而不可求的。

　　　　　　　　　　　　　　　　　許祖華　於湖北武漢
　　　　　　　　　　　　　　　　　2013年12月2日

語言文學類　PG1168　文學視界60

翻譯梁實秋

作　　者 / 許祖華
主　　編 / 蔡登山
責任編輯 / 黃大奎
圖文排版 / 周妤靜
封面設計 / 秦禎翊

發 行 人 / 宋政坤
法律顧問 / 毛國樑　律師
出版發行 / 秀威資訊科技股份有限公司
　　　　　114台北市內湖區瑞光路76巷65號1樓
　　　　　電話：+886-2-2796-3638　傳真：+886-2-2796-1377
　　　　　http://www.showwe.com.tw
劃撥帳號 / 19563868　戶名：秀威資訊科技股份有限公司
　　　　　讀者服務信箱：service@showwe.com.tw
展售門市 / 國家書店（松江門市）
　　　　　104台北市中山區松江路209號1樓
　　　　　電話：+886-2-2518-0207　傳真：+886-2-2518-0778
網路訂購 / 秀威網路書店：http://www.bodbooks.com.tw
　　　　　國家網路書店：http://www.govbooks.com.tw

2014年9月　BOD一版
定價：380元
版權所有　翻印必究
本書如有缺頁、破損或裝訂錯誤，請寄回更換

國家圖書館出版品預行編目

翻譯梁實秋 / 許祖華著. -- 一版. -- 臺北市：秀威資訊科
技, 2014.09
　　面；　公分. -- (文學視界；60) (語言文學類；
PG1168)
　BOD版
　ISBN 978-986-326-284-8 (平裝)

　1. 梁實秋　2. 學術思想　3. 傳記

782.886　　　　　　　　　　　　　　　103016165

讀者回函卡

感謝您購買本書，為提升服務品質，請填妥以下資料，將讀者回函卡直接寄
回或傳真本公司，收到您的寶貴意見後，我們會收藏記錄及檢討，謝謝！
如您需要了解本公司最新出版書目、購書優惠或企劃活動，歡迎您上網查詢
或下載相關資料：http:// www.showwe.com.tw

您購買的書名：＿＿＿＿＿＿＿＿＿＿＿＿＿＿＿＿＿＿＿＿＿＿

出生日期：＿＿＿＿＿年＿＿＿＿＿月＿＿＿＿＿日

學歷：□高中 (含) 以下　　□大專　　□研究所 (含) 以上

職業：□製造業　□金融業　□資訊業　□軍警　□傳播業　□自由業
　　　□服務業　□公務員　□教職　　□學生　□家管　□其它＿＿＿＿

購書地點：□網路書店　□實體書店　□書展　□郵購　□贈閱　□其他

您從何得知本書的消息？

　□網路書店　□實體書店　□網路搜尋　□電子報　□書訊　□雜誌
　□傳播媒體　□親友推薦　□網站推薦　□部落格　□其他＿＿＿＿＿＿

您對本書的評價：(請填代號　1.非常滿意　2.滿意　3.尚可　4.再改進)

　封面設計＿＿＿　版面編排＿＿＿　內容＿＿＿　文／譯筆＿＿＿　價格＿＿＿

讀完書後您覺得：

　□很有收穫　□有收穫　□收穫不多　□沒收穫

對我們的建議：＿＿＿＿＿＿＿＿＿＿＿＿＿＿＿＿＿＿＿＿＿＿

＿＿＿＿＿＿＿＿＿＿＿＿＿＿＿＿＿＿＿＿＿＿＿＿＿＿＿＿＿＿

＿＿＿＿＿＿＿＿＿＿＿＿＿＿＿＿＿＿＿＿＿＿＿＿＿＿＿＿＿＿

＿＿＿＿＿＿＿＿＿＿＿＿＿＿＿＿＿＿＿＿＿＿＿＿＿＿＿＿＿＿

11466
台北市內湖區瑞光路 76 巷 65 號 1 樓

秀威資訊科技股份有限公司 　　收

BOD 數位出版事業部

....

（請沿線對折寄回，謝謝！）

姓　　　名：＿＿＿＿＿＿＿＿＿＿　年齡：＿＿＿＿＿　性別：□女　□男

郵遞區號：□□□□□

地　　　址：＿＿＿＿＿＿＿＿＿＿＿＿＿＿＿＿＿＿＿＿＿＿＿＿＿

聯絡電話：(日)＿＿＿＿＿＿＿＿＿＿＿＿(夜)＿＿＿＿＿＿＿＿＿＿＿＿

E-mail：＿＿＿＿＿＿＿＿＿＿＿＿＿＿＿＿＿＿＿＿＿＿＿＿＿＿＿